W0473729

Carl-Auer

Systemische Horizonte – Theorie der Praxis

Herausgeber: Bernhard Pörksen

»Irritation ist kostbar.«
Niklas Luhmann

Die wilden Jahre des Konstruktivismus und der Systemtheorie sind vorbei. Inzwischen ist das konstruktivistische und systemische Denken auf dem Weg zum etablierten Paradigma und zur *normal science*. Die Provokationen von einst sind die Gewissheiten von heute. Und lange schon hat die Phase der praktischen Nutzbarmachung begonnen, der strategischen Anwendung in der Organisationsberatung und im Management, in der Therapie und in der Politik, in der Pädagogik und der Didaktik. Kurzum: Es droht das epistemologische Biedermeier. Eine Außenseiterphilosophie wird zur Mode – mit allen kognitiven Folgekosten, die eine Popularisierung und praxistaugliche Umarbeitung unvermeidlich mit sich bringt.

In dieser Situation ambivalenter Erfolge kommt der Reihe *Systemische Horizonte – Theorie der Praxis* eine doppelte Aufgabe zu: Sie soll die Theoriearbeit vorantreiben – und die Welt der Praxis durch ein gleichermaßen strenges und wildes Denken herausfordern. Hier wird der Wechsel der Perspektiven und Beobachtungsweisen als ein Denkstil vorgeschlagen, der Kreativität begünstigt.

Es gilt, die eigene Intelligenz an den Schnittstellen und in den Zwischenwelten zu erproben: zwischen Wissenschaft und Anwendung, zwischen Geistes- und Naturwissenschaft, zwischen Philosophie und Neurobiologie. Ausgangspunkt der experimentellen Erkundungen und essayistischen Streifzüge, der kanonischen Texte und leichthändig formulierten Dialoge ist die Einsicht: Theorie braucht man dann, wenn sie überflüssig geworden zu sein scheint – als Anlass zum Neu- und Andersdenken, als Horizonterweiterung und inspirierende Irritation, die dabei hilft, eigene Gewissheiten und letzte Wahrheiten, große und kleine Ideologien so lange zu drehen und zu wenden, bis sie unscharfe Ränder bekommen – und man mehr sieht als zuvor.

Bernhard Pörksen, Professor für Medienwissenschaft
an der Universität Tübingen

Fritz B. Simon

Stalin und der Apparat

Die Organisation der Diktatur und die Psyche des Diktators

2023

Themenreihe »Systemische Horizonte«
hrsg. von Bernhard Pörksen
Reihengestaltung: Uwe Göbel
Umschlaggestaltung: B. Charlotte Ulrich
Umschlagfoto: linkes Bild: © Gaeneric/Wikimedia Commons, CC
rechtes Bild: Shanti Hesse/shutterstock.com
Redaktion: Vera Kalusche
Satz: Drißner-Design u. DTP, Meßstetten
Printed in Germany
Druck und Bindung: CPI books GmbH, Leck

MIX
Papier | Fördert gute Waldnutzung
FSC® C083411
www.fsc.org

CPI klimaneutral
Mehr Bäume.Weniger CO_2

Erste Auflage, 2023
ISBN 978-3-8497-0489-6 (Printausgabe)
ISBN 978-3-8497-8439-3 (ePUB)

Bibliografische Information der Deutschen Nationalbibliothek:
Die Deutsche Nationalbibliothek verzeichnet diese Publikation
in der Deutschen Nationalbibliografie; detaillierte bibliografische
Daten sind im Internet über http://dnb.d-nb.de abrufbar.

Informationen zu unserem gesamten Programm, unseren Autoren
und zum Verlag finden Sie unter: **https://www.carl-auer.de/**
Dort können Sie auch unseren Newsletter abonnieren.

Carl-Auer Verlag GmbH
Vangerowstraße 14 • 69115 Heidelberg
Tel. +49 6221 6438-0 • Fax +49 6221 6438-22
info@carl-auer.de

Inhalt

»Stalin riss die Macht an sich, nicht aufgrund persönlicher Leistungen, sondern mit Hilfe eines unpersönlichen Apparats. Und es war nicht er, der diesen Apparat geschaffen, sondern der Apparat hatte ihn geschaffen.«

Leo Trotzki (1940, S. 12)

Vorbemerkung

Produzieren Diktatoren Diktaturen oder produzieren Diktaturen Diktatoren? Das Zitat Trotzkis gibt, bezogen auf Stalin, eine (mögliche) Antwort. Dieser Frage sollte sich das Projekt widmen, aus dem der vorliegende Text hervorgegangen ist. Um sie zu beantworten, stehen ja viele Beispiele zur Verfügung. Stalin bot sich dabei als geeignetes Studienobjekt an, da in seinem Fall sehr viel Material – sowohl über ihn als Person und sein Verhalten wie auch über die Entwicklung der Sowjetunion und ihre politischen Strukturen – verfügbar ist. Neben Adolf Hitler und Nazi-Deutschland dürften Stalin und das Sowjetsystem diejenigen Diktatoren / Diktaturen sein, über die am meisten geschrieben wurde: Biografien, Studien, Analysen, Erlebnisberichte von Zeitzeugen, Dokumentationen, Romane usw.

Bei der Beschäftigung mit Stalin, seinem Lebenslauf, dem Studium Dutzender Biografien zeigten sich Ähnlichkeiten der Verhaltensmuster von Stalin und Putin. Es wäre interessant, sie zu vergleichen, so eine erste Idee. Dennoch wurde von einem ausführlichen Vergleich, wie ihn etwa Allan Bullok[1] zwischen Hitler und Stalin vorgenommen hat, Abstand genommen. Das Beispiel Stalins allein ist so signifikant, dass jeder Leser selbst die Bezüge zu Putin (und anderen autoritären Herrschern) herstellen kann. Allerdings muss bei der Übertragung dessen, was für Stalin gilt, auf andere Diktatoren der russische kulturelle Kontext berücksichtigt werden. Denn es gibt eine Jahrhunderte währende Tradition autoritärer Herrschaft in Russland, die den Hintergrund von Stalins Aufstieg und Terror bildete und im Russland der Gegenwart ihre Fortsetzung findet.

Das Interesse der folgenden Studie gilt, systemtheoretisch formuliert, der Frage nach den Wechselbeziehungen zwischen psychischen Systemen und sozialen Systemen (d. h. ihrer Kopplung) am Beispiel eines Gewaltherrschers: An Stalin wird untersucht, welchen Einfluss die psychischen Strukturen und die Psychodynamik eines Menschen auf die Strukturen und Dynamiken der sozialen Systeme haben, an denen er teilnimmt; und umgekehrt wird der Frage nachgegangen, welche psychischen Folgen konkrete soziale Strukturen und Dynami-

1 Bullok 1991.

ken auf einen bestimmten Menschen – hier Stalin – haben können. Dazu wird der Lebensweg Stalins nachgezeichnet und versucht – soweit Informationen dazu verfügbar sind – die Muster der Interaktion und Kommunikation der sozialen Systeme, die Stalins soziale Umwelten bildeten (die Herkunftsfamilie, die Schule, die Partei, Partnerschaften, das Politbüro usw.), zu beschreiben und seine Reaktionen darauf zu analysieren. Darüber hinaus ist der Blick auf Muster der russischen Kultur und Geschichte gerichtet, die den Aufstieg Stalins zu erklären helfen. Sie haben ihren Ursprung ja nicht erst in der Oktoberrevolution von 1917, sondern reichen weit ins Zarenreich zurück.

Das Instrumentarium, mit dessen Hilfe versucht wird, sich der skizzierten Henne-Ei-Frage anzunähern, liefert – bezogen auf die untersuchten sozialen Systeme – die neuere soziologische Systemtheorie, wie sie federführend von Niklas Luhmann[2] entwickelt wurde. Bezogen auf das psychische System Stalins wird auf psychoanalytische Modelle zurückgegriffen, soweit die Logik ihrer Konstruktionen mit systemtheoretischen Prämissen kompatibel ist, d. h. vor allem die sogenannte Selbstpsychologie und Narzissmustheorie.[3] Dabei soll aber die Theoriediskussion auf ein Minimum reduziert werden, um auch dem Nicht-Systemtheoretiker und Nicht-Psychoanalytiker den Zugang zum Thema offenzuhalten.

Einige Hinweise zum Aufbau des Textes. Es sind mehrere thematische Stränge miteinander verflochten:

1. die Beschreibung geschichtlicher Ereignisse und Prozesse folgt der Chronologie der Biografie Stalins[4]
2. auf der Metaebene erfolgt eine Analyse der Dynamik und Muster der Kommunikation innerhalb konkreter sozialer Systeme, an denen Stalin teilnahm – sei es in privaten Beziehungen oder Organisationen bzw. der Öffentlichkeit
3. parallel dazu werden – wiederum auf der Metaebene – Hypothesen zur Psychodynamik Stalins entwickelt, die in der Lage sind, sein Verhalten in den beschriebenen historischen Situationen zu erklären.

2 Luhmann 1984, 1997, 2000.
3 Jacobson 1964; Kohut 1977.
4 Zur Skizze von Stalins Lebenslauf ist auf etwa zwei Dutzend Stalin-Biografien zurückgegriffen worden; sie überschneiden sich inhaltlich zwangsläufig – manchmal in einer Weise, dass Plagiatsjäger ihre Freude daran hätten. Die vorgenommene Selektion ist der von mir vorgenommenen Fokussierung auf das hier behandelte Thema geschuldet.

Diese drei Stränge sind miteinander verflochten, wobei die Darstellungen der Historie an Punkten, die aus systemtheoretischer oder psychoanalytischer Sicht erklärungsbedürftig erscheinen, unterbrochen und durch analytische Einschübe ergänzt wird. Bei all dem steht die Frage im Mittelpunkt der Aufmerksamkeit, wie diese Dynamiken miteinander verschränkt sind, wie die Kopplung von sozialen und psychischen Dynamiken zu verstehen oder zu erklären ist.

Anzumerken bleibt noch, dass die Schreibweise der jeweils erwähnten Protagonisten in den *vielfältigen* zitierten Quellen unterschiedlich ist. Dies ist der Transkription von kyrillischen in lateinische Buchstaben zuzuschreiben. Im folgenden Text finden sich daher – wenn Originaltexte zitiert werden – verschiedene Schreibweisen. So wird Stalin mit den Vornamen Jossip, Josef, Jossep, Iosif o. Ä. tituliert; sein ursprünglicher Nachname wird mal Dshugaschweli, ein anderes Mal Dschugaschweli, Djugashvili oder Jugashvili geschrieben; sein Sohn Jakow heißt manchmal auch Jakob, Yakov oder Jascha; und seine zweite Frau wird einmal Nadeschda, dann wieder Nadja genannt usw. Der Kontext stellt aber jeweils unmissverständlich klar, wer gemeint ist.

1 Theoretische Grundlagen

Die Undurchschaubarkeit der Psyche

Um die Wechselbeziehungen zwischen den psychischen Strukturen (psychisches System) eines Individuums (Stalin) mit sozialen Systemen zu untersuchen, ist zunächst eine Klärung des systemtheoretischen Modells notwendig (denn es gibt unterschiedliche). Im vorliegenden Zusammenhang werden sowohl psychische als auch soziale Systeme als *autopoietische Systeme*[5] verstanden. Damit ist ein Typus selbstorganisierter Systeme gemeint, die sich durch ihre eigenen internen Prozesse als Einheit bilden und von irgendwelchen Umwelten abgrenzen. Psychische Systeme sind charakterisiert durch *Operationen des Bewusstseins*, d. h. des Wahrnehmens, Denkens, Fühlens, Entscheidens usw., und soziale Systeme bilden und erhalten ihre Strukturen durch *Kommunikationen*.[6]

Soziale Systeme sind daher als Kommunikationssysteme konzeptualisiert, und sie lassen sich durch die spezifischen Muster der Kommunikation – die Spielregeln der Kommunikation und Interaktion – charakterisieren und unterscheiden. So wird in Familien üblicherweise anders kommuniziert als in Organisationen, und in der Öffentlichkeit anders als im privaten Umfeld. Die Einzelheiten der verwendeten systemtheoretisch-soziologischen Modelle werden dort eingeführt, wo sie für das Verständnis der diskutierten Inhalte notwendig sind.

Projekte wie das vorliegende haben ein prinzipielles Problem (das sie mit der Psychologie als Wissenschaft teilen): Die Psyche eines Menschen ist in ihrer Dynamik nicht direkt von außen beobachtbar. Wie sollen unter diesen Umständen objektivierbare, d. h. interpersonell überprüfbare Aussagen gemacht werden? Diese Problematik schränkt zwangsläufig auch den Geltungsanspruch der psychologischen Aussagen der vorliegenden Untersuchung ein. Was über Struktur der Persönlichkeit und die Psychodynamik Stalins gesagt wird, sind lediglich Hypothesen. Sie können im besten Fall aufgrund ihrer (mal größeren, mal geringeren) Plausibilität Geltung beanspruchen. Und hier sei

5 Maturana u. Varela 1979; Luhmann 1984, S. 297.
6 Luhmann 1988; Simon 2022, S. 398 ff.

schon einmal auf die Warnung eines der frühesten Biografen Stalins, Boris Souvarine, hingewiesen: »Die sogenannten Psychoanalytiker, die vorgeben, große historische Ereignisse durch die Pubertätskrise eines späteren großen Mannes erklären zu können, laufen Gefahr, in einem solchen Fall nichts zu finden, woran sie ihre Talente üben können.«[7] Allerdings schrieb er das als überzeugter Marxist in einer Zeit vor den großen Stalin'schen Säuberungen, vor dem Hitler-Stalin-Pakt und in einer Zeit, als die Psychoanalyse noch nicht die hier verwendeten theoretischen Modelle entwickelt hatte.

Im Folgenden wird – trotz nicht ganz von der Hand zu weisender Bedenken – auf psychoanalytische Konzepte zurückgegriffen, weil ihr Vorzug vor vielen anderen psychologischen Ansätzen darin besteht, dass durch das Hintercouchverfahren und die geforderten freien Assoziationen dem Analytiker ein sonst nicht zugänglicher Blick auf die Logik psychischer Prozesse ermöglicht wird. In der Alltagskommunikation ist solch ein Zugang kaum möglich, da alles frank und frei auszusprechen, was man im aktuellen Moment denkt und fühlt, den etablierten Regeln des zivilisierten Umgangs miteinander zuwiderlaufen würde. Doch gerade das ist in der Analyse möglich. Und das macht die psychoanalytische Methode zu einem einzigartigen Forschungssetting. Deshalb sind die *Beschreibungen* psychodynamischer Prozesse, die von der Psychoanalyse geliefert werden, und die Analyse ihrer impliziten Logik auch aus einer systemtheoretischen Perspektive von besonderem Wert (aber nicht unbedingt die in der Literatur zu findenden Erklärungen).

Aus solch einer psychoanalytisch-systemtheoretischen Perspektive können Hypothesen über die Psychodynamik des Protagonisten formuliert werden, die mit der Logik sinnverarbeitender, selbstorganisierter Systeme kompatibel sind.

Diese Hypothesen sind immer nur aus dem Verhalten ableitbar. Was Stalin betrifft, besteht nur die Möglichkeit, das in Berichten von Zeitzeugen und in Biografien beschriebene Verhalten in dieser Weise zu nutzen.

Auch die verwendeten psychoanalytischen Konzepte werden jeweils dort und dann dargestellt und diskutiert, wenn dies vom zu analysierenden Sachverhalt her geboten erscheint.

7 Souvarine 1935, S. 29.

Organisation als Apparat

Wie der zu Beginn zitierte Satz von Trotzki beispielhaft zeigt, wurden Organisationen zu Beginn des vorigen Jahrhunderts meist nach dem Modell mechanischer Maschinen konzipiert. Das gilt, nebenbei bemerkt, auch für die Psyche, wenn Sigmund Freud (und er dürfte nicht der Einzige gewesen sein) vom »psychischen Apparat« spricht. Doch für unser Thema ist dies nicht von Interesse, sondern allein die Vorstellung von Organisationen als Maschinen – ein üblicher Topos in der Fachsprache der zu Beginn des vorigen Jahrhunderts noch in den Kinderschuhen steckenden Soziologie wie auch in der Umgangssprache. Diese Metaphorik bestimmte, wie über Organisationen gedacht wurde. Exemplarisch dafür steht hier Max Weber, von dem folgende Definition stammt, in der er auch die Beziehung zwischen Führern und Organisationen anspricht:

> »Die durch Vergesellschaftung hergestellten spezifischen Vorkehrungen der Herrschaft aber bestehen, allgemein gesprochen, darin: dass ein an Gehorsam gegenüber den Befehlen von F ü h r e r n gewöhnter, durch Beteiligung an der Herrschaft und deren Vorteilen an ihrem Bestehen persönlich m i t i n t e r e s s i e r t e r Kreis von Personen sich dauernd zur Verfügung hält und sich in die Ausübung derjenigen Befehls- und Zwangsgewalten teilt, welche der Erhaltung der Herrschaft dienen (›Organisationen‹). Den oder die Führer, welche die von ihnen beanspruchte und tatsächlich ausgeübte Befehlsgewalt nicht von einer Uebertragung durch andere Führer ableiten, wollen wir ›Herren‹ nennen, die in der erwähnten Art zu ihrer speziellen Verfügung sich stellenden Personen deren ›Apparat‹.«[8]

Auch in dieser Definition ist im Prinzip impliziert, dass die Beteiligten die Möglichkeiten hätten, sich anders zu verhalten, das heißt, dass ihr Verhalten als Mitglieder des »Apparats« kontingent ist. Dennoch hat sich die mechanische Metaphorik lange Zeit erhalten. Und dies gilt auch und ganz besonders für das nachrevolutionäre Russland bzw. die Sowjetunion. Der »Apparatschik« war auch im deutschen Sprachgebrauch lange Zeit ein Begriff, den jeder kannte. Doch diese Metaphorik gibt Rätsel auf, wenn man – wie die neuere soziologische Systemtheorie – davon ausgeht, dass jedes menschliche Individuum autonom seine Entscheidungen trifft und sich immer auch anders

8 Weber 1921/22, S. 549.

verhalten könnte, als ihm befohlen wurde (um bei der Weber'schen Formulierung zu bleiben).

Antworten auf diese Frage liefert die Organisationstheorie bzw. ihre systemtheoretische Variante. Sie geht von der Autonomie des Individuums aus und sieht Organisationen als soziale Systeme mit spezifischen Spielregeln der Kommunikation und Interaktion. Wer Mitglied einer Organisation wird, akzeptiert bestimmte Regeln als Prämissen seiner eigenen – immer noch autonomen, innengesteuerten – Entscheidungen (sog. »Entscheidungsprämissen«[9]). Funktion dieser Prämissen ist es, angesichts der Tatsache, dass die Zukunft nicht vorhersehbar ist, aber trotzdem gehandelt werden muss, die Unsicherheit jedes Einzelnen zu beseitigen und ihm eine Entscheidungsgrundlage zu vermitteln (in der Organisationsforschung »Unsicherheitsabsorption«[10] genannt).

Wenn man die Spielregeln des menschlichen Zusammenlebens daraufhin untersucht, an welchen Prämissen die Mitglieder ihre Entscheidungen orientieren, dann werden die Unterschiede zwischen verschiedenen sozialen Systemen, z. B. Organisationen und Familien, fassbar.[11] Da der Aufstieg Stalins immer an seine Mitgliedschaft in Organisationen gebunden und – wie Trotzki ja nicht ohne Grund bemerkt – durch sie bestimmt war, wird in der Analyse eine der Fokussierungen auf die jeweils relevanten Entscheidungsprämissen gerichtet sein. Sie werden im Einzelnen dort definiert, wo es für die Analyse relevant erscheint.

---

9 Luhmann 2000a, S. 222 ff.

10 Ebd., S. 225.

11 So orientiert sich, zum Beispiel, das Handeln eines Familienmitglieds in der Regel an *Personen*, ihrem körperlichen und psychischen Zustand bzw. den unterstellten Bedürfnissen der Familienmitglieder. Ein Richter als Mitglied des Rechtssystems, um ein Gegenbeispiel zu nennen, wird sich an bestimmten Verfahrensregeln *(Programmen)* orientieren, die seine Entscheidungsfreiheit und Willkür einschränken.

2 Historischer Kontext

Das zaristische Imperium

Kulturen sind soziale Systeme, deren Spielregeln sich nur langsam ändern. Sie können mit Sprachen verglichen werden, deren Grammatiken sich auch nur langsam verändern.[12] Ihre Strukturen bilden daher – wie die der Muttersprache – einen unbewussten Rahmen für die psychische Entwicklung des Einzelnen, dem sich niemand entziehen kann, der in einer speziellen Kultur sozialisiert wurde. Einen relevanten Faktor für die individuelle psychische Entwicklung und Psychodynamik bilden die jeweils aktuellen politischen Strukturen und Ereignisse der Lebenswelt von Familien wie Organisationen.

Im Blick auf Stalin heißt dies, dass er und sein Verhalten in den kulturellen Kontext zunächst des Zarenreichs, später dann der Sowjetunion gestellt werden müssen, um verstehbar und erklärbar zu werden. Und das gilt ebenso für die Entwicklung der jeweiligen sozialen Strukturen, seien es Familien und Paarbeziehungen oder staatliche Organe, Parteien usw. Im Folgenden soll daher die Geschichte des zaristischen Imperiums kurz skizziert werden, um eine Idee von den Charakteristika der politischen Bühne zu vermitteln, auf der Stalin agierte. Das Interesse gilt dabei langdauernden kulturellen und staatlichen Mustern.[13]

Für die Etablierung autoritärer Herrschaftsformen und die Gründung des russischen Großreichs hat Ivan IV., Großfürst von Moskau, eine besondere Rolle gespielt. Daher erscheint es sinnvoll, den historischen Rückblick bei ihm beginnen zu lassen.

Ivan war zu seiner Zeit, in der zweiten Hälfte des 16. Jahrhunderts, einer von vielen Großfürsten im Territorium des späteren Zarenreichs. Er ließ sich 1547 im Alter von 16 Jahren zum Zaren von Russland krönen. Damit beendete er eine Phase des Machtvakuums, in der die Hocharistokratie in Machtkämpfe miteinander verwickelt war und de facto anarchische Zustände herrschten. Ivan IV. setzte den Machtkämpfen ein Ende und etablierte als Autokrat eine neue Ordnung. Den

12 Vgl. Hall 1956, S. 99 ff.
13 Diese Skizze folgt, soweit nicht anderweitig vermerkt, der Darstellung der *Russischen Geschichte* von Stökl 1962.

bis dahin herrschenden Bojaren, ihrer Macht und ihrer Gerichtsbarkeit setzte er einen von ihm abhängigen Dienstadel sowie ein Beamtentum in Moskau entgegen.[14] Eine der strukturellen Konsequenzen auf staatlicher Ebene war die »Zentralisierung der Verwaltung und Unifizierung der Verwalteten«[15].

Mit der Übernahme der Macht durch die Osmanen in Konstantinopel hatte sich auch das Verhältnis von orthodoxer Kirche und Staat in Russland verändert. In Konstantinopel gab es keinen christlichen Kaiser mehr, aber in Moskau. So wurde aus der Byzantinisch-Orthodoxen die autonome russisch-orthodoxe Kirche. Und Ivan begründete seinen Anspruch auf die Kaiserkrone sowohl mit der »spirituellen Abstammung« von Byzanz als auch aufgrund des

> »territorialen Vermächtnisses von Dschingis Khan. Der Titel ›Zar‹ wurde für beide Herrscher verwendet – den byzantinischen *basileios* ebenso wie den Khan der Goldenen Horde –, und so vermischten sich die beiden miteinander«[16].

Diese Vermischung sollte für die weitere Geschichte der Zaren bis ins 19. Jahrhundert erhalten bleiben und die Beziehung von Kirche und Staat bestimmen. Der Zar verkörperte Gott auf Erden, sodass der Widerstand gegen ihn zur Ketzerei wurde.[17]

Neben den russischen Kaiser trat nun ein eigener russischer Patriarch, der den in Byzanz, das nach Einnahme durch die Osmanen an Bedeutung verloren hatte, ersetzte.

> »Erst dann war die zerstörte Ordnung wiederhergestellt, erst dann konnte auch das byzantinische Staat-Kirche-Verhältnis genau wiederholt werden. Dieser gewissermaßen weltkirchliche und welthistorische Aspekt drängte also die russische Kirche auf die Seite der Autokratie des Moskauer Großfürsten, machte sie zur Fürsprecherin der byzantinischen Erbschaft – nicht nur kirchlich, sondern auch politisch – und ließ sie am Entstehen der neuen, imperialen Moskauer Staatsideologie maßgeblich mitwirken.«[18]

Dass Ivan bei seinen Aktionen Rücksicht auf nichts und niemanden nahm und auf willkürliche Gewaltanwendung setzte, führte zu sei-

14 Stökl 1962, S. 216 f.
15 Ebd., S. 232.
16 Figes 2022, S. 77 f.
17 Ebd., S. 87.
18 Stökl 1962, S. 219.

nem Beinamen »der Schreckliche«. Diese Qualifizierung konnte er natürlich nicht dadurch erlangen, dass er allein und mit eigener Kraft Schreckliches tat. Er brauchte dazu eine *Organisation*, die in seinem Namen tätig wurde und Schrecken verbreitete. So war er möglicherweise der Erste (diese Priorität scheint historisch nicht geklärt), der sich eine Truppe zulegte, deren Zweck genau dies war: die »Opritschniki«. Sie war

> »eine dem Zaren persönlich und unmittelbar zur Verfügung stehende Spezialtruppe, deren Aufgabe in der physischen Liquidierung der Verräter und in der Terrorisierung der gesamten Hocharistokratie bestand. Da alle in der Erfüllung dieser Aufgabe verübten Verbrechen straffrei blieben, wurde ›Oprirtschina‹ sehr bald mit dem Begriff eines hemmungslosen, blutigen Terrors identisch«[19].

Die Opritschniki kann als Vorläufer der Geheimpolizeien und Terrortruppen – der Apparate – aller nachfolgenden russischen Herrscher betrachtet werden.

Ein anderer eine Tradition begründender Aspekt der Politik Ivans IV. war das »Sammeln« von Territorien in der Umgebung des Russischen Reichs. Es begann mit der Eroberung von Kazan – der Beendigung der Mongolenherrschaft –, setzte sich fort mit der Unterwerfung anderer Ethnien und der Territorien, auf denen sie siedelten oder sich als Nomaden bewegten. Verbunden damit war eine systematische Russifizierung, d. h. die Besiedlung durch Russen, die Verbreitung der russisch-orthodoxen Kirche und die Forcierung des Gebrauchs der russischen Sprache.

Ein Aspekt der Herrschaft Ivans IV., der sich unter seinen Nachfolgern fortsetzte, ist, die Identifizierung des Staats mit dem Zaren hervorzuheben. Während in Westeuropa inzwischen sich langsam »das Konzept eines abstrakten Staates als Gegengewicht zum König entwickelte«, geschah dies »nicht in Russland, wo Zar und Staat als eins betrachtet werden – vereint im Körper eines einzigen sterblichen Wesens, das als Mensch und Herrscher ein Werkzeug Gottes war«[20].

Nach Ivans Tod kam es beim Kampf um die Macht zunächst zum Bürgerkrieg. Als faktischer Regent setzte sich Boris Godunow durch,

19 Ebd., S. 252.
20 Figes 2022, S. 87.

der sich den Opritschniki angeschlossen hatte.[21] Unter den Zaren, die Ivan IV. folgten, ist Boris Godunow wegen der langfristigen sozialen Folgen seines Handelns von besonderer Bedeutung. In den Jahren 1601 und 1602 traf er Entscheidungen, welche die Freiheit der Bauern betrafen:

> »Im ganzen lief die Entwicklung unaufhaltsam auf die rechtlich unauflösbare Bindung des Bauern an das von ihm bearbeitete, dem Grundherren gehörende Land [...] zu. Diese Bindung lieferte den Bauern dem Grundherrn aus und musste in der Praxis zur Leibeigenschaft werden.«[22]

Diese feste Kopplung der Bauern an das Land bzw. einen Grundherrn kam auch der zentralistischen Verwaltung und Bürokratie zugute, die so die Bevölkerung in überschaubaren Einheiten kontrollieren konnte.

In den Jahrhunderten nach der Krönung Ivans IV. zum Zaren wechselten immer wieder chaotische Phasen des Interregnums, der Anarchie und der Kriege mit Nachbarn, mit autokratischen Phasen der rigiden staatlichen Unterdrückung und Ordnung ab.

Mit Peter »dem Großen« kam es zur Öffnung Russlands zum Westen. Peter wurde am 9. Juni 1672 geboren und starb am 8. Februar 1725. Er versuchte Russland zu modernisieren, indem er sich an Westeuropa orientierte. Dies traf nicht nur auf Zustimmung, sondern auch auf Widerstand im Land. Es gab starke Kräfte, die einen Sonderweg für Russland forderten. Bereits unter seinen Vorgängern war es, vor allem aufgrund der kriegerischen Auseinandersetzungen mit dem katholischen Polen, zur Ost-West-Unterscheidung bzw. der Frage der kulturellen Ausrichtung gekommen:

> »Russland war seit langem auf dem Weg nach Europa. Allenthalben und je länger, desto mehr war Neues eingedrungen und hatte Altes zu verdrängen begonnen. Trotzdem bedeutet Peter der Große in der Geschichte Russlands eine Umwälzung, eine Revolution, und vielleicht mehr noch als in der Geschichte im russischen Geschichtsbewusstsein. An der Gestalt des großen Zaren entzündeten und schieden sich die Geister in allen folgenden Generationen.«[23]

Peter führte etliche Kriege – den längsten und in seinen Folgen wichtigsten gegen Schweden –, und er setzte das »Territorien-Sammeln«

21 Ebd., S. 116.
22 Stökl 1962, S. 264.
23 Ebd., S. 331.

seiner Vorgänger fort, indem er z. B. Estland und Livland in sein Reich annektierte. Er war an westlicher Technik interessiert, baute (teilweise eigenhändig) Schiffe und eine Flotte – womit er neue Horizonte für seine expansiven Ambitionen eröffnete. Da es ihm nicht gelang, dauerhaft gegen die Osmanen einen Zugang zum Schwarzen Meer zu erhalten, fokussierte er seine Aufmerksamkeit auf die Ostsee. Dort errichtete er seine neue Hauptstadt, Petersburg.

> »Der Gewinn an Territorien und europäischem Ansehen war Motiv und Ergebnis zugleich von drei Jahrzehnten außenpolitischer und militärischer Anstrengungen. Diese Anstrengungen zogen einen umfassenden inneren Wandel nach sich, der schon bei den Zeitgenossen, von allem imperialen Glanz abgesehen, den Eindruck eines veränderten Russland entstehen ließ. Was unter Peter neu entstand, hat Staat und Gesellschaft des modernen Russland unverwischbar geprägt.«[24]

Die Reformen Peters änderten nicht die stratifizierte Struktur der russischen Gesellschaft. Weiterhin »gab es einen privilegierten Adel, ein entrechtetes Bauerntum und eine relativ unbedeutende Stadtbevölkerung«[25]. Für den Adel gab es weiter die militärische Dienstpflicht mit 15 Jahren, aber nun dienten die Adligen als Offiziere. Dazu mussten sie eine basale Bildung erwerben –

> »Lesen, Schreiben und Elementarkenntnisse der Mathematik – waren die zwischen dem zehnten und fünfzehnten Lebensjahr zu erwerbende Voraussetzung nicht nur für den Offiziersstand, sondern auch für die Eheschließung«[26].

Außerdem wurden die Erbgesetze so geändert, dass jeweils nur ein Erbe den ungeteilten und unteilbaren Grundbesitz erbte. Ziel war, die Zersplitterung des Eigentums zu vermeiden und einen ökonomisch potenten Adelsstand als Stütze des Staats zu bewahren. Ein Gesetz, das allerdings später wieder aufgehoben wurde, weil es auf zu viel Widerstand stieß.

Was wichtig war für die Beziehung zum Adel und die Funktion des Militärs, ist die Einführung einer Art Leistungsprinzips innerhalb des Militärs: Auch nichtadlige Offiziere konnten aufsteigen, und wenn sie einen bestimmten Rang erworben hatten, wurden sie nobilitiert.

---

24 Ebd., S. 365.
25 Ebd., S. 368.
26 Ebd., S. 368.

Die Lage der breiten Masse von Bauern, speziell ihr Verhältnis zu den Grundherren, blieb unter Peter mehr oder weniger unverändert.

Unter Einfluss westeuropäischer Experten führte Peter eine Verwaltungsreform durch. Er richtete oberste Verwaltungs- und Justizbehörden ein, schuf Fachministerien ... Verbunden mit der gesteigerten Zentralisierung der Verwaltung war aber auch ein Aufblühen der Korruption:

> »Die Wurzel der Korruption lag ja eben zum guten Teil im zentralistischen Verwaltungssystem, das den Beamten durch zu große Machtbefugnisse ständig in Versuchung führte; dem war niemals dadurch abzuhelfen, dass man neue Beamte mit noch größerer Macht einsetzte, wenn auch die Kontrollapparate vorübergehend Erfolge erzielen mochten.«[27]

Mit Peters Herrschaft war ein Wandel im Staatsverständnis verbunden. Bis dahin war

> »das Konzept des Staates [...] untrennbar mit der Person des Zaren [...] verbunden, der Russland als seinen persönlichen Besitz regierte. [...] Peter war der erste Zar, der sich den Staat als unpersönlichen Apparat vorstellte, dessen Zweck es war, dem öffentlichen Wohl oder Gemeinwesen zu dienen«[28].

All diese Reformen waren leitend für die weitere Entwicklung Russlands. Sie wurden von Peters häufig wechselnden Nachfolgern nicht infrage gestellt. Hervorzuheben ist hier Katharina »die Große« (1729–1796). Sie war wohl die Gebildetste unter ihnen und hatte sich jahrelang mit aufklärerischer Lektüre beschäftigt. Ob dies eine Auswirkung auf ihr Regierungshandeln hatte, ist nicht eindeutig zu beantworten:

> »Es ist eine umstrittene Frage, wieweit Katharina in ihrem politischen Handeln durch die politischen Theorien der Aufklärung wirklich bestimmt war. Häufig wird der ›liberale‹ Beginn ihres Regierens zum ›reaktionären‹ Ende in Gegensatz gebracht. Zum Teil liegt da eine Verwechslung von rationalem Aufklärungsdenken und liberal-humanitärem Streben vor. Der Ratio im Dienste des Staates, der Macht, des Prestiges, ist Katharina niemals untreu geworden, aber ebensowenig duldete sie ein Überwuchern der politischen Wirklichkeit durch die politische Theorie.«[29]

27 Ebd., S. 377.
28 Figes 2022, S. 157.
29 Stökl 1962, S. 400.

Katharina sorgte für eine vorsichtige Dezentralisierung der Verwaltung in kleineren Gouvernements, startete eine Schulreform und scheiterte an einer Rechtsreform. Was sie nicht infrage stellte, sondern lediglich anders begründete, war die Autokratie. An die Stelle einer theologischen Rechtfertigung trat eine funktionelle Begründung ihrer Alleinherrschaft: Ein großes Land wie Russland bedürfe der Möglichkeit schneller Entscheidungen.

Aus systemtheoretischer Sicht ist nicht zu bezweifeln, dass Autokratie schnelle Entscheidungen ermöglicht. Allerdings wird diese Schnelligkeit damit bezahlt, dass die Qualität der Entscheidungen darunter leiden kann bzw. leidet. Denn die Intelligenz der Entscheidung ist an die Intelligenz des oder der einzelnen Entscheider gebunden. Ein Kommunikationsprozess, in den Personen mit unterschiedlichen Kompetenzen, Sichtweisen und Erfahrungen einbezogen sind, kann weit intelligentere Entscheidungen hervorbringen. Doch dies ist ein Manko aller autoritären Systeme, heute wie zu Katharinas Zeiten. Diese Konsequenz wurde – wenig verwunderlich – übersehen, als Katharina den Titel »die Große, weiseste Mutter des Vaterlands« erhielt.[30]

Die Rechte der Gutsherren über die Bauern waren unter Katharina nahezu unbegrenzt, was letztlich zu Bauernaufständen führte, in denen die Aufständischen grausam Rache nahmen. Spätestens dies brachte die »Bauernfrage« in den Fokus der politischen Aufmerksamkeit. Das Problem war, dass jede Verbesserung der Situation der Bauern zur Verschlechterung der Situation des Adels führte. Und dessen Macht war weit größer als die Einflussmöglichkeiten der Bauern – auch wenn ihre potenziellen Aufstände als dauerhafte Bedrohung wirkten.

Doch diese Aufstände waren merkwürdigerweise nie gegen den Zaren gerichtet. Tucker, der versucht, die Mentalität der vorrevolutionären Russen zu ergründen, schildert sie folgendermaßen:

> »Die Jahrhunderte zaristischer Autokratie und der amtlich geförderte Herrscher-Kult hatte weiten Teilen der Bevölkerung, speziell den Bauern, eine monarchistische Mentalität eingeflößt; [...] ›Ohne den Zar ist das Land verwitwet; ohne den Zar ist das Volk verwaist.‹ So fand die Legende des Batiushka Zar (Vater Zar) ihren Ausdruck in einem Sprichwort. Eine Reihe anderer, alter russischer Redewendungen zeigt

30 Ebd., S. 403.

> dasselbe Denken auf etwas andere Art: ›Das wissen nur Gott und der Zar.‹ ›Über alles haben Gott und der Herrscher die Macht.‹ ›Durch Gott und den Zar ist Russland stark.‹ Es ist klar, dass die politische Treue des russischen Bauern keiner abstrakten Institution, dem Staat, galt, sondern dem Herrscher als Person. Autokratie zusammen mit orthodoxem Christentum schien ihm Teil der natürlichen Ordnung der Dinge, was auf einer höheren nationalen Ebene dem vertrauten patriarchalen Autoritarismus des Dorflebens entsprach.«[31]

Gesellschaftliche Veränderungen wurden daher vom Zaren erwartet, dem guten und vermeintlich fürsorglichen Vater. Aufstände richteten sich so gut wie nie gegen ihn, auch wenn er die in ihn gesetzten Hoffnungen regelmäßig enttäuschte.

Das 19. Jahrhundert, in dem Stalin geboren wurde (1878 oder 1879), begann unter Alexander I. mit einer Vielzahl von Kriegen in unterschiedlichen und wechselnden Koalitionen und Bündnissen. Es fand seinen Höhepunkt mit dem Aufmarsch Napoleons vor Moskau – eine Erfahrung, die im kollektiven Gedächtnis Russlands deutliche Spuren hinterließ:

> »Angriff und Scheitern der Grande Armée im Sommer und Herbst des Jahres 1812 sind als ›vaterländischer Krieg‹ für jeden Russen Höhepunkt des patriotischen Geschichtsbewusstseins […].«[32]

Die Bauernfrage war nur eines der gesellschaftlichen Probleme des Zarenreichs, die im 19. Jahrhundert zum Sprießen einer Vielzahl revolutionärer, anarchistischer, nihilistischer, sozialrevolutionärer Gruppen führten. Die russische Literatur – die Romane Dostojewskijs sind dafür beispielhaft – legt Zeugnis von der zunehmenden Auflösung der alten sozialen und spirituellen Ordnung und der Suche nach einer neuen Ordnung ab. Attentate und Terrorakte waren an der Tagesordnung. Die Erwartung, dass der gute Autokrat für den notwendigen Wandel – die »Revolution von oben« als Aktion »Russischer Jakobiner« – sorgen würde, war aufgegeben worden. Nicht mehr von einer einzelnen Person wurde die Veränderung erhofft, sondern von revolutionären Organisationen.[33]

Unter den vielen Aktivisten und Theoretikern der Veränderung oder Revolution gehören Michail Alexandrowitsch Bakunin und Alex-

31 Tucker 1973, S. 3 f. (Übers. v. F. B. S.).
32 Stökl 1962, S. 448.
33 Vgl. Tucker 1973, S. 9 ff.

ander Iwanowitsch Herzen zu den Bekanntesten. In der zweiten Hälfte des Jahrhunderts fand dann auch der Marxismus Anhänger unter den vielfältigen Splittergruppen.

Auch in Russland hatte die industrielle Revolution begonnen, aber die Bauern bildeten noch die große Mehrheit der Bevölkerung. Es war noch nicht wie in Westeuropa, vor allem in England, wo Marx und Engels die Entwicklung des Kapitalismus studierten, zur Formierung eines Proletariats gekommen.

Doch die in Schichten geordnete Gesellschaft wurde gestresst, Veränderungen lagen in der Luft, in unterschiedlichen Teilen des Landes kam es zu Aufständen. Im Dezember 1825 verweigerten Offiziere der Garde den Eid auf den neuen Zaren Nikolaus I. und forderten – ohne Erfolg – eine Konstitution (»Dekabristen-Aufstand«). Als Reaktion darauf und aus Angst vor einer möglichen Revolution verschärfte Nikolaus die Kontrolle der Bevölkerung durch die Gründung einer speziellen Staatsschutz-Abteilung.

Ideen, die aus dem Westen kamen, wurden als gefährlich angesehen, sodass versucht wurde, die Herrschaft des Imperiums auf drei originär russische geistige Grundlagen zu gründen: das Christentum in Form der russischen Orthodoxie, die Autokratie und den Patriotismus.[34] Doch wie so oft, wenn versucht wird kulturelle Entwicklungen zu steuern, blieben diese Bemühungen ohne Erfolg. Eine ideologische Auseinandersetzung blieb dauerhaft virulent: der Konflikt zwischen einem »Panslavismus«, d. h. einem von Russland dominierten eigenen Weg, Gesellschaft zu strukturieren, und der Aufklärung im Sinne des westlichen Europas.

Für die Regierung unter Zar Alexander II., der von 1855 bis 1881 herrschte, wurde die Bauernfrage zum immer brennenderen Problem. Nach der demütigenden Niederlage im Krimkrieg war die Zeit für Reformen gekommen (generell scheinen demütigende Niederlagen in Kriegen eine positive Wirkung auf die Reformfreudigkeit von Staaten zu haben).

Die Regierung versuchte, die zunehmenden Unruhen im Land durch die Abschaffung der Leibeigenschaft zu beschwichtigen (1861). Dies geschah nicht, um »den« Bauern etwas Gutes zu tun, sondern aus ökonomischen Gründen. Da die Grundbesitzer zur Versorgung ihrer Leibeigenen verpflichtet waren, wurden sie aufgrund des »Men-

34 Vgl. Stökl 1962, S. 483 f.

schenüberschusses«[35] in die Verschuldung getrieben. Da mit der Abschaffung der Leibeigenschaft keine Verteilung der bis dahin von den nun befreiten Bauern bewirtschafteten Ländereien verbunden war, kann diese Reform nur sehr begrenzt als Verbesserung der Lebensbedingungen für die Betroffenen bewertet werden.

Dies waren – grob skizziert – die gesellschaftlichen Bedingungen, in die Stalin hineingeboren wurde. Georgien, das Land, in dem er geboren wurde und seine Kindheit wie Jugend verbrachte, war Anfang des 19. Jahrhunderts von Russland annektiert worden (der Osten 1801, der Westen erst 1860). Die übliche Russifizierung hatte auch hier große Fortschritte gemacht. So war z. B. der Patriarch der georgisch-orthodoxen Kirche durch einen Metropoliten der russisch-orthodoxen Kirche ersetzt worden. Die Verwaltung wurde in die Hand von Russen gelegt, und die Spuren der alten georgischen Kultur, die älter war als die russische und über eine eigene Schrift verfügte, wurden, wie so oft in der Weltgeschichte, durch die Kultur von Eroberern überdeckt. Denn Georgien hatte eine lange Reihe von Unterwerfungen durch fremde Armeen und die Konfrontation mit deren Kulturen hinter sich: Mongolen, Perser, Türken – und nun Russen.[36]

Dennoch können Historiker charakteristische Merkmale der georgischen Kultur beschreiben: Die Georgier seien Kämpfer, die Waffen lieben, mutig und stets bemüht persönlichen Ruhm zu erlangen, bereit sich für ihr Vaterland zu opfern. Sie seien gastfreundlich Fremden gegenüber, und wenn sie zusammenkommen, hätten sie Freude am gemeinsamen Amüsement. Dabei seien sie großzügig, hätten nicht das Bedürfnis, Besitz anzuhäufen, seien intelligent, reaktionsschnell, lernbegierig, auf sich selbst zentriert. Sie würden sich merken, wer ihnen Gutes oder Böses angetan hat, und es im Positiven wie Negativen exakt heimzahlen. Ihre Stimmung könne sich von einem Moment zum anderen von gut zu schlecht verändern. Sie seien dickköpfig, ehrgeizig, könnten schmeicheln, seien aber auch leicht beleidigt ...[37]

Die Oberschicht in Georgien wurde jetzt von Russen gebildet. Ein Aufstieg in der Gesellschaft war nur innerhalb des Militärs oder in der orthodoxen Kirche möglich. Ansonsten gab es strenge und nicht

35 Ebd., S. 486.
36 Vgl. Tucker 1973, S. 66 f.
37 Zit. n. Tucker 1973, S. 64.

durchlässige Grenzen zwischen den Schichten. Trotz zunehmender Industrialisierung war Russland noch überwiegend ein Agrarland. Der Weg in die funktionell differenzierte Gesellschaft[38], wie in Westeuropa schon weit fortgeschritten, dauerte noch lang.

Die Geheimpolizei / Der Apparat

Ein interessanter Aspekt beim Studium der Historie der russischen Geheimpolizei ist, dass ihre Tätigkeit zur Zeit der Sowjetunion jedermann bewusst war und auch heute noch viel davon gesprochen wird, aber relativ wenig Forschung zu diesem Thema zu finden ist. Für die Wissenschaft hat die russische Geheimpolizei ihr Attribut »geheim« damit zumindest nicht Lügen gestraft. Analoges gilt für die Geschichte der Geheimpolizei als Institution, die ja nicht erst in der Sowjetunion erfunden wurde, sondern historische Vorläufer hatte.

An erster Stelle ist hier, wie bereits erwähnt, die *Opritschina* zu nennen, die Spezialtruppe Iwans des Schrecklichen, die seinem Befehl direkt unterstellt war und ihm blinden Gehorsam geschworen hatte. »Die Masse stellte der niedrige Dienstadel, aber auch ausländische Abenteurer fanden in nicht geringer Zahl Aufnahme.«[39] Die Opritschina wurde zu ihrer Zeit zwar nicht als Geheimpolizei bezeichnet, hatte aber dieselben Funktionen wie später die Geheimpolizeien anderer Zaren, und sie wurde zum Staat im Staat.

Auch der große Reformer, Peter der Große, wollte nicht auf die Macht verzichten, die eine Geheimpolizei verleiht und sichert. Er stellte nicht die autoritäre und despotische Struktur seines Staates infrage, sondern setzte neue Standards für deren künftiges Bestehen: »Er war es, der die erste politische Polizei schuf, die Zensur einführte und Personalausweise ausgeben ließ, um die Russen daran zu hindern, ihren ständigen Wohnsitz ohne besondere Erlaubnis zu verlassen.«[40]

Unter Nikolaus I. wurde die staatliche Kontrolle verschärft und zum Polizeistaat systematisiert:

> »Den Ruf eines ›Polizeiregimes‹ erhielt die Regierung Nikolaus' I. nicht nur ihres im allgemeinen betont autokratischen und fortschrittsfeindlichen Charakters wegen. Zwar hat Nikolaus die Polizei für Russland

38 Luhmann 1997, S. 131 f., 613.
39 Stökl 1962, S. 252.
40 Smith 1976, S. 329.

nicht etwa erst erfunden – es gab in dieser Hinsicht eine sehr ansehnliche Tradition –, aber er hat unter dem Eindruck des Dekabristenaufstands der russischen Polizei eine neue Organisation gegeben und neue Aufträge erteilt. Das geschah durch die Bildung einer neuen, der berüchtigten dritten Abteilung Seiner Majestät höchsteigener Kanzlei und durch die Schaffung des Gendarmeriekorps als einer besonderen ständigen Polizeitruppe (Ukas vom 25. Juni 1826).«[41]

Diese »dritte Abteilung« wurde zur geheimen Staatspolizei, zur »Gedanken- und Gesinnungspolizei«[42]. Sie bildete die Vorgängerorganisation der berüchtigten, von Zar Alexander III. 1881 gegründeten Geheimpolizei »Ochrana«[43].

Gesellschaft und Kultur in Stalins Georgien

Das Zarenreich befand sich als Feudalsystem wie andere europäische Monarchien seit einiger Zeit im Niedergang. In Transkaukasien bestand aber zum Teil auch noch eine Stammesorganisation,[44] das heißt, hier fehlten im Vergleich zur westeuropäischen Moderne mit ihrer beginnenden Industrialisierung noch mehrere Schritte der gesellschaftlichen Evolution. Der russische Staat war ein Vielvölkerstaat, und die kaukasischen Randgebiete wie Georgien hatten eine andere Kultur und Sprache, die aufgrund der unterschiedlichen Besetzungen durch Türken, Perser, Russen zum einen islamisch-orientalische, zum anderen christlich-europäische Merkmale zeigten. Die Oberschicht in Georgien wurde von den nur insgesamt 10 % Russen der Gesamtbevölkerung gebildet. Die Randgebiete wurden alle systematisch russifiziert, wobei die herrschenden Russen die örtliche Bevölkerung und Sprache unterdrückten. Isaac Deutscher spricht von den »Narben der Sklaverei«, die ihre seelischen und gesellschaftlichen Spuren hinterlassen hatten:

> »Die unverhüllte Abhängigkeit des Menschen vom Menschen, eine rücksichtslose und unverschleierte soziale Klassenschichtung, primitive Formen der Gewaltanwendung und der Mangel an Achtung vor der Würde des Menschen waren für das Leben im Kaukasus kennzeichnend, wie es sich aus der Leibeigenschaft heraus entwickelt hatte.«[45]

---

41 Stökl 1962, S. 480.
42 Ebd., S. 481; vgl. Diges 2022, S. 193.
43 Verfügbar unter https://de.wikipedia.org/wiki/Ochrana [11.10.2022].
44 Deutscher 1946/1966, S. 30; siehe dazu auch sehr aufschlussreich Tolstois Sammlung von Erzählungen (publiziert zwischen 1852 und 1912) *Krieg im Kaukasus*, 2018.
45 Deutscher 1946/1966, S. 33.

Die Politik der Zentralregierung war in ihrer Wirkung widersprüchlich: Auf der einen Seite wurde versucht, die Weiterentwicklung der Gesellschaft zu behindern, da sich ein gegenüber Russland unterentwickeltes Gebiet leichter beherrschen ließ. Auf der anderen Seite wurden russische Oppositionelle und Intellektuelle, Terroristen, politische Gefangene unterschiedlicher Couleur nicht nur nach Sibirien, sondern auch in den Kaukasus verbannt, sodass sie ihr systemkritisches Gedankengut relativ ungehindert verbreiten konnten.

Die Herkunftsfamilie Stalins bestand mütterlicher- wie väterlicherseits aus Bauern, die erst kürzlich aus der Leibeigenschaft entlassen worden waren. Die Leibeigenschaft, die über Jahrhunderte das Leben der Familien bestimmte, sorgte dafür, dass die individuelle Freiheit extrem beschränkt war. Der Einzelne gehörte zum Inventar des Grunds und Bodens, den er beackerte. Und mit dem Land, an das er gebunden war, konnte er zum Objekt von Kauf und Verkauf durch seine Herrschaft werden. Dieser an den Boden gekoppelten Unfreiheit stand die Sicherheit für Leib und Leben gegenüber, die durch den Feudalherrn gewährleistet wurde. Das heißt, dass eine asymmetrische Beziehung zu den Grundherren, in deren Abhängigkeit die Bauern lebten, als selbstverständlich erlebt wurde und – mit großer Wahrscheinlichkeit – die psychische Entwicklung der Einzelnen, die »monarchistische Mentalität« bestimmte. Diese unhinterfragten, autoritären Machtbeziehungen waren dann auch innerfamiliär zu beobachten.

Die mit der Abschaffung der Leibeigenschaft verbundene Freiheit (sie erfolgte in Georgien drei Jahre nach dem übrigen Russischen Reich) war nicht viel wert, da sie – ähnlich wie bei der Befreiung der Sklaven in den USA – nicht mit einer hinreichenden Übertragung des Eigentums an Land verbunden war. Das zuvor beackerte Land erhielten sie nur zur Hälfte,[46] was zum Sterben zu viel, zum Leben zu wenig war.

Im Kaukasus wurden unterschiedliche Sprachen gesprochen. Aus psychologischer wie kommunikationstheoretischer Sicht ist es von Bedeutung, in welcher Sprache ein Mensch primär sozialisiert wird. Stalins Muttersprache war Georgisch, seine Eltern sprachen nach übereinstimmenden Berichten kein Russisch.[47]

46 Ebd., S. 32.
47 Vgl. Trotzki 1940, S. 39.

Im letzten Viertel des 19. Jahrhunderts, als Stalin geboren wurde und Kindheit und Jugend erlebte, wurde das Russische Reich von umstürzlerischen Bewegungen erschüttert. Verschiedene nationalistische und sozialrevolutionäre Gruppen zeigten ihre Unzufriedenheit mit dem Status quo durch Attentate auf Amtsträger. Zu Beginn des 20. Jahrhunderts reduzierte sich deren Zahl zwar, blieb aber noch beträchtlich:

> »Von Januar – Juni 1906 wurden in Russland trotzdem noch 494 politische Morde verübt. [...] gibt für das gesamte Jahr 1906 seitens der Kampfeinheiten der ›Sozialrevolutionäre‹ 4.742 Anschläge mit 738 Toten und 972 Verletzten an. Für 1907 sind seine Zahlen noch exorbitanter, nämlich 4.126 Tote und 4.552 Verletzte infolge von Terroranschlägen in Russland. Darunter befanden sich nicht wie heute meistens Zivilisten, sondern Minister und Gouverneure, Generäle und Offiziere, Bürgermeister und Beamte sowie einfache Soldaten, Polizisten und Gendarmen.«[48]

Kulturelle und staatliche Muster

Ohne Anspruch auf Vollständigkeit können einige Muster beschrieben werden, die im Verlauf der Geschichte kontinuierlich die Organisation des russischen Staats leiteten und vielleicht auch als Merkmale der russischen Kultur in der Zeit vor der Oktoberrevolution 1917 zu verstehen sind:

1. Der Staat hat eine autoritäre, streng hierarchische Struktur, an deren Spitze ein Autokrat steht, der eine uneingeschränkte Willkürherrschaft ausüben kann (nicht muss, denn diese Möglichkeit nutzten die verschiedenen Zaren in unterschiedlichem Maße).
2. Die Macht des Autokraten / der Autokratie beruht zum einen auf Repression, d. h. auf der brutalen Anwendung von Gewalt bzw. der Drohung mit Gewalt, zum anderen auf der Verehrung des Herrschers als Person, der trotz der erlebten Gewalt positiv als »strenger Vater« bewertet wird.
3. Angst wird als zentrales Disziplinierungsinstrument der Bevölkerung verwendet, was von ihr mit demonstrierter Unter-

48 Schmidt 2019a, S. 71, Fußnote.

würfigkeit und Denunziation beantwortet wird. Dies dürfte analog zur Angst vor dem christlich-jüdischen Gott funktioniert haben.

4. Die Autokraten stützen ihre Macht auf ihnen gegenüber loyale Truppen und (Geheim-)Polizeikräfte. Deren Aktivitäten sind keinen rechtlichen Einschränkungen unterworfen und sie können daher auch ungehemmt Terror und Zwang ausüben. Der Verschleiß von Menschenleben erscheint dabei als kein Problem.
5. Verwaltungsreformen und der Aufbau mächtiger bürokratischer Apparate dienen nicht der Verbesserung der allgemeinen Lebensverhältnisse, sondern der Optimierung des Machterhalts (des Zaren wie des hohen Adels). Sie führen in der Regel zu einer Steigerung der Zentralisierung der Verwaltung, zur Steigerung der Kontrolle, der Zensur und der Einschränkung individueller Freiheiten.
6. Neben der staatlichen Hierarchie existiert eine kirchliche Hierarchie. Sie ist der staatlichen Macht untergeordnet und liefert ihr ideologische Legitimation, Hilfsdienste und Unterstützung. Die Beziehung zwischen der Bevölkerung und dem Zaren ist analog der Beziehung zu Gott strukturiert.
7. Die Phasen der rigiden staatlichen – despotisch gesicherten – Ordnung wechseln ab mit Phasen der vorübergehenden Auflösung dieser Ordnung, des Chaos, der Unsicherheit, Unordnung und Machtkämpfe. Sie charakterisieren das Interregnum zwischen jeweils mächtigen und rücksichtslosen Herrschern. Die Phasen der Unsicherheit werden durch die Erneuerung einer rigiden, gewaltgestützten Ordnung beendet.
8. Die kollektive Selbstdefinition beruht zu einem beträchtlichen Teil auf der Abgrenzung gegenüber dem sogenannten Westen. Allerdings ist diese Beziehung ambivalent: Der Attraktion durch den Westen und seine technisch-ökonomischen Fortschritte steht die Ablehnung des dort praktizierten Individualismus entgegen.
9. Es wird eine Vielzahl von Kriegen geführt (die nicht alle auf die Initiative des Zaren zurückzuführen sind). Die meisten dienen der »Sammlung« von Territorien, d. h. der Ausweitung des zaristischen Machtbereichs, nicht so sehr ökonomischen Zwecken. Eroberte Territorien werden konsequent russifiziert und in die stratifizierte Ordnung Russlands eingeordnet.

10. Zur Integration der Bevölkerung dient die Propagierung eines russischen bzw. slawophilen Patriotismus. Der damit verbundene und betonte Unterschied zu Westeuropa inszeniert sich unter anderem im Gegensatz zwischen Katholizismus und Orthodoxie.

Aus einer systemtheoretischen Perspektive sind diese Aspekte des kulturellen Musters zusammenhängend, da sie sich gegenseitig bedingen. Wenn man den Staat als Organisation oder Netzwerk von Organisationen betrachtet, so erscheinen spezifische Entscheidungsprämissen charakteristisch für die Steuerung des Verhaltens von Herrschern und Beherrschten.

An erster Stelle ist hier die Fokussierung der Aufmerksamkeit auf *Personen* zu nennen. Die Person des Zaren – sein mitgeteilter oder vermuteter, durch Gott legitimierter Wille – fungiert als Entscheidungsprämisse für die Aktionen der Regierung und ihrer Mitglieder. Unter »Entscheidungsprämisse« wird in der soziologischen Systemtheorie verstanden, dass ein autonomes Individuum seine Entscheidungen nicht willkürlich trifft, sondern an einer oder mehreren Vorannahmen orientiert. So können etwa Personen als Entscheidungsprämissen fungieren, wenn man sich an dem Bild, das man von einem Menschen hat, orientiert und ihn beispielsweise nicht kränken will, weil man ihn für verletzlich hält, oder seinen Anordnungen folgt, weil man ihn als streng oder gar rachsüchtig kennengelernt hat.[49]

Personen dienen nicht nur in Organisationen, sondern auch in anderen sozialen Kontexten als Entscheidungsprämissen. Dieses Prinzip durchzieht die Gesellschaft: Der Leibeigene orientiert sein Verhalten an der Person des Gutsherrn, Kinder in der Familie an den Personen von Vater und Mutter usw.

Ein zweiter, für unsere Fragestellung relevanter Typus von Entscheidungsprämisse besteht in den *formalen* und *informalen Strukturen* einer Organisation, die sich in selektiven *Kommunikationswegen* manifestieren: Wer hat wem was zu sagen? Wer hat wem Bericht zu erstatten? Wer erzählt wem welchen Klatsch? Wer intrigiert mit wem gegen wen oder für was? Usw.

---

49 Zu Entscheidungsprämissen als Mittel der Steuerung von Verhalten und Etablierung bzw. Sicherung von Interaktions- und Kommunikationsmustern siehe ausführlich Luhmann 2000a, S. 222 ff.; Simon 2022, S. 863.

Was im Vergleich zu anderen Staaten im Zarenreich wenig entwickelt schien, waren staatliche *Programme*, d. h. festgelegte Verfahrensweisen (z. B. die eines unabhängigen Rechtssystems), durch welche die Macht von Hierarchen hätte relativiert werden können. Solche festgelegten Verfahrensweisen waren zwar bei der orthodoxen Kirche zu finden, aber sie stützten die weltliche Macht und stellten sie nicht infrage. Die Struktur des autoritären Staats verfügte über keine Mechanismen, welche die Macht von Hierarchen limitierten, weder durch eine Konstitution und ein Rechtssystem mit entsprechenden Institutionen noch durch eine freie Presse.

Ein weiterer relevanter Typus von Entscheidungsprämisse[50], die *Kultur*, unterschied sich in den unterschiedlichen Landesteilen des zaristischen Herrschaftsbereichs. Doch wie am Beispiel der georgischen Kultur zu beobachten war, führte die Russifizierung mit der Besetzung aller wichtigen Ämter und Machtpositionen zumindest auf staatlicher Ebene zu deren Entwertung und Relativierung. Sie dürfte aber im privaten, familiären Bereich – und damit für die primäre Sozialisation der Kinder – weiterhin leitend gewesen sein, zumal dann, wenn die dort gesprochene Sprache (Muttersprache) nicht Russisch war, sondern wie im Falle Stalins Georgisch.

50 Vgl. Baecker 2000, S. 105; Luhmann 2000a, S. 240.

3 Kindheit und Jugend Stalins (1878–1899)

Über das Privatleben Stalins ist wenig bekannt, und was der Öffentlichkeit davon mitgeteilt wurde, war stets von offiziellen sowjetischen Stellen sehr sorgfältig ausgewählt und entsprechend politischer Interessen redigiert. Daher mussten sich die meisten Biografen mit den harten Daten und gelegentlichen Spekulationen darüber, welche Wirkung sie auf die persönliche Entwicklung Stalins hatten, zufriedengeben. Dennoch lassen sich einige hinreichend begründbare Hypothesen über die Sozialisationsbedingungen Stalins aufstellen, die sich zum einen aus den speziellen familiären Bedingungen, zum anderen aus den zur damaligen Zeit gegebenen gesellschaftlichen bzw. institutionellen Bedingungen ableiten lassen. Im Folgenden soll daher der Blick auf die sozialen Systeme und ihre Strukturen, die für die Sozialisation Stalins relevant gewesen sein dürften, gerichtet werden.

Die Herkunftsfamilie

Stalins Vater, Wissarion Iwanowitsch Dshugaschwili, war das Kind von Bauern, die in einem Dorf in der Nähe von Tiflis, der Hauptstadt Georgiens, lebten. Sie waren noch Leibeigene. Wissarion wurde als »Ackersklave« eines georgischen Grundherrn geboren.[51] Die georgischen Bauern wurden zu jener Zeit teils mit dem Grund und Boden verkauft: »Noch in Wissarions Kindheit konnte man in den georgischen Zeitungen Anzeigen lesen, in denen georgische Grundbesitzer ›500 oder 1.000 Morgen Land mit 50 oder 150 Seelen‹ zum Verkauf anboten.«[52] Das Dorf zu verlassen, war für Stalins Vater (genannt »Beso«) der Schritt in die persönliche Freiheit. In Gori, einer kleinen Stadt in Georgien, arbeitete er als Flickschuster. Er heiratete die 15-jährige Jekaterina, die Tochter eines Leibeigenen. Vermutlich war sie in die Stadt gekommen, um in einer Familie der Mittelschicht als Dienstmädchen zu arbeiten. »Die Mittelklasse im Kaukasus bestand aus Russen, Armeniern oder Juden. Es gab damals noch keine georgische Bourgeoisie. Die Georgier waren entweder adlige Grundbesitzer oder Leibeigene.«[53]

51 Deutscher 1946/1966, S. 19.
52 Ebd., S. 19.
53 Ebd., S. 20.

Das Paar wird als zunächst sehr glücklich beschrieben. Es zog zunächst in eine Einzimmerwohnung in einem ärmlichen Haus, in der Beso auch seine Schuster-Werkstatt betrieb. Er galt als guter Schuster und schien auf dem Weg noch oben (soweit dies unter den gegebenen gesellschaftlichen Verhältnissen möglich war). Das Paar lebte etwas besser als andere, und ein Bekannter schildert, die Familie habe immer Butter zu Hause gehabt. Als der erste Sohn geboren wurde, war Beso überglücklich, aber als der Sohn nach wenigen Monaten starb, begann er zu trinken. Mit dem Tod des zweiten Sohns verstärkte er sein Trinken.[54]

Das Paar machte Pilgerfahrten ins Kloster von Geri und gelobte Opfer, falls ihr nächster Sohn am Leben bliebe: »Sein Glaube war für Beso wie für viele Georgier und Armenier verbunden mit alten heidnischen Traditionen wie Tieropfern und Wunschbäumen, zusammen mit den formaleren Ritualen der Kirche.«[55]

Das dritte Kind wurde am 21. Dezember 1879 geboren und auf den Namen Josseb Wissarionowitsch (genannt »Soso«) Dshugaschwili getauft.[56] Die Geburt des so ersehnten Kindes war aber mit Sorgen verbunden. Man wechselte sicherheitshalber den Taufpaten, nicht mehr den alten Freund, der Pate der verstorbenen Kinder war. Als Josseb krank wurde, pilgerten die Eltern zum Schrein in Geristavi, um ihm das Leben zu retten. Soso war als kleines Kind dauernd krank. Er wurde von der Mutter oder ihrer Freundin Maria, die ebenfalls ein Kind zur Welt gebracht hatte, gestillt.

Später dann fiel auf, dass Soso kein Fleisch aß, sondern nur Bohnen. Seine Sprachentwicklung stoppte er plötzlich, um sie nach einer weiteren Pilgerreise der Eltern nach Geristavi, wo sie ein Schaf opferten und eine Messe lesen ließen, fortzusetzen.

> »In den Augen seiner Mutter war Soso ein sehr empfindsames Kind. Wenn er seinen Vater betrunken sah, schmuste er mit seiner Mutter und drängte sie, bis der Vater eingeschlafen wäre, zu den Nachbarn zu gehen.«[57]

---

54 Vgl. Suny 2020, S. 19.
55 Ebd., S. 19 (Übers. v. F. B. S.).
56 Der tatsächliche Geburtstag ist umstritten, denn 1990 wurden von Historikern im Geburtsregister der Uspensky-Kirche in Gori Eintragungen gefunden, dass Joseph Dshugaschwili, Sohn von Jekaterina und Wissarion Dshugaschwili am 6. Dezember 1878 geboren wurde (vgl. Medvedev 2003, S. 300 f.; Montefiore 2003, S. 35). Aber die Diskrepanz der Geburtsdaten dürfte für Stalin und seine Geburtstagsfeiern keine Rolle gespielt haben. Gefeiert wurde der Geburtstag am 21. Dezember, und offiziell war das Geburtsjahr 1879.
57 Suny 2020, S. 20.

Mit dem verstärkten Trinken des Vaters war der Abstieg der Familie verbunden. In den Jahren zwischen Sosos 4. und 14. Lebensjahr musste die Familie neunmal die Wohnung wechseln. Und das war nicht mit der Verbesserung der Wohnverhältnisse verbunden.[58]

Als der Junge sechs oder sieben Jahre alt war, erkrankte er an Pocken. Sie hinterließen die charakteristischen Narben auf seinem Gesicht. Er hatte später noch einmal eine schwere Sepsis, die sich aus einem Geschwür an der linken Hand entwickelte.

> »Er erinnerte sich später daran, dass er damals auf den Tod krank war. ›Ich weiß nicht, was mich damals am Leben erhielt‹, sagte er zu seiner Schwägerin A. S. Allilujewa, ›entweder war es meine gesunde Natur oder die Mixtur eines Dorfquacksalbers‹.«[59]

Außerdem hatte der Junge etwa in diesem Alter mehrere Unfälle, als deren Spätschaden er eine Verkürzung des linken Arms und eine Einschränkung der Bewegungsfähigkeit des Ellbogengelenks zurückbehielt.[60]

Josseph Iremaschweli, ein enger Schulfreund des jungen Soso, schildert ihn folgendermaßen:

> »Soso war ein eigenartiger Typus unter den Schuljungen. Schon damals lebten in ihm Gedankengänge, die sich weit ab von unserer kindlichen Unbesorgtheit bewegten. Er war von maßloser, grenzenlos leidenschaftlicher Natur, wenn es ihm in den Sinn kam, irgendein Ziel zu erreichen, eine Tat zu vollbringen. Das Besteigen der hohen Felsen, das Einschleichen und Hinuntersteigen in Felslöcher und Schluchten waren in diesen Jahren sein größtes Glück. Wenn sein Vorhaben nicht sogleich glückte, ging er ein andermal allein hin und übte unermüdlich, bis das Gewollte vollbracht war. Tagaus, tagein stellte er sich stundenlang an den Fluss und übte im Weitwerfen mit Steinen und nach Zielen. Auch fliegende oder friedlich in die Welt lugende Vögel waren die Opfer.«[61]

Von Iremaschweli stammen auch die meisten Schilderungen der Eltern Sosos. Da er in dessen Familie täglich ein und aus ging, war er so etwas wie das zweite Kind im Hause. Er betont aus dieser Position heraus den Unterschied im Verhalten von Jossebs Vater und Mutter. Über die Mutter schreibt er (wahrscheinlich idealisierend):

58 Vgl. ebd., S. 20 f.
59 Deutscher 1946/1966, S. 20.
60 Altrichter 2018, S. 22.
61 Iremaschweli 1932.

»Wie alle eingeborenen Georgierinnen war sie tief religiös. Ihr Dasein verpflichtete sie zum Dienen: Gott, dem Manne und dem Kinde. Das Volk des kleinen Städtchens Gori kannte und achtete die fleißige, gute und gottesfürchtige Frau des Schusters. Wenn auch ärmlicher als die anderen, trug auch sie die alte traditionelle Tracht der Georgierinnen.«[62]

Und er fährt fort:

»Die Frauen sind nach alter, georgischer Religionsanschauung die vom Himmel auf die Erde gesandten Engel Gottes.

Mit der äußerlichen Schönheit und ihrer symbolischen Annäherung an Gott harmonisiert die innere Sauberkeit. Die georgische Frau ist sehr sittenstreng. Sittenlosigkeit und ein Verschwenden der Gedanken und Sinne an andere Lebenszwecke als die der Frau und Mutter sind den Georgierinnen immer unbekannt gewesen.«[63]

Sosos Mutter entsprach offenbar den georgischen Erwartungen an die Rolle der Frau und Mutter im positiven Sinn, und Sosos Vater entsprach den Erwartungen im negativen Sinn. Ihm gelang es nicht, sich aus »Schmutz und Armut« herauszuarbeiten. Er verdiente als Flickschuster nicht genug, um seine Familie zu ernähren, sodass seine Frau ebenfalls Geld verdienen musste. Sie arbeitete hart als Zugeh- und Waschfrau bei besser gestellten Bürgern, damit auch nur die Miete bezahlt werden konnte. Aus den Schilderungen Iremaschwelis ergibt sich der Eindruck, der Vater habe – nicht ungewöhnlich – seinen Verdienst in Wodka umgesetzt und er habe, im Suff, Frau und Kind geschlagen.

Was die familiäre Situation des jungen Soso betrifft, muss ja stets die Frage gestellt werden, inwiefern sie von den zu der Zeit in Georgien zu erwartenden, schichtabhängigen Verhältnissen abwich: »Der Suff war so etwas wie eine Berufskrankheit der Schuhmacher und der Ausdruck ›blau wie ein Schuhmacher‹ findet sich in den meisten osteuropäischen Sprachen.«[64]

Iremaschweli betont den Unterschied zwischen Mutter und Vater Dshugaschwili, und es ist anzunehmen, dass er sich als »zweites Kind« im Hause mit seinem Freund identifizieren konnte, zumal er selbst wahrscheinlich eher die Fürsorglichkeit der Mutter genießen konnte,

62 Ebd.
63 Ebd.
64 Deutscher 1946/1966, S. 21.

während ihm – als eben doch nicht ganz »eigenem« Kind – die Gewalttätigkeit des Vaters erspart blieb:

> »Sosos Mutter war eine echt georgische Frau. Dass sie ihre schönen Tugenden nicht auch in das Herz ihres Kindes pflanzen konnte, bekümmerte sie sehr. Sie sah es mit Wehmut, wie ›Beso‹-Bissarion, der Vater, durch sein Verhalten dem Kinde die Liebe zu Gott und den Menschen aus der Seele riss, wie er in ihm den Abscheu vor dem eigenen Vater säte.
>
> Durch ihn hat Soso die Menschen hassen gelernt. Das junge Wesen reifte viel zu früh zum selbstständigen Denken und Beobachten. Am meisten hasste Soso den eigenen Vater, der seinen spärlichen Verdienst zum größten Teil vertrank und dadurch die Mutter zur nächtelangen, ermüdenden Arbeit an der Nähmaschine zwang. Über Soso entlud sich tagaus, tagein der grimmige Jähzorn des Vaters. Die unverdienten, furchtbaren Schläge machten den Knaben so hart und herzlos, wie der Vater selbst es war. Da alle Menschen, die über andere durch Kraft oder Alter bestimmen und herrschen durften, ihm wie der Vater dünkten, lebte bald in ihm das Rachegefühl gegen alle Menschen auf, die sich über ihn stellten. Von der Jünglingszeit an war die Verwirklichung der Rachegedanken sein Ziel, dem alles Streben galt.«[65]

Die meisten Biografen Stalins – die sich allesamt auf die Darstellung Iremaschwelis stützen – heben hervor, sein Vater sei ständig betrunken gewesen:

> »Soso und seine Mutter wurden häufig Opfer seiner Brutalität. Der betrunkene Vater hatte es sich zur Gewohnheit gemacht, dem eigensinnigen Sohn vor dem Schlafengehen einen ordentlichen Hieb zu versetzen, dem Sohn, der seinen Vater offensichtlich nicht liebte.«[66]

Einmal, als der Vater wieder die Mutter schlug, warf der kleine Josseb ein Messer nach dem Vater, floh dann laut schreiend das Haus und fand Unterschlupf bei den Nachbarn, die ihn versteckten.[67]

Wie Iremaschweli, und sicher beeinflusst durch ihn, sehen fast alle Biografen (außer den »Hofberichterstattern« des Kreml) in der Beziehung zum Vater einen der Gründe für die Persönlichkeitsentwicklung Stalins:

65 Iremaschweli 1932.
66 Wolkogonow 1989, S. 29; vgl. Tucker 1973, S. 73 ff.; Ulam 1973, S. 29.
67 Tucker 1973, S. 74.

»Seine Abwehrhaltung gegen die Lieblosigkeit des Vaters waren Misstrauen, scharfsinnige Vorsicht, Wendigkeit, Unaufrichtigkeit und Ausdauer. So lehrte ihn das Leben schon früh Eigenschaften – und einige ruses de guerre – die ihm später von großem Nutzen sein sollten.«[68]

Doch Isaac Deutscher plädiert dafür, im Vater Stalins nicht nur den grausamen Haustyrannen zu sehen, sondern ein differenzierteres Bild von ihm zu entwickeln. Schließlich habe er ein hohes Maß an »Unternehmungslust und Interesse für die größere Welt« besessen, sonst hätte er nicht die Sicherheit und das altgewohnte Leben seines Dorfes verlassen, um in der Stadt sein Glück zu suchen.[69]

»In Osteuropa ist die Vorstellung des ›Schuhmachers und Philosophen‹ ebenso sprichwörtlich wie die des ›betrunkenen Schuhmachers‹. In beiden Bildern spiegeln sich Neigungen dieses Berufes, die oft ineinander übergehen. Von seinem Vater erbte der Sohn wahrscheinlich den Hang zum Grübeln und Sinnieren.«[70]

Da er als selbstständiger Handwerker gescheitert war, verließ der Vater Frau und Kind und ging nach Tiflis, die Hauptstadt Georgiens, um dort in einer Schuhfabrik zu arbeiten. Er musste das als demütigenden Abstieg erleben, da er die Freiheit der Selbstständigkeit angestrebt hatte. »Nun hatte er die Stellung eines Arbeitssklaven auf dem Lande gegen die eines Lohnsklaven in einer Fabrik eingetauscht.«[71] Ohne dies direkt so zu bezeichnen, benutzt Stalin das Beispiel seines Vaters, um Aspekte der marxistischen Theorie zu erläutern, was dafür spricht, dass er sich der Wirkung dieses sozialen Abstiegs bzw. des verhinderten Aufstiegs sehr bewusst war:

»Man stelle sich einen Schuhmacher vor, der eine winzige Werkstätte besessen hat, aber nicht mit den großen Unternehmen konkurrieren konnte, seine Werkstätte zugemacht und sich, sagen wir, in der Schuhfabrik von Adelchanow in Tiflis verdingt hat. Er ist in Adelchanows Fabrik eingetreten, aber nicht, um zu einem ständigen Lohnarbeiter zu werden, sondern um zu Geld zu kommen, sich ein kleines Kapital zusammenzusparen und dann seine Werkstätte wieder aufzumachen. Wie man sieht, sind die Verhältnisse dieses Schuhmachers bereits proletarisch, sein Bewusstsein ist vorläufig aber noch kein proletarisches, sondern ein durch und durch kleinbürgerliches.«[72]

68 Deutscher 1946/1966, S. 22.
69 Ebd., S. 22.
70 Ebd., S. 22.
71 Ebd., S. 22.
72 Stalin zit. n. Deutscher 1946/1966, S. 22 f.

Alle Fakten, sogar der Name des Arbeitgebers, entstammen der Biografie seines Vaters, dem es nicht gelang, seine Werkstätte neu zu eröffnen. Er starb 1890, als sein Sohn elf Jahre alt war. Doch es gibt widersprüchliche Angaben zum Tod des Vaters: Suny[73] beschreibt, dass Soso und seine Mutter die Sorge hatten, der Vater könne sich einmischen, als sie gemeinsam 1894, als Soso 15 Jahre alt war, nach Tiflis fuhren, um seine Aufnahme in das Priesterseminar zu regeln.

Isaac Deutscher meint, dass sich durch den Tod des Vaters kaum etwas an den Lebensverhältnissen von Mutter und Sohn geändert habe, da die Mutter bereits vorher allein als Wäscherin und Zugehfrau den Lebensunterhalt der beiden erarbeitet habe. Auch seien die »herzlosen Schläge« wohl ein Grund dafür, dass Stalin und seine offiziellen Biografen den Vater nur spärlich erwähnen. So sei in den Memoiren der Allilujews, der späteren Schwiegereltern Stalins, zwar relativ viel über Mutter und Sohn und deren Leben zu lesen, aber nichts über den Vater.[74]

Über Stalins Mutter, Jekaterina (georg. Ketewan, genannt Keke), ist das Urteil ziemlich einhellig:

> »Jekaterina besaß die grenzenlose Geduld und Unterwürfigkeit, die die Bauernfrauen Osteuropas kennzeichnen. Sie trug tapfer ihr Los, ohne ihrem Mann zu grollen. All ihre Liebe gehörte dem Knaben, der ihr geblieben war. Sie war eine tief religiöse Natur. In der Kirche fand sie Trost in allen ihren Prüfungen. Sie war des Lesens und Schreibens unkundig. Erst im hohen Alter lernte sie lesen, weil sie sich ihres berühmten Sohnes würdig erweisen wollte.«[75]

Es gab Gerüchte, dass Jekaterina, die den Lebensunterhalt für sich und ihren Sohn schon vor Wissarions Tod allein verdienen musste, zu einem ihrer Arbeitgeber, einem wohlhabenden Nachbarn, eine engere Beziehung gehabt haben soll.

> »Wie wir es häufig bei Menschen kennen, die von bescheidener Herkunft sind und schließlich zu Ruhm gelangen, so rankt sich auch um Stalins Vater die Legende, dass er in Wirklichkeit ein Prinz oder Graf gewesen sein soll. Das ist nicht völlig auszuschließen. In Georgien gab es wahrscheinlich weltweit die höchste Anzahl von Prinzen pro Quadratkilometer.«[76]

73 Suny 2020, S. 52.
74 Deutscher 1946/1966, S. 806.
75 Ebd., S. 23 f.
76 Conquest 1991, S. 20.

Der mysteriöse Unbekannte sei der biologische Vater Jossebs gewesen, denn er hatte – das scheint belegt – mehrfach die Kosten des Schulgeldes für den Jungen übernommen, falls es nicht durch Stipendien gedeckt war.[77]

Stalin selbst gibt seiner familiären Situation als Kind keine spezielle Bedeutung für seinen späteren Lebensweg, wenn man mal von der elendigen Situation seiner Eltern als Lohnarbeiter absieht. Dimitri Wolkogonow berichtet, der deutsche Schriftsteller Emil Ludwig habe ihn 1931 unter anderem zu dieser Frage interviewt:

> »Ludwig Was trieb Sie in Opposition? Vielleicht schlechte Behandlung seitens Ihrer Eltern?
>
> Stalin Nein. Meine Eltern waren zwar keine gebildeten Leute, aber sie behandelten mich keineswegs schlecht.«[78]

Dass auch seine Mutter ihn gelegentlich verprügelte, erzählte Stalin später seiner Tochter.[79] Doch dies war für ihn wie für die meisten seiner Biografen nicht weiter bemerkenswert, da es zu der Zeit (nicht nur in Russland) zu den üblichen und als notwendig erachteten Erziehungsmethoden gehörte.[80]

Roy Medvedev widerspricht der Sicht Iremaschwelis, wenn er meint, Stalin habe keine sehr enge Beziehung zu seiner Mutter gehabt: »Yekaterina Georgievna Dzhugashwili nahm nie einen sehr großen Platz in den Gedanken oder Gefühlen ihres Sohnes, Josephs Stalin, ein.«[81] Allerdings ist dies lediglich seine Folgerung aus der räumlichen Distanz, die im späteren Leben zwischen Sohn und Mutter bestand: Die Mutter lebte in Georgien, der Sohn im Kreml. Was das psychologisch zu bedeuten hatte, ergibt sich nicht zwangsläufig aus dieser Tatsache.

Familiendynamik der Dshugaschwilis

So spärlich die Informationen über die Familie und die frühe Lebenszeit Sosos auch sind, so erlauben sie doch Hypothesen über die Familiendynamik der Dshugaschwilis und deren Wandel aufzustellen.

77 Altrichter 2018, S. 20; Chlewnjuk 2015, S. 35.
78 Ludwig 1931 zit. n. Wolkogonow 1989, S. 30.
79 Altrichter 2018, S. 21.
80 Chlewnjuk 2015, S. 37.
81 Medvedev 2003, S. 297.

Das junge Paar gilt als glücklich, ein stolzer Mann und eine mit ihrer Ehe zufriedene Frau. Was fehlt, ist das Kind. Der Tod der ersten Kinder ist ein Schock für beide. Dass der Mann zu trinken beginnt, ist ein Indiz für seine Sensibilität. Es ist nicht klar, was es für ihn bedeutete, Vater zu werden, aber es hatte offenbar eine so große Bedeutung, dass er die Trauer über die Verluste der Kinder ertränken musste. Als nach Pilgerfahrten, Opfern, Messen und Gebeten schließlich Josseb geboren wurde, dürfte der Sohn zum Mittelpunkt der Aufmerksamkeit der Eltern geworden sein.

Mit der Geburt eines Kindes ändert sich zwangsläufig in jeder Familie das Beziehungsmuster, also sicher auch in der Beziehung von Beso und Keke, den Eltern Jossebs. Der Vater verliert de facto seine Stellung als Zentrum der Familie, er muss seine Frau, ihre Zeit, ihre Fürsorge, ihr Interesse, mit dem Sohn teilen. Seine Stellung dürfte auch dadurch an Gewicht verloren haben, dass er zu viel trank und nicht mehr genügend Geld verdiente. Im Suff schlug er seine Frau, sein Erfolg ließ zu wünschen übrig, und seine Frau musste arbeiten, um die Familie zu ernähren.

All dies, vor allem das Schlagen von Frau und später auch Kind, demonstrierte die Schwäche des Vaters. Denn die Anwendung von Gewalt ist generell als ein Zeichen von Schwäche bzw. der erlebten Machtlosigkeit zu bewerten.

Folge der Schläge war, dass sich eine 2:1-Beziehungskonstellation entwickelte: eine Koalition Mutter und Sohn vs. isolierter Vater.

Der heranwachsende Josseb, der die Bedrohung der Mutter durch den Vater erlebte, wurde parentifiziert. Damit wird in der Familienforschung eine Rollenumkehr in der Familie bezeichnet, wenn ein Kind die sorgende, starke, »erwachsene« Position übernimmt, während ein Elternteil (oder beide) die »kindliche« Rolle des Schutzbedürftigen übernimmt.[82]

Die Tatsache, dass der kleine Josseb der Mutter riet, zu den Nachbarn zu gehen und sich zu verstecken, wenn der Vater betrunken war, spricht dafür, dass er versuchte, die Mutter zu schützen. Ein starker Hinweis darauf ist auch, dass er ein Messer auf den Vater warf, als der die Mutter zu peinigen drohte.

Als Sosos Vater schließlich nach Tiflis in die Schuhfabrik arbeiten ging, waren Mutter und Sohn (endlich) allein, die Gefahr war gebannt.

82 Vgl. Boszormeny-Nagy 1965, S. 55 ff.; Minuchin 1974.

Dies dürfte die Beziehung von Mutter und Sohn noch enger gemacht haben: alleinerziehende Mutter und parentifizierter Sohn. Der Vater war aus dem Spiel, Josseb war der Mann im Haus. Als der Vater starb, änderte sich daran nicht viel …

Jossebs frühe psychische Entwicklung

Die Biografen, die sich für Stalins Kindheit interessieren, sehen in der Familie den Grund für Stalins späteres, grausam erscheinendes Verhalten. Allerdings erschöpft sich die Analyse meist im Hinweis, dass der Vater Alkoholiker gewesen sei und den Sohn geschlagen habe. Versuche einer genaueren, psychologisch fundierten Analyse werden selten unternommen. Dies hat sicher zu einem guten Teil damit zu tun, dass kaum mehr als ein paar formale Daten und »hard facts« über Stalins Kindheit vorliegen. Und Stalins Äußerungen – wie die Bemerkungen gegenüber Emil Ludwig – spielen den Einfluss der Familie pauschal herunter.

Doch in Bezug auf die psychische Entwicklung Sosos lassen sich einige theoretisch hinreichend gut begründbare Hypothesen aufstellen. Dass Jekaterina nach dem Tod ihrer ersten beiden Kinder Soso ihre Liebe geschenkt und ihn fürsorglich behandelt hat, kann wohl angenommen werden. Er hat – wie Kohut es formulierte – »den Glanz im Auge der Mutter« (und wahrscheinlich auch des Vaters) erlebt.[83] Der lang ersehnte Sohn wurde zumindest von der Mutter idealisiert, er war ihr ganzer Stolz und diente ihr – wie auch das weitere Geschehen zeigt – als Sinnstifter und Lebensinhalt.

Nach der Konzeptualisierung der psychoanalytischen Selbst- und Entwicklungspsychologie nach Jacobson[84] bildet die Mutter in einer frühen »symbiotischen Phase«, in der vom Kind noch nicht klar zwischen sich selbst und der die Bedürfnisse befriedigenden Person unterschieden wird, so etwas wie die Erweiterung des eigenen Selbst bzw. des sich entwickelnden Selbstbilds.[85] In der Konstruktion des Selbst (besser: der Selbstorganisation des Selbstbilds) vollzieht das Kind noch andere Innen-außen-Unterscheidungen, als dies der Erwachsenen macht. Und diese Art der Konstruktion einer Über-

83 Kohut 1971.
84 Jacobsen 1964, S. 30 ff.
85 Vgl. Spitz 1965; Mahler u. Furer 1968, S. 18 f.

lebenseinheit ist auch realistisch, weil das Kind allein noch gar nicht lebensfähig wäre, sondern nur in der Symbiose mit einem versorgenden anderen (meist die Mutter).[86] Und im Gegenzug muss dann die Mutter (oder wer immer ihre Funktion übernimmt) so handeln, als ob sie und das Kind eine gemeinsame Überlebenseinheit bildeten, da sie die notwendigen physischen Überlebensfunktionen für das Kind übernehmen muss. Nach der Narzissmustheorie Kohuts fungiert die das Kind idealisierende Mutter als dessen »Selbstobjekt«, d. h. als Erweiterung des Selbst des Kindes. Auf diese Weise verhilft sie ihrem Kind, das sich in der »Spiegelung« ihrer Idealisierung selbst erlebt, zu einem »Größenselbst«.[87] »Sie reagiert – mit Annahme, Zurückweisung oder Nichtbeachtung – auf ein Selbst, das im Geben und Anbieten Bestätigung durch das spiegelnde Selbstobjekt sucht.«[88]

Dies ist – um hier Missverständnissen vorzubeugen – nicht als pathologisch zu bewerten, sondern ein »normaler« Entwicklungsschritt bei der Ausbildung eines Selbstbildes. Meist allerdings wird diese Größenfantasie in der Kommunikation mit anderen Menschen im Laufe des Lebens gehörig zurechtgestutzt. Um aufgebläht erhalten zu bleiben – und das ist dann eine Abweichung von den üblichen Entwicklungsbedingungen –, muss ein außerordentlicher Nachschub an das Größenselbst bestätigenden Interaktionserfahrungen gewährleistet sein.

Eine hinreichend zuverlässige »narzisstische Zufuhr« wird hingegen von der psychoanalytischen Entwicklungspsychologie als eine der Voraussetzungen für die Entwicklung eines stabilen Selbstwerts angesehen. Dazu gehört in den ersten Lebensmonaten und -jahren auch die Zuverlässigkeit und Berechenbarkeit im Verhalten der Interaktionspartner. Nur dann kann entstehen, was Erikson als »Urvertrauen«[89] bezeichnet hat. Geschieht dies nicht, so mangelt es dem betreffenden Individuum nicht nur an Vertrauen, sondern es kann auch extremes Misstrauen bis hin zur Paranoia die Folge sein. Ein Mittel gegen mangelndes Vertrauen in den Rest der Welt ist das Streben nach Autonomie durch Kontrolle dieser Welt.

Übertragen auf die Beziehung zwischen dem kleinen Soso und seiner Mutter kann angenommen werden, dass die symbiotische Phase

86 Simon 2022, S. 1415.
87 Kohut 1971; Lacan 1964, S. 81.
88 Kohut 1977, S. 76.
89 Erikson 1950, S. 62 f.

länger andauerte, da die Mutter das Kind vor dem Vater beschützen musste. Soso wurde von seiner Mutter idealisiert, ihre Hoffnungen und Wünsche wurden an ihn delegiert,[90] während sie für ihn als Selbstobjekt fungierte. Dem stand ein sich über die Zeit entwickelndes Misstrauen dem Vater und dessen nicht-kalkulierbaren Wutausbrüchen entgegen. Die Welt der Interaktion mit anderen Menschen – die soziale Welt, die Familie – war in Sosos Erleben daher gespalten in einen zuverlässigen, ihm wohlgesonnenen Bereich und einen Bereich, der für ihn nicht kalkulierbar und mit ständiger körperlicher Bedrohung verbunden war. Im einen Bereich konnte er vertrauensvoll agieren, im anderen war Misstrauen und Vorsicht angezeigt. Diese Konstellation dürfte lange gedauert haben, zumal Soso kränklich war und für die Mutter (wahrscheinlich auch für den Vater) ständig die Sorge bestand, er könne wie seine Brüder sterben. Solche engen, oft auch überfürsorglichen Beziehungen sind nicht ohne Probleme für die psychische Entwicklung des Kindes, da sie langfristig zu Schwierigkeiten der »Selbst-Objekt-Differenzierung« führen. Bei Soso dürfte es zu einer Spaltung in der Selbstwahrnehmung gekommen sein, je nachdem, ob er sich in der Beziehung zu Mutter oder Vater erlebte.

Des Weiteren ist die Mutter-Kind-Dyade nicht die einzige Beziehung und Interaktion, in der ein Kind sich erlebt. Schon früh erlebt und beobachtet es die Vater-Mutter-Kind-Triade.[91] Soso war schon früh mit einer Vater-Mutter-Interaktion konfrontiert, die ihn verwickelte und schließlich in eine parentifizierte Rolle der Mutter gegenüber brachte.

Der trinkende Vater war gewalttätig und verhielt sich, wenn er betrunken war, unberechenbar. Das machte die Orientierung, die unbewusste Suche nach einer zuverlässigen Ordnung der Interaktion, für das Kind schwer. Die Verwirrung dürfte umso problematischer gewesen sein, da kleine Kinder generell erst einmal positiv und negativ idealisieren. Ihr Denken und Fühlen folgt einem Entweder-oder-Muster, also einem Schwarz-Weiß- und Gut-Böse-Schema. Im Falle Sosos entsprach dieses Denkschema aber nicht nur einem vorübergehenden und altersbedingten Schritt der normalen Ausdifferenzierung der kindlichen Wirklichkeitskonstruktion,[92] sondern es passte zur erlebten Realität in seiner Familie. Der Vater war in diesem Schema der Böse,

90 Stierlin 1976, S. 24 ff.
91 Stern 1985, S. 153.
92 Vgl. Piaget 1970.

die Mutter das Gegenbild: der »Engel«, die Gute, die schwache und hilflose Frau, die des Schutzes bedurfte.[93]

In der kindlichen Entwicklung ist diese Entweder-oder-Spaltung eine Stufe der notwendigen Ausdifferenzierung des Weltbilds, das im Idealfall in einem weiteren Schritt der Integration zu einem ambiguen, von Widersprüchen bestimmten, realistischeren Bild konkreter Menschen führt. Um die bequeme Entweder-oder-Unterscheidung aufrechtzuerhalten, kann der Erwachsene eine Methode wählen, dass Ambivalenzen und Ambiguitäten verhindert werden, indem alle Gefühle oder Gedanken, die das Schwarz-Weiß-Bild in verschiedene Graustufen überführen oder differenzieren, abgespalten und aus der Wahrnehmung und dem Erleben ausgeblendet – dissoziiert – werden. Das dürfte auch bei Josseb Dshugaschwili die affektiv-kognitive Entwicklung bestimmt haben.

Als Kind erlebte Soso zwei widersprüchliche Beziehungsangebote der Eltern. Für die Mutter war er das sinnstiftende, mächtige Zentrum der Welt. Von ihr wurde er grandios aufgewertet, sodass sein Selbstwertgefühl narzisstisch genährt und aufgebläht wurde. In der Beziehung zum Vater hingegen erlebte er sich als schwach, abhängig, gedemütigt und kleingemacht. Der Gewalt des Vaters ausgeliefert war er hilflos und konnte – schon aufgrund der körperlichen Unterlegenheit – seine aggressiven Gefühle, seine Wut dem Vater gegenüber nicht leben, ja, oft nicht einmal zeigen. Daher lernte er früh, sie für sich zu behalten und mithilfe von Rachegedanken ihre Verwirklichung aufzuschieben.

Erich Fromm beschreibt, was passiert (nicht naturgesetzlich und zwangsläufig, aber mit einer gewissen Wahrscheinlichkeit), wenn die Aggressivität nicht ausagiert werden kann:

> »Es gibt noch eine Alternative zur explosiven Wut als Antwort auf den verwundeten Narzissmus, nämlich die *Depression*. Der narzisstische Mensch gewinnt sein Identitätsgefühl durch Aufblähung. Die Außenwelt ist für ihn kein Problem, sie überwältigt ihn nicht mit ihrer Macht, weil es ihm gelungen ist, selbst die Welt zu sein, indem er das Gefühl gewonnen hat, allwissend und allmächtig zu sein. Wenn sein Narzissmus verwundet wird und wenn er es sich aus gewissen Gründen, wie zum Beispiel aufgrund der subjektiven oder objektiven Schwäche seiner Position gegenüber seinem Kritiker, einen Wutausbruch nicht leisten

93 Vgl. Klein 1962, S. 29 f.

> kann, wird er depressiv. Er hat keine Beziehung zur Welt und ist nicht an ihr interessiert; er ist nichts und niemand, da er sein Selbst nicht als Mittelpunkt seiner Bezogenheit zur Welt entwickelt hat.«[94]

Die Grandiosität und die Jämmerlichkeit des eigenen Selbstbilds standen wahrscheinlich auch für Soso im Konflikt miteinander und steuerten, so kann vermutet werden, sein Verhalten. Für seine Jugendzeit gibt es allerdings keine Hinweise auf depressive Reaktionen. Doch später in seinem Leben kam es immer wieder zu – relativ kurzen, mehrere Tage dauernden – depressiven Momenten, wenn er die Kontrolle über die Welt – seine Welt – verloren hatte oder verloren zu haben glaubte. Allerdings gelang es ihm immer wieder sehr schnell, aus diesen Tiefs herauszukommen. Wahrscheinlich weil er aus seiner Umwelt hinreichend Bestätigung dafür erhielt, sein aufgeblähtes Selbstbild sei realistisch.

Es gibt nur wenig Literatur, in der versucht wird, Stalin und seiner Persönlichkeit aus einer psychoanalytischen Perspektive näher zu kommen. An erster Stelle sind hier Robert Tucker und Daniel Rancour-Lafferiere zu nennen. Sie sehen ebenfalls den Widerspruch zwischen frühen narzisstischen Verletzungen und grandiosem Selbstbild als Erklärung für Stalins späteres Verhalten. Zunächst Rancour-Lafferiere:

> »Wie wir gesehen haben, kompensierte Stalin seine narzisstische Schädigung, indem er sich ein grandioses Selbst-Bild zusammenbastelte. Die Schmeichler um ihn herum gingen ihm dabei zur Hand, wenn sie Stalin periodisch mit ›narzisstischer Zufuhr‹ versorgten. Aber trotzdem wurde die Diskrepanz zwischen dem aufgeblähten Selbst-Bild und der Realität manchmal zu offensichtlich. Stalin musste daher andere Wege finden, um sein Selbst-Bild zu bewahren und Angst abzuwehren. Dazu nutzte er, was die orthodoxe Psychoanalyse ›Abwehrmechanismen‹ nennt. Diese, wie das falsche Selbst-Bild, wurden der sowjetischen Gesellschaft aufgezwungen.«[95]

Robert Tucker sieht es ganz ähnlich, wenn er schreibt: »Seine inneren psychologischen Abwehrmechanismen wurden in äußere politische Realitäten umgewandelt.«[96]

Die »Abwehrmechanismen« genannten psychischen Operationen sollte man aus systemtheoretischer Perspektive angemessener *Anpas-*

94 Fromm, 1964, S. 209.
95 Rancour-Lafferiere 1988, S. 46 (Übers. v. F. B. S.).
96 Tucker 1973, S. 23 (Übers. v. F. B. S.).

sungsmechanismen nennen, denn sie sind höchst funktionell und für den Erhalt der psychischen Integrität eines jeden notwendig. Daher sind Begriffe, die eine Pathologie suggerieren, generell problematisch, wenn es darum geht, Psychodynamiken zu beschreiben. Unter diesen psychischen Mechanismen ragt in Sosos Fall nach Meinung von Rancour-Lafferiere die »Identifikation mit dem Aggressor« hervor:

> »Der spezifisch rachsüchtige Aspekt von Stalins Aggression war vom Bedürfnis bestimmt, die psychologische Verletzung wiedergutzumachen, die ihm von gerade dem Aggressor beigebracht wurde, mit dem er sich ursprünglich identifizierte: dem ihn misshandelnden Vater. Wenn Stalin einen Racheakt vollzog, dann ›zahlte‹ er damit Vissarion Djugshvili für die Schläge ›heim‹, die seinen basalen Narzissmus wie auch seinen Körper geschädigt hatten. Aber er identifizierte sich auch mit diesem Vissarion, er ›war‹ gleichermaßen Vissarion und er ›zahlte ihm heim‹. Verallgemeinert heißt das, wenn Stalin Rache an irgendwem nahm, identifizierte er nicht nur denjenigen mit seinem autoritären Vater (oder mit den misshandelnden Lehrern im Seminar, das er besuchte, oder der zaristischen Polizei, die ihn verhaftete und einsperrte, oder anderen Autoritätsfiguren), sondern er identifizierte auch sich selbst mit seinem Vater (oder einer Autoritätsfigur).«[97]

Dies sieht er als ein Beispiel für einen Mechanismus, den Otto Fenichel[98] ursprünglich mal als »Identifikation mit dem Aggressor« bezeichnet hatte.

Auch wenn man diese Interpretation nicht teilt, so kann man wohl doch annehmen, dass die Lehre, durch die Soso in der Beziehung zu seinem gewalttätigen Vater gegangen ist, ihm später ermöglichte, *zielorientiert* die Kränkungen zu ertragen, die er auf dem Weg zur Macht auszuhalten hatte.[99] Das spricht allerdings eher für eine erworbene Kränkungstoleranz als für das Bedürfnis nach ständiger narzisstischer Zufuhr. Außerdem war er offenbar ja in der Lage, seine Affekte so zu kontrollieren, dass er die aktuell entstehenden Rachebedürfnisse in die Zukunft verschieben konnte. Seine »gegenwärtige Zukunft«[100], d. h. die Zukunft, die er sich ausmalte, dürfte ihm eine Hilfe dabei gewesen sein.

97 Rancour-Lafferiere 1988, S. 54 (Übers. v. F. B. S.).
98 Fenichel 1945, S. 511 f.
99 Vgl. Rancour-Lafferiere 1988, S. 112.
100 Luhmann 1984, S. 515.

Zugegeben: Psychoanalytische Deutungen sind (wie alle psychologischen Modelle der psychischen Dynamik) zu einem guten Teil spekulativ. Was für sie spricht, ist ihr Erklärungswert. Was die narzisstische Bedürftigkeit und ihre Sättigung in der Kindheit durch die Mutter angeht, so erklärt sie allerdings nicht wirklich das Verhalten eines Erwachsenen wie Stalin. Denn die psychische Entwicklung des Individuums ist *pfadabhängig*, das heißt, die Persönlichkeit ist nicht durch die Erlebnisse in der Kindheit ein- für allemal festgelegt, sondern sie kann sich – ausgehend von der jeweils aktuellen Struktur (d. h. »strukturdeterminiert«[101]) weiterentwickeln. Wenn also, zum Beispiel, bestimmte Mechanismen zur Kompensation narzisstischer Kränkungen aus der Kindheit auch im Erwachsenenalter erhalten bleiben, so kann das nur geschehen, wenn sie dauerhaft bzw. über längere Zeit in der Praxis funktionieren, d. h. eine soziale (kommunikative) Bestätigung dafür erfolgt.

Es bleibt zu sehen, ob bzw. wie dies im Laufe der Entwicklung von Soso zu Stalin gelingen konnte ...

Zur Anmerkung Roy Medvedevs, dass für Stalin seine Mutter weder in Gedanken noch in seinem Fühlen eine wichtige Rolle gespielt habe, ist anzumerken, dass erfahrungsgemäß Menschen, die eine sehr enge Mutterbindung haben und zum Lebenssinn der Mutter wurden, eine emotionale Abgrenzung ihr gegenüber schwerfällt. Daher suchen solche »Lieblinge« ihrer Mütter eine Lösung, indem sie eine räumliche Distanz zu ihr halten. Also ließe sich der spärliche Kontakt zwischen Stalin und seiner Mutter in dessen Erwachsenenalter auch im gegenteiligen Sinn als Indiz für seine (zu) enge Beziehung zur Mutter interpretieren.

Die Schule

Bevor er in eine richtige Schule kam, genoss Soso die Straße und die Banden der Kinder und Jugendlichen als Ausbildungsstätte. Dort lernte er kämpfen: körperlich, »Mann gegen Mann«. Nach seinem eigenen Bekunden fühlte er sich körperlich unterlegen, wenn es zu den üblichen Prügeleien unter den Straßenbanden kam. Hinzu kam, dass er Gefahr lief, aufgrund seiner durch den Unfall als Kind entstandenen Behinderung in eine Außenseiterrolle zu gelangen. Außerdem hatte

101 Maturana 1975, S. 138 ff.

er einen genetischen Defekt: Zwei Zehen seines linken Fußes waren zusammengewachsen.[102] Daher musste er andere Qualitäten entwickeln, um sich und seine Stärke beweisen zu können und akzeptiert zu werden. Er wurde ein guter Ringkämpfer und eroberte auf diese Weise eine führende Rolle in seiner Bande.[103]

Er war auch ein strenger Lehrer für seine Altersgenossen. Seinem Freund Sandro brachte er das Schwimmen bei (wenn man das so nennen mag):

> »Er warf seinen Freund ins Wasser, und Sandro schaffte es gerade noch ans Ufer. Sandro war empört; Soso hatte ihn fast ertränkt. Soso antwortete, dass er ihm in einem Monat erklären würde, warum er das getan hatte. Eine Woche später konnte Sandro schwimmen, und Soso erinnerte ihn an das Sprichwort: ›Notwendigkeit lehrt jeden‹.«[104]

Sosos Mut, Kampfmoral und Durchhaltevermögen erschien seinen Altersgenossen bewundernswert. Obwohl er ziemlich klein war und nicht das Bild eines Kraftprotzes abgab, ging er keinem Kampf aus dem Weg:

> »[…] er provozierte einen älteren Jungen, Prtiani, mit ihm zu kämpfen, und obwohl er zehn Mal auf den Boden geworfen wurde, war er nicht bereit aufzugeben. Als seine Mutter ihren blutüberströmten Sohn sah, rief sie nach dem Polizeichef, aber er erinnerte sie ruhig, dass ›wenn ein Tontopf mit einem eisernen Topf zusammenstößt, dann ist es der Tontopf, der zerbricht, nicht der eiserne.‹ Sosos Freunde rächten sich später an Prtiani.«[105]

Als Josseb Dshugaschwili neun Jahre alt war (1888), schickte Jekaterina ihren Sohn gegen den Willen des Vaters auf eine von der orthodoxen Kirche getragene »geistliche Schule« in Gori, statt ihn in eine Lehre zu geben. Er sollte den Erfolg haben, der seinem Vater verwehrt blieb. Und Schulbildung war der Weg zum gesellschaftlichen Aufstieg. Fünf Jahre, von 1888 bis 1893, besuchte er diese Schule. Er war, so heißt es, immer einer der Besten seiner Klasse.

> »Seine Lehrer und seine Klassenkameraden stellten bald fest, dass der arme, pockennarbige Junge ein ganz außergewöhnliches Gedächtnis

102 Chlewnjuk 2015, S. 39.
103 Vgl. Suny 2020,S. 31 ff.
104 Suny 2020, S. 35 f. (Übers. v. F. B. S.).
105 Ebd., S. 33 (Übers. v. F. B. S.).

hatte und seine Aufgaben ganz ohne jede Mühe lernte. Sie entdeckten in ihm auch einen Zug zum Selbstbewusstsein, das Bestreben, sich vor den andern hervorzutun. Eigenschaften, die sich um so deutlicher und schärfer entwickelten, als Soso sich darüber klar wurde, dass die meisten seiner Schulkameraden aus sehr viel begüterteren Verhältnissen kamen als er selbst und auf ihn herabsahen. Aber während des Unterrichts war er obenauf.«[106]

Er machte die Erfahrung, dass individuelle Leistung als Gegengewicht zu wohlhabender Herkunft und körperlicher Stärke fungieren konnte. In der Beziehung zu den Schulkameraden erfuhr er zwar aufgrund seiner Schichtzugehörigkeit Geringschätzung, aber er konnte sich aufgrund von sachorientierten Leistungen über sie erheben und in der Konkurrenz mit ihnen gewinnen. Dies gab ihm Selbstvertrauen, ja, womöglich auch ein Gefühl der intellektuellen Überlegenheit.

Jossebs Muttersprache war Georgisch, und weder er noch seine Eltern sprachen mehr als ein paar Brocken Russisch. Er konstruierte also ursprünglich sein Weltbild in den Strukturen dieser Sprache. Sie hat eine andere Grammatik als das Russische. Alan Bullok weist darauf hin, dass Georgien eine Jahrtausende alte Kultur besitzt und seine Sprache zweitausend Jahre überlebt hat.[107] Es wäre sicher eine ausführliche Studie wert, die grammatischen Unterschiede zwischen Georgisch und Russisch näher zu untersuchen, vor allem im Blick auf die Frage, welche Auswirkungen sie auf individuelle und kollektive Weltsichten, die Strukturen des Denkens sowie die Prämissen der individuellen Entscheidungsfindung haben.

Kurz nach Jossebs Einschulung wurde staatlicherseits ein weiterer Schritt der kulturellen Unterwerfung Georgiens angeordnet. Ein Schock für die georgischen Schüler, wie Iremaschweli berichtet:

»In demselben Jahre 1890 wurden die georgischen Lehrer und Aufseher unserer Schule durch russische ersetzt. Die plötzlich einsetzende Russifizierung Georgiens hatte ihren Ausgang in den Schulen genommen. Die erste und für uns Schulkinder unangenehmste Maßnahme war die Einführung der russischen Sprache an Stelle der georgischen.

Die Fremdsprache als solche hätte sich leichter erlernen lassen, wenn die Erklärungen und Auseinandersetzungen in der Muttersprache gegeben worden wären. So aber wurde plötzlich die georgische Sprache

106 Deutscher 1946/1966, S. 25.
107 Bullok 1991, S. 5.

auch als Umgangssprache in der Schule abgeschafft und ihr Gebrauch mit schweren Strafen bedroht.

Anfänglich standen wohl alle Kinder den neuen Lehrern hilflos, ja beinahe stumm gegenüber; denn praktisch war uns, da wir ja gar nicht Russisch sprechen konnten, der Mund verschlossen. Kinder wie wir konnten aber auf die Dauer unmöglich unsere Redseligkeit eindämmen. So hagelte es Strafen, von denen auch der eifrigste, beste und artigste Schüler nicht verschont blieb. Schläge mit der Faust, mit dem Lineal und Stock waren wir von unseren ehemaligen Lehrern gewohnt. Wir nahmen sie hin und bemühten uns, uns tapfer damit abzufinden. Die russischen Lehrer aber verteilten ihre Schläge mit besonderer Wut. Zweifellos hielten sie uns Georgier überhaupt für Menschen niederer Kultur, denen die Segnungen der russischen Bildung nur mit Schlägen einzubläuen waren. Wie geistlos müssen diese Volkserzieher an unseren Baudenkmälern, unserer Geschichte und Literatur vorübergegangen sein! Immerhin erschienen uns die Schläge noch als männlich. Unseren Groll aber erregten andere feige und beleidigende Strafen, wie ein- bis zweistündiges Knien auf kleinen Steinen mit nackten Beinen oder in der Ecke stehen mit dem Gesicht an die Wand. Wen das Wort ›schuldig‹ traf, der musste so lange ein viereckiges Holzstück auf der Hand halten, mitunter den ganzen Vormittag, bis es einem nachschuldigen Schüler abzugeben war. Hatte der Lehrer schlechte Laune, dann ging das Holz zu unserem Vorteil von Hand zu Hand. Der letzte wurde den Mittag über in den Karzer gesperrt.

Diese Strafen standen besonders auf dem Gebrauch unserer Heimatsprache. Am gefürchtetsten war der Karzer, in den man uns bis in die späten Abendstunden ohne Essen und Trinken bei völliger Finsternis einschloss.«[108]

Josseb musste also erst einmal, wie seine Mitschüler, die Sprache der Kolonisatoren lernen. Einige Autoren schreiben, er habe die Sprache lernen müssen, um in die Schule aufgenommen zu werden, und dass er dazu zwei Jahre brauchte.[109] Wie dem auch sei, in jedem Fall wurde er damit konfrontiert, dass sein Mittel der Kommunikation, seine Muttersprache, als insuffizient zur Teilnahme am Schulunterricht und damit einem sozialen Aufstieg bewertet wurde.

Leo Trotzki, der die Relevanz dieses Themas auch für das weitere Leben Stalins erkannte, schreibt dazu:

108 Iremaschweli 1932.
109 Altrichter 2018, S. 10.

»Diese fremde Sprache, die dazu bestimmt war die eigene Muttersprache zu verdrängen, erlernte er in der stickigen Atmosphäre der Pfarrschule. Er eignete sich die russische Sprache mit den Formeln der klerikalen Scholastik an. Die Sprache selbst war für ihn nicht die natürliche, dem Menschen eigene Ausdrucksform seiner Gedanken und persönlichen Gefühle, sondern das äußerliche und künstliche Idiom eines vorerst fremden und dann verhassten Mystizismus. Im späteren Leben war er umso weniger imstande, sie sich zu eigen zu machen, mit ihr gewissermaßen intim zu werden, sie mit Präzision zu handhaben und sie zu veredeln, als er sich ihrer eher dazu bediente, sein Denken und Fühlen zu verbergen als zu äußern. Infolgedessen war das Russische für ihn stets nur eine approximative, ihm halb fremd und, was für das Bewusstsein noch schwerwiegender ist, eine gezwungen und konventionell bleibende Sprache.«[110]

Viele seiner Mitschüler hatten andere Muttersprachen: Armenisch, Türkisch, kaukasische Dialekte. Aber die radikale Russifizierungspolitik der zaristischen Regierung zwang alle, Russisch zu lernen und zu sprechen. So kam es in der Schule schon unter Zehnjährigen zum Erleben staatlicher Repression und zu Demonstrationen, in denen sie ihre Muttersprachen verteidigten.[111]

»Seit 1890 schien uns aus der Schule ein Kinderzuchthaus geworden zu sein«, schreibt Iremaschweli,

»dem zu entfliehen der einzige Wunsch aller war. Auch außerhalb der Schulstunden unterlagen wir einer andauernden Kontrolle durch unsere Aufseher. Wir wurden zu Hause von ihnen überrumpelt, um festzustellen, ob wir über den russischen Schreibheften saßen. In Gegenwart unserer Eltern wurden uns Karzer oder schlechte Zensuren zudiktiert.

Wir Kinder liebten unsere Heimat und unsere Muttersprache, wie die Eltern auch. In unserem Zorn von den Erwachsenen unterstützt, fingen schon wir Kinder an, die russischen Lehrer zu hassen. Der Hass wuchs bis zum Bestreben, uns an den Lehrern zu rächen«[112].

Isaac Deutscher weist auf den spezifischen sozio-kulturellen Kontext hin, in dem der sich später Stalin – der Stählerne – nennende Junge aufwuchs. Auch wenn bzw. weil die Wohnverhältnisse armselig waren, so bot ihm doch die Natur einen Ausgleich. Außerhalb von Gori gab

110 Trotzki 1940, S. 39.
111 Vgl. Deutscher 1946/1966, S. 25.
112 Iremaschweli 1932.

es nicht nur fruchtbare Felder, Wälder, Flüsse, Berge, sondern alte Ruinen zeugten von einer spannenden Vergangenheit. In den Sagen und Märchen, die erzählt wurden, war nicht nur von Dschingis Khan die Rede, den Angriffen von Türken und Persern, sondern auch von georgischen Adligen, die gegen die Herrschaft der Zaren kämpften, und von Männern,

> »die sich an die Spitze der Leibeigenen gestellt hatten, um Rache zu nehmen für das Volk; alle hatten sie ein großes und weiches Herz für die Armen und Unterdrückten und hassten die Reichen zutiefst«[113].

Dennoch war Transkaukasien noch stark von der Leibeigenschaft geprägt. Soso und seine Altersgenossen waren fasziniert von Heldengeschichten, die auch aktuell noch ihre Realisation fanden, denn es gab immer noch Räuber, die in den Berghöhlen der Umgebung hausten, verarmte Adlige,

> »die in einer Vorstellungswelt von unwirklich gewordenen Adelscliquen und ritterlichen Ehrenhändeln lebten. In diesen Kreisen gab es noch zuweilen bizarre Fehden zwischen zwei Gegnern oder auch mit Fremden, die ihren Stolz verletzt oder sonstwie Anlass zu Feindschaft gegeben haben mochten«[114].

Isaac Deutscher erwähnt diese Geschichten als signifikant für die Kindheit Stalins, weil er in ihnen eine Wurzel für die Selbstdefinition Stalins als eine Art »Robin Hood« sieht, der für die Unterdrückten kämpft. Sie können aber auch als Muster für die Beziehungen des stolzen Stalins zu seinen revolutionären Mitkämpfern verstanden werden.

Auch andere Biografen sehen in der zwischen Stammesgesellschaft und Industrialisierung stehenden Gesellschaftsstruktur des Kaukasus einen Faktor, der die Weltsicht Stalins und sein politisches Agieren bestimmt haben dürfte. Baberowski, der die Formen des Stalinismus im Kaukasus untersucht hat, meint, durch Stalin und seine Mitstreiter ergriffen »die Gewaltkultur der kaukasischen Peripherie, die Blutfehde und archaische Vorstellungen von Ehre Besitz von der Partei, im Zentrum wie an den Rändern des Imperiums«[115].

---

113 Deutscher 1946/1966, S. 26.
114 Ebd., S. 27.
115 Baberowski 2003, S. 17, zit. n. Chlewnjuk 2015, S. 52.

Suny zitiert Anthropologen, welche die georgische Kultur detailliert untersucht haben, und beschreibt die Wichtigkeit von Freundschaft in der georgischen Männerwelt:

> »Georgische Sprichworte und Redewendungen betonen die Wichtigkeit loyaler Freunde. ›Zeige mir deine Freunde, und ich sage dir, wer du bist.‹ Die Grundlage der Freundschaft ist Vertrauen, eine wesentliche Ressource, die Kaukasier so hoch schätzten wie Ehre. ›Ein Mann, dem nicht vertraut wird, hat keine Ehre; einem Mann ohne Ehre kann nicht vertraut werden‹.«[116]

Wer Soso als jungen Mann kannte, schildert, dass er schon früh einen kleinen Kreis loyaler Leute um sich versammelte und in der Lage war, ihr Vertrauen zu gewinnen.

> »Die Nähe und Bindung zu Freunden bedeutete aber gleichzeitig die Trennung der inneren Gruppe von anderen. Solche Gruppen von Freunden waren nötig in der hoch kompetitiven Welt georgischer Männer, wo der Status des Einzelnen davon abhing, mit wem er in Beziehung stand – Familie, Freunde, Förderer, Klienten.«[117]

Gemeinschaftserleben und im Mittelpunkt der Aufmerksamkeit zu stehen konnte Soso auch als Sänger im Kirchenchor erleben. Er habe eine schöne Stimme und großes musikalisches Talent besessen und sei gern aufgetreten.[118]

Nicht nur weil die Mutter sehr religiös war oder er singen konnte, ging Soso regelmäßig und offenbar gern in die Kirche. Er zeigte sich gläubig. Kindheitsfreunde berichten, dass er abends vor dem Schlafengehen betete und dass er in der Kirche eine meditative Haltung einnahm. Wenn er das Gefühl hatte, gesündigt zu haben, dann stand er für Stunden still, um Sühne zu tun.[119]

Besonderen Eindruck auf Soso (so wurde er damals noch genannt, später wechselte er häufiger die Decknamen) machte die von Alexander Kazbegi verfasste Geschichte eines Rebellen namens Koba:

> »Sosos Traumgestalt und Vorbild war ›Koba‹, der Held in Kasbekis Roman ›Runu‹. Koba war der Führer der unterdrückten Bergbevölkerung, die im Kampf gegen die Gewalttätigkeiten der zaristischen Behörden

116 Suny 2020, S. 54 (Übers. v. F. B. S.).
117 Ebd., S. 54 (Übers. v. F. B. S.).
118 Ebd., S. 46.
119 Ebd., S. 42.

durch Verrat dem russischen Militär unterlag und verblutend den letzten Rest der Freiheit verlor. Koba liebte seine Heimat und seine Frau Runu, denen er alles, auch das Leben opferte.

Koba war Sosos Gott geworden, der Sinn seines Lebens. Er wollte ein zweiter Koba werden, Kämpfer und Held, berühmt wie dieser. Die Gestalt Kobas sollte in ihm wieder aufleben. Er nannte sich von nun an selbst ›Koba‹ und duldete nicht mehr, dass man ihn anders rief. Sein Gesicht glänzte vor Stolz und Freude, wenn wir ihn mit ›Koba‹ anredeten. Lange Jahre behielt Soso diesen Namen, der auch sein erstes Pseudonym war, als er anfing, sich schriftstellerisch und propagandistisch für die Sozialdemokratische Partei zu betätigen. Von seinen Freunden wurde der Name ›Koba‹ für Soso in alle Teile des georgischen Landes getragen. Noch jetzt nennt man ihn in Georgien immer nur ›Koba‹ oder ›Koba-Stalin‹.«[120]

Sollte Stalin, wie von seinen späteren Hofschreibern behauptet, damals schon auf dem Weg zum Rebellen und Revolutionär gewesen sein, so zeigte er diesen Widerstand offenbar nur selektiv einzelnen Lehrern gegenüber, denn im Allgemeinen förderten sie ihn nach besten Kräften. Iremaschweli schreibt dazu:

»Der beste Schüler war Soso Dschugaschwili, aber auch der unartigste. Er war Anführer und Antreiber unserer Rachebestrebungen, die eines Morgens sich gegen den am meisten gehassten Inspektor Butirski richteten. Den Inspektor erwartete auf dem Flur der Schule eine pfeifende und johlende Menge von Schülern. Sein heftiges Herumschlagen mit den Fäusten konnte ihm keinen Ausweg aus dem Knäuel schaffen. Erst dem gesamten Lehrerkorps gelang es, uns wieder in die Schulbotmäßigkeit zu bringen.«[121]

Sosos Zeugnisse lassen jedenfalls keine Zweifel an seinem Status als Musterschüler:

»In seinem Abschlusszeugnis erhielt er die Note ›ausgezeichnet‹ in Betragen sowie in den Fächern Kirchengeschichte, Katechismus, liturgische Exegese und kirchliches Typikon, Russisch, Kirchenslawisch, Georgisch, Geografie, Schreiben und liturgischer Gesang. Selbst Griechisch und Arithmetik, seine schwächsten Fächer, schloss er mit ›sehr gut‹ ab.«[122]

120 Iremaschweli 1932.
121 Ebd.
122 Chlewnjuk 2015, S. 41 f.

Die autoritäre Struktur der Schule

Die Schule, in die Soso kam, galt als eine der besten der Stadt. Ihre Struktur und ihre Lehrmethoden waren so autoritär wie wahrscheinlich nicht viel anders im Rest Europas. Soso passte sich schnell an. Er wurde zu einem guten Schüler. Offenbar hatte er gelernt, dass der eiserne Topf beim Zusammenstoß den irdenen Topf zerbricht. Und dieser irdene Topf wollte er nicht sein. Dies dürfte eine der Lehren aus seinem Elternhaus und den Straßenkämpfen gewesen sein. Sensibilisiert für Machtbeziehungen war er in der Lage, sich – zumindest was das offene Verhalten betraf – unterzuordnen.

Als 1890 Georgisch in der Schule verboten wurde, war dies eine Art Kriegserklärung der georgischen Kultur gegenüber. Für alle Schüler, die nicht Russisch als Muttersprache hatten, war dies mit einer Bedrohung der jeweiligen kulturellen – und damit auch persönlichen – Identität verbunden. Die Identität eines Menschen wird zu einem großen Teil durch seine Zugehörigkeit zu spezifischen, gegen andere abgegrenzten sozialen Systemen bestimmt.[123] Da soziale Systeme Kommunikationssysteme sind, spielt Sprache als Medium der Kommunikation eine zentrale Funktion für die individuelle und kollektive Identitätsentwicklung. Daher war die Forderung, eine fremde Sprache zu sprechen, ein Akt des Imperialismus, eine unverhüllte Forderung nach Unterwerfung unter die Kultur der Herrscher. Das war zwangsläufig für alle Schüler, die keine russischen Muttersprachler waren, ein Handicap, denn sie konnten sich und ihre Gedanken nun schlechter als ihre russischen Mitschüler ausdrücken.

Auf diese Weise verstärkte die Schule noch einmal die im Alltag schon erlebbare Privilegierung der Russen und alles Russischen. Den erlebbaren ökonomischen Klassenunterschieden wurde nun noch eine Oben-unten-Unterscheidung zwischen denen, die Russisch sprachen, und allen anderen hinzugefügt. Die Bildung von Gruppen georgischer Jungs bot eine Möglichkeit, kollektiv eine Gegenidentität zu den erlebten Russifizierungsaktivitäten zu bilden.

Auch die orthodoxe Kirche Georgiens, die offiziell der russisch-orthodoxen Kirche untergeordnet war, bildete einen institutionellen Rahmen, der georgische Traditionen aufrechterhielt und eine Funktion für den Erhalt der georgischen Identität erfüllte.

---

123 Devereux 1970, S. 148, 169.

Sosos Beziehung zu Peers und Schule

Die psychische Entwicklung von Kindern und Jugendlichen wird nicht allein von der Kommunikation in der Familie und der Beziehung zu den Eltern, sondern, als zweiter Achse, auch von der Kommunikation in der Beziehung zu den Gleichaltrigen, den Peers, geleitet.[124] Man kann diese beiden Beziehungsachsen auch schematisch als *vertikal* und *asymmetrisch* (Beziehungen zu Eltern und anderen Autoritäten) vs. *horizontal* und *symmetrisch* (Beziehungen zu Geschwistern, Spielkameraden, Mitschülern, Altersgenossen usw.) unterscheiden.

Vor und während der Schulzeit nahm Soso in der Beziehung zu seinen Peers eine Führungsrolle ein. Er kämpfte auch um sie. Hierin kann man die Einforderung des von der Mutter vermittelten Größenselbst sehen. Um sich dies zu bestätigen, scheute Soso als Heranwachsender weder Kämpfe, noch vermied er das Risiko der Niederlage. Auf keinen Fall ordnete er sich seinen Altersgenossen unter. Aber es gelang ihm offenbar, seinen Führungsanspruch so durchzusetzen, dass er der Loyalität seiner Gruppe sicher sein konnte.

Was die Schule anging, so war er sich der realen Machtverhältnisse wie auch seiner Aufstiegschancen bewusst, denn er passte sich an die Erwartungen des Lehrpersonals an – ein Hinweis auf seine hohe soziale Sensibilität und sein Kontextbewusstsein. Seine narzisstische Bestätigung erhielt er nun von der Autorität der Lehrer, die seine Leistungen honorierten.

Spätestens in der Schule wurde Soso sich bewusst, dass er als Georgier ein Bürger zweiten Ranges war. Die Schicht der Herrscher bildeten Russen. So lernte er nicht nur Russisch, sondern er identifizierte sich mit den Russen und zeigte sich tendenziell verächtlich seinen georgischen Landsleuten gegenüber. Dies kann als »Identifikation mit dem Aggressor« oder auch als »Stockholm-Syndrom« verstanden werden.[125]

Doch diese Identifikation mit den Russen war sicher nicht frei von Ambivalenz, wofür die Tatsache ein Indiz ist, dass Dshugaschwili sein Russisch nie perfektionierte. Er behielt sein Leben lang nicht nur einen georgischen Akzent, sondern er verschluckte, wenn er Russisch

---

124 Vgl. Harris 1973.
125 Köthke 1999.

sprach, die letzten Silben, weil er sich offenbar nicht sicher über die jeweils grammatikalisch richtige Form war.

Ein weiterer Grund, warum er ein Musterschüler wurde, dürfte gewesen sein, dass die Mutter sich gegen den Vater durchgesetzt hatte, als es um die Frage ging, ob Soso diese Schule besuchen oder eine Lehre machen sollte. Die Mutter opferte viel für ihren Sohn und dessen Schulbesuch. Der Aufstiegswunsch der Mutter wurde – in klassischer Weise – an den Sohn delegiert.[126] Soso musste, schon um den Erwartungen und Hoffnungen, ja, dem Lebenssinn der Mutter gerecht zu werden, ein guter Schüler werden.

Sein gespaltenes Verhältnis zu Autoritäten im Allgemeinen zeigte sich, als er – wenn auch selektiv nur einzelnen Lehrern gegenüber – seinen Widerstand demonstrierte und »Aufstände« organisierte.

Dass Soso gläubig war, regelmäßig betete und in die Kirche ging, dürfte auch damit zusammenhängen, dass Gott eine Autorität ist, die nicht direkt beobachtet werden kann. Gott kann daher auch nicht aufgrund seiner konkreten Handlungen entidealisiert werden. Er ist generell die perfekte, Sicherheit gebende Autorität für Menschen, die sich nicht gern weltlichen Autoritäten unterwerfen. Außerdem bietet sich Gott, die »höchste Macht«, auch als fantasierter Verbündeter im Konflikt mit weltlichen Machthabern an. All dies könnte auch für den jungen Soso eine Funktion seiner Religiosität gewesen sein.

Die von Soso in unterschiedlichen sozialen Kontexten vollzogene Spaltung zwischen *Anpassung* und *Widerstand* gegen Autoritäten kann als Fortsetzung der aus der Familie bekannten Spaltung zwischen der Beziehung zur »guten« Mutter und zum »bösen« Vater interpretiert werden.

Die Geschichte Kobas

Die Geschichte Kobas, des georgischen Nationalhelden, scheint für Soso von besonderer Relevanz gewesen zu sein, denn er nahm dessen Namen an und scheint sich mit ihm identifiziert zu haben. Menschen identifizieren sich aber nicht einfach mit isolierten Individuen, sondern mit Akteuren in sozialen und zeitlichen Kontexten. Menschen »denken in Geschichten« und sie »verstricken« sich in Geschichten,

126 Vgl. Stierlin 1976, S. 24 ff.

wie Wilhelm Schapp[127] es formulierte und zur Grundlage seiner Philosophie machte.[128]

Geschichten sind einzigartig in ihrer Funktionalität als Bausteine/Module von Wirklichkeitskonstruktionen. Sie zeigen mehrere miteinander in Interaktion stehende Akteure, deren Beziehungsmuster differenziert und aufeinander bezogen sind; darüber hinaus verändern sich diese Beziehungen im Laufe der Zeit und folgen einer charakteristischen Dramaturgie. Insofern stellen Geschichten so etwas wie Drehbücher, Skripte und Entwürfe sozialer und zeitlicher Muster möglicher Zukünfte zur Verfügung, an denen man als Individuum – bewusst oder unbewusst – sein Ideal-Selbst-Bild orientieren kann.

Daher lohnt es sich, angesichts der Idolisierung Kobas durch den jungen Dshugaschwili[129] und der Identifikation mit ihm, einen genaueren Blick auf die von Kazbegi beschriebene Gestalt, ihre Geschichte und die beschriebenen Beziehungsmuster zu werfen. Sie heißt nicht *Ranu*, wie Iremaschweli schreibt, sondern *Der Vatermord* (erschienen 1882), und das Narrativ ist auch etwas anders als er berichtet:

Koba und Iago sind enge Freunde, und Iago und Nunu sind ineinander verliebt. Da Nunus Mutter früh gestorben ist und ihr Vater als Teilnehmer an der Rebellion des Imams Shamil gegen die russische Kolonialherrschaft sehr arm ist, lebt Nunu im Haus ihres Onkels. Ihr Wunsch, Iago zu heiraten, trifft auf die Ablehnung des Onkels, da ihm der junge Mann nicht fähig erscheint, Frau und Familie zu ernähren.

Es gibt aber noch einen zweiten Verehrer Nunus: Grigola, der von den Russen ernannte Dorfvorsteher. Die Pflegeeltern Nunus sind von ihm beeindruckt. Er ist verheiratet und täuscht deshalb vor, Nunu mit seinem Bruder verheiraten zu wollen. Da er Iago als Hindernis für seine Pläne sieht, beschuldigt er ihn des Diebstahls und lässt ihn in Fort Ananuri einkerkern. So schafft sich Grigola freie Bahn, um Nunu gewaltsam entführen und vergewaltigen zu können.

Koba, der Freund Iagos, wird Zeuge der Entführung Nunus und versucht, sie zu befreien. Doch er kommt zu spät. Er schwört Grigola Rache. Zusammen mit einem anderen Freund befreit er Iago. Da von den Russen nach ihnen gefahndet wird, verstecken sie sich alle

127 Schapp 1953.
128 Vgl. auch Bateson 1979, S. 22 ff.
129 Vgl. Tucker 1973, S. 79 ff.

zunächst in Tschetschenien, einem Land, in dem die Menschen als freiheitsliebend gelten.

In der Zwischenzeit kann Nunu fliehen. Als Koba mit ihr Kontakt aufnimmt und ein Treffen zwischen ihr, ihrem Vater und Iago in Ossetien vereinbart, werden sie an Grigola verraten. Der erscheint, tötet Iago und Nunus Vater sowie den Freund, mit dessen Hilfe Koba Iago befreit hatte. Grigola versucht Nunu den Tod ihres Vaters in die Schuhe zu schieben, um sie nach Sibirien verbannen zu können. Doch Nunu stirbt aus Gram angesichts des Todes ihres Vaters und Iagos.

Das »Happy End« der Geschichte besteht darin, dass Koba die Toten rächt, indem er Grigola erschießt.[130]

Um die Dramaturgie und das implizite Skript dieser Geschichte bzw. die damit verbundenen, emotional relevanten Beziehungsmuster zu analysieren, hilft es, auf die Forschungsergebnisse des Psycholinguisten Osgood und seiner Kollegen[131] zurückzugreifen. Er hat festgestellt, dass in Begriffen, die eine affektive Konnotation besitzen, stets Unterscheidungen in drei Sinndimensionen impliziert sind: die Unterscheidung zwischen *gut* und *böse*, *stark* und *schwach* sowie *aktiv* und *passiv*. Mit der Zuschreibung von Eigenschaften, die diesen Entweder-oder-Schemata folgen, lassen sich die Charaktere und Rollen der Protagonisten in den meisten Geschichten und Mythen analysieren. Dabei sind die Beziehungen entweder symmetrisch (z. B. stark/stark, aktiv/aktiv usw.) oder asymmetrisch (z. B. stark/schwach, gut/böse usw.). So lässt sich eine begrenzte Zahl möglicher Beziehungskonstellationen konstruieren. Das gemeinsame Merkmal dieses Konstruktionsprinzips ist, dass es keinen Raum für Ambivalenzen lässt. Deswegen ist dies auch eher das Schema von Volkskunst, Sagen, Mythen, Märchen und Trivialliteratur, aber nicht so sehr des modernen Romans, in dem auch Ambiguitäten und Ambivalenzen die Beziehungen der Akteure kennzeichnen, die als Personen meist Brüche aufweisen. Das trivialisierende, die Komplexität zwischenmenschlicher Beziehungen radikal reduzierende Entweder-oder-Schema gilt auch für Kobas Geschichte, mit der bzw. dem Soso sich identifizierte.

Das gesellschaftliche Umfeld der Geschichte passt gut zu dem des jungen Dshugaschwili, sodass er sich leicht in die Situation der Protagonisten einfühlen konnte: Georgien ist von Russen (böse, stark,

130 Verfügbar unter https://de.wikipedia.org/wiki/Koba_(Volksheld)#Der_Roman_Der_Vatermord [28.10.2022].
131 Osgood et al. 1975, S. 395; Simon 2022, S. 549 ff.

aktiv) annektiert; eine georgische Familie, in welcher der arme Vater (gut, schwach, aktiv) – ohne Erfolg – gegen die Russen kämpft.

Die Personen, um die sich das Drama dreht, sind Nunu, eine (gute, schwache, passive) Frau, und Iago, ein (guter, schwacher, aktiver) junger Mann. Grigola, Vertreter der Obrigkeit (böse, stark, aktiv), tut ihnen Unrecht.

Koba ist zunächst außenstehender Beobachter der Liebe zweier ihm nahestehender Personen, aber keiner der direkt betroffenen Akteure. Dennoch fühlt er (gut, stark, aktiv) sich aufgerufen, sich einzumischen. Es geht nicht um seine Liebe, sondern um seine Solidarität mit einem Freund. Doch er kommt zu spät, um Nunu vor der Gewalt des Feindes zu schützen. In der Beziehung zu Grigola ist er aktuell – weil er zu spät kommt – der Schwache und sein Feind der Starke. Immerhin gelingt es ihm, den Freund zu befreien. Aber als er ganz uneigennützig die Liebenden zusammenführen will, werden sie alle verraten. Außer dem positiven und dem negativen Helden – Koba und Grigola – bleiben alle Akteure auf der Strecke. Rache ist das, was schließlich als Erfolg zu verbuchen ist. Koba erschießt Grigola, das heißt, er erweist sich – wenn auch nach längerer Zeit, die er geduldig auf die Gelegenheit zur Rache warten musste – als der Aktive, Starke und, da er ein Unrecht rächt, Gute. Und Grigola, der Georgien schon dadurch verraten hatte, dass er für die Russen arbeitete, ist tot – nicht mehr stark, nicht mehr aktiv, aber er bleibt der Böse, der vom Boden der Erde getilgt ist.

Hinzuzufügen ist noch, dass die georgische Kultur auch im 19. Jahrhundert noch das Institut der Blutrache kannte, sodass in weiten Teilen der Bevölkerung Rache als Aspekt der Wiederherstellung, der Ehre, der Gerechtigkeit und der sozialen Ordnung verstanden wurde. »Diese Worte sind heilig zum Mann aus den Bergen – besser mit Ehre zu sterben als in Schande zu leben.«[132]

Auffallend an der Geschichte Kobas ist, dass es eine Geschichte des Scheiterns ist. Erst die gelungene Rache macht sie zu einer Erfolgsgeschichte, wenn man die individuelle Befriedigung des Rachebedürfnisses bzw. die soziale Pflicht zur Rache zwecks Wiederherstellung der sozialen Ordnung als Erfolg bewerten will (das sind zwei unterschiedliche Interpretationen, die weitreichende Implikationen haben). Das Beziehungsmuster, in dem Soso alias Koba sich für Schwache und Ent-

132 Suny 2020, S. 68.

rechtete einsetzt, dürfte er in seiner Herkunftsfamilie kennengelernt haben: sein Vater (aktiv, stark, böse) vs. seine Mutter (passiv, schwach, gut), und der mehr oder weniger hilflos beobachtende, parentifizierte kleine Soso (passiv, schwach, gut), der gerne stark und aktiv wie der gute Koba gewesen wäre.

Ein Selbstbild als der Schwache und Gute, der es mit aktiven, starken und bösen Feinden zu tun hat, legitimiert erfahrungsgemäß jede Form der Grausamkeit als vermeintliche Selbstverteidigung.

Das Priesterseminar

Im Alter von 15 Jahren (1894) trat Josseb in das »Geistliche Seminar« in Tiflis ein. Der Rektor seiner Schule in Gori und der Pope hatten ihm ein Stipendium verschafft, was allerdings nicht ganz für die Bezahlung des Schulgelds reichte. Der Mutter wäre es nicht möglich gewesen, dieses Studium zu finanzieren, daher sprang ein wohlhabender Nachbar, eine Art Ersatzvater von Josseb, ein. Der Junge besuchte das Seminar fünf Jahre lang.

Die Widersprüchlichkeit der russischen Politik gegenüber dem Kaukasus prägte auch das Seminar. »Es war die Stelle, an der sich die Intelligenz der ganzen Gegend bildete und formte. Es war aber zugleich eine Art Schutzgebiet für Ideen und Verhältnisse, die der Zeit der Leibeigenschaft angehören.«[133] Als Zögling war man mit diesen Widersprüchen konfrontiert, wenn die von den Verbannten verbreiteten revolutionären Ideen auf eine mittelalterlich anmutende Struktur der Organisation trafen.

> »Von außen gesehen glich das Seminar einer Kaserne. Das Leben der Seminaristen wurde durch strenge Mönche nach beinahe kasernenmäßigen Methoden scharf reglementiert. Sobald sich einmal die Tore hinter dem Neuankömmling geschlossen hatten, wurde erwartet, dass er sich innerlich und äußerlich von der Welt löst.«[134]

Das Leben der Zöglinge war 24 Stunden täglich und sieben Tage in der Woche unter Aufsicht und Kontrolle. Auf Antrag konnte man zwei Stunden frei bekommen. Ansonsten war der Tag mit Gebeten und dem Studium der »scholastischen Theologie«, wie sie in der griechisch-

133 Deutscher 1946/1966, S. 33.
134 Ebd., S. 34 f.

orthodoxen Kirche gelehrt wurde, ausgefüllt. »Zwanzig bis dreißig Schüler waren in einem einzigen Schlafraum zusammengepfercht. In geistiger Hinsicht war das Seminar zur Hälfte Kloster, zur Hälfte eine Kaserne.«[135] Jugendlicher Überschwang war in dieser Atmosphäre nicht zu erwarten. Die Lektüre war streng vorgeschrieben, Bücher aus öffentlichen Büchereien durften nicht entliehen und gelesen werden. Die Mönche versuchten auch die Gedanken der Zöglinge zu kontrollieren und spionierten sie so gut es ging aus, »stöberten in ihren Sachen herum, horchten an den Türen«[136], und sie machten beim kleinsten Verdacht »Anzeige beim Rektor«. Die Strafe bei Verstößen gegen die Vorschriften war Haft in einer Zelle. Generell war der Alltag zu einem guten Teil von Demütigungs- und Unterwerfungsritualen bestimmt. Ein Mitseminarist – Gogochia – berichtet:

> »Wie in einem Verlies fühlten wir uns […] An Sonn- und Feiertagen mussten wir während des Gottesdienstes drei bis vier Stunden stehen, immer auf demselben Fleck, auf den Steinfliesen der Kirche; die Füße taten uns weh; die Mönche ließen uns nicht aus den Augen. Auch dem Frömmsten wurde der Geschmack am Beten durch den nicht enden wollenden Gottesdienst verdorben. Wir verbargen unsere Gedanken hinter den devoten Mienen, die wir vor den wachsamen Mönchen zur Schau trugen.«[137]

Aus Gori waren mehrere Schüler zusammen mit Soso ins Priesterseminar in Tiflis eingetreten. Einer von ihnen war Iremaschweli, der über das kasernenartige Gebäude des Seminars schreibt:

> »Ein freier, menschlicher Geist, der die Jugend in Liebe und Verständnis erzog, konnte darin nicht herrschen. Das war schon der äußere Eindruck. In dieses Haus passte nur eine militärische Disziplin, eine strenge, schematische Erziehung, die den Geist und den Wissensdrang der lernbegierigen Jünglinge in vorgezeichnete Formen presste. Der Zweck dieses Instituts bestand denn auch darin, gedankenlos getreue, russische Untertanen zu züchten. Wenn nicht alte Schüler die Anstalt mit der von der Leitung und der Regierung gewollten Weltanschauung verließen und ihre erworbenen Kenntnisse sehr bald gegen das bestehende Staatssystem ausnutzten, so lag die Ursache hierfür gerade in der extrem einseitigen Lehre, dass der Mensch, und besonders der Russe, nur zu dienen und sich unterzuordnen hätte. Die strengen Mittel,

135 Ebd., S. 34.
136 Ebd., S. 34.
137 Zit. n. Trotzki 1940, S. 30.

mit denen den Zöglingen diese ›glückverheißende‹ Lebensregel aufgezwungen wurde, mussten den Widerspruch aller Schüler erzeugen, die den minderbemittelten Kreisen entstammten und denen das freudlose Dasein der Eltern längst den Begriff vermittelt hatte, wie die Unterordnung eigentlich aussah. Das Bild von der glücklichen Zukunft, wie die Sturm- und Drangperiode der Jugend es malte, war jedenfalls anders. Das überhebliche Gebaren der Söhne besitzender Eltern, denen die Geburt schon ein Leben in Luxus garantierte, half dazu, die jungen Geister in Widerspruch zu den Doktrinen der Lehrer und den Grundsätzen des staatlichen Gesellschaftslebens zu setzen.«[138]

Es kam immer öfter zu Auseinandersetzungen zwischen Seminaristen und der russischen Leitung des Seminars. Höhepunkt war etliche Jahre vor Sosos Eintritt ins Seminar (1886) die Ermordung des Rektors durch einen wegen antirussischer Aktivitäten des Seminars verwiesenen Seminaristen. Antirussische Affekte und georgischer Patriotismus standen der russifizierenden Agenda des Seminars auch sonst, wenn auch in weniger dramatischer Form, entgegen. Das Priesterseminar in Tiflis wurde so ein Ort, wo zum einen der klerikale Nachwuchs ausgebildet wurde, zum anderen wurde es zur Brutstätte mehrerer Generationen von Revolutionären. Iremaschweli schreibt dazu:

»So sind denn aus dem geistlichen Seminar zu Tiflis viele Vorkämpfer für die Freiheit hervorgegangen. N. Jordania hat in diesem Seminar den inneren Antrieb zur Gründung der Sozialdemokratischen Partei gefunden. Jahre vor unserem Eintritt schon kämpften aufrührerische Schüler gegen die dogmatischen Prinzipien ihrer Lehrer und streuten die ersten Gedanken von sozialer Gerechtigkeit und persönlicher Freiheit in die Öffentlichkeit. Ein strenges Strafgericht, von Petersburg befohlen, relegierte die Widerspenstigen.«[139]

Das Seminar war ein Ort »politischer Gärung«, schon lange Zeit bevor Dshugaschwili aufgenommen wurde. So kam es im Jahr vor seiner Aufnahme (1893) zu einem Streik der georgischen Seminaristen, die unter anderem einen Lehrstuhl für georgische Literatur forderten. Als Verhandlungen zu keinem Ergebnis führten, wurde die Polizei gerufen und das Seminar vorübergehend geschlossen.

Dshugaschwili gehörte nicht zu den offen revoltierenden Studenten. Wie bereits in der Schule, »verstand er es auch hier, seine

138 Iremaschweli 1932.
139 Ebd.

wirklichen Gefühle vor seinen Lehrern zu verbergen«[140]. Die strengen Regeln des Seminars konnten aber nicht verhindern, dass er wie andere Seminaristen verbotene Bücher las – von Darwin bis zu Victor Hugo. Es war das Gravierendste, was er zunächst an abweichendem Verhalten wagte. In einem Vermerk über eine ihm dafür verordnete Strafe wird angemerkt, es sei bereits das 13. Mal, dass er beim Lesen solcher Bücher erwischt wurde.[141]

Die Beziehung des jungen Dshugaschwili zu seinen Peers war widersprüchlich, was wohl mehr der georgischen Kultur als seiner Psychodynamik zuzuschreiben ist. Er hatte wie in der Schule wieder einen Kreis von Freunden und Gleichgesinnten um sich geschart, wie es in der georgischen Kultur traditionell hoch bewertet wurde: Diese Freundeskreise waren aber fragile Gebilde, weil der hohen kulturellen Bewertung von Freundschaft und Vertrauen eine hohe Kompetitivität der Männer entgegenstand. Diesen beiden Werten kann man am besten gerecht werden, wenn man eine Gruppe bildet, der ein Außenfeind, d. h. eine feindliche Gruppe, gegenübersteht. Mit ihr kann man sich – individuell wie kollektiv – in den ungezügelten Wettbewerb begeben. Wenn es keine Außenfeinde gibt, so muss man misstrauisch sein, dass das intern gegebene Vertrauen möglicherweise missbraucht und enttäuscht wird.

> »›Da die Georgier so kompetitiv sind‹, stellte ein Erforscher des modernen Georgien fest, ›wird die Peergruppe die natürliche Arena für den Wettstreit, da sie auch die erste soziale Bezugsgruppe ist. Das bedeutet gleichzeitig, dass die jungen Männer gezwungen sind, ihre Freunde unter potenziellen Rivalen zu finden. Das ist auf der einen Seite der Grund für die nahezu zwanghafte Beschäftigung mit Vertrauen und die Heiligkeit, mit der Freundschaft behandelt wird; und auf der anderen Seite für das immer bestehende Misstrauen, den Zweifel und die Unsicherheit‹.«[142]

Mit marxistischem und sozialistischem Gedankengut wurde der junge Dshugaschwili erst in den späteren Jahren seiner Seminarzeit konfrontiert. Im Jahre 1898 trat er einer sozialistischen Organisation mit Namen »Messame Dassy« (»Dritte Gruppe«) bei, die sich nach außen aber primär georgisch-patriotisch gab.[143] Er selbst lieferte später folgende Erklärung für seinen Weg zum Sozialismus:

140 Deutscher 1946/1966, S. 37.
141 Ebd., S. 40.
142 Suny 2020, S. 54 (Übers. v. F. B. S.).
143 Deutscher 1946/1966, S. 40.

> »Ich wurde Marxist wegen meiner sozialen Stellung. Mein Vater war Arbeiter in einer Schuhfabrik, und auch meine Mutter war Arbeiterin. Ich wurde in diese Richtung vor allem aber auch durch die harte Unduldsamkeit und durch die jesuitische Disziplin getrieben, die im Seminar so erbarmungslos auf mir lasteten. Die Atmosphäre, in der ich dort lebte, war bis zum Bersten geladen mit Hass gegen die zaristische Tyrannei und Unterdrückung.«[144]

Den wichtigsten Einfluss auf Soso/Koba hatte bei seiner Bekehrung zum Sozialismus während der Seminarzeit nach Ansicht seiner Biografen ein Zögling namens Sylvester Dshibladse, der später einer der Gründer der sozialdemokratischen Organisation werden sollte. Er war zwar kein Freund des jungen Josseb, aber er beeinflusste sein Denken. Freunde und Mentoren waren hingegen zwei andere potenzielle Priester, die Sozialisten wurden: Sascha Zulukidse und Lado Kezchoweli. Sie brachten ihm die Grundlagen sozialistischer Theorie bei. Für sie am wichtigsten war, »sich der Bevormundung durch die Zensur zu entziehen. Man musste eine Geheimdruckerei haben. Kezchoweli lenkte sofort Dshugaschwelis Interesse auf solche Probleme, als dieser der *Messane Dassy* beitrat«[145].

Für die Organisation, der Dshugaschwili beigetreten war, hielt er Studienzirkel mit Arbeitern ab. Dies stand im Gegensatz zu seinem Status als Seminarist, wo er von Vorgesetzten »herumkommandiert und angeschnauzt« wurde. Wie mit diesem Widerspruch umgehen, und wie lange sollte das so weitergehen?

> »Im letzten oder auch in den beiden letzten Jahren, die Dshugaschwili im Seminar verbrachte, muss ihn diese Frage oft bewegt haben. Er täuschte die Mönche ohne alle Gewissensbisse und entwickelte sich zu einem Meister der Heuchelei und der Verstellung. Selbstvorwürfe brauchte er sich deshalb nicht mehr zu machen. Er zahlte nur Betrug mit Betrug heim. Schnüffelten sie nicht hinter ihm her, stöberten sie nicht seine Sachen durch, wenn er in der Stadt war? War nicht ihr ganzer Unterricht ein grandioser Betrug? Seine eigene Heuchelei war nur die Antwort auf ihre. In diesem Kampf der Lügen und der Verstellungen war er jedenfalls der Stärkere.«[146]

Nun muss man diese Darstellung von Isaac Deutscher sicher mit Vorsicht genießen, auch wenn er sich als Biograf, der als Ex-Kommunist

144 Stalin zit. n. Deutscher 1946/1966, S. 41.
145 Deutscher 1946/1966, S. 44.
146 Ebd., S. 45.

sehr kritisch Stalin gegenüber eingestellt war, wie er in seinem Vorwort betont, um Objektivität bemüht haben mag. Es ist aber anzunehmen, dass seine psychodynamischen Deutungsversuche dazu dienen, im Seminar bereits die Wurzeln des Verhaltens Stalins auf der Höhe seiner Macht zu beschreiben. Es mag ein Versuch sein, die auch für Deutscher lange Zeit leitende Ideologie von der Verantwortung stalinistischer Gräuel zu entlasten und stattdessen die Erklärung für die Geschehnisse Stalins Charakter zuzuschreiben.

Dass Dshugaschwili zumindest in seiner Jugend eine nicht zu unterschätzende Sensibilität aufwies, zeigen nicht nur sein begeistertes Singen im Kirchenchor, sondern auch die Gedichte, die er mit 16 oder 17 Jahren als Seminarist schrieb und die in der Zeitschrift *Iberija* publiziert wurden (aber vielleicht zeigt die Tatsache, dass er sie publiziert hat, auch nur, dass er um öffentliche Anerkennung bemüht war):

»*Wenn der Mond mit seinem Schein*
Plötzlich die Erde erhellt
Und sein Licht über weitem Horizont
Spielt in blassem Blau,
Wenn über Hainen in lazur
Die Nachtigallen singen
Und die sanfte Stimme der Schalmei
Frei erklingt, ohne zu schmelzen,
Wenn für einen Augenblick verstummen,
Um von neuem einzusetzen die rauschenden Quellen der Berge,
Und wenn das sanfte Lied des Windes
Weckt in der Nacht den stummen Wald,
Wenn der Flüchtende vor seinem Feinde flieht
Und wieder in seine kummervolle Heimat,
Wenn erschöpft vor Finsternis,
Er plötzlich die Sonne erblickt
– Dann weicht von drückenden Wolken der Seele
Die finstere Decke.
Die Hoffnung mit mächtiger Stimme
Dir das Herz von neuem weckt.
In die Höhe strebt die Seele des Poeten,
Und das Herz schlägt nicht vergebens.
Ich weiß, dass diese Hoffnung
Gesegnet ist und rein!«[147]

147 Zit. n. Wolkogonow 1989, S. 26 f.

Die Verstellung Stalins endete spätestens 1899, als er nach Auseinandersetzung mit den Mönchen des Seminars verwiesen wurde. Der offiziellen Sowjeterzählung nach wurde er wegen seiner marxistischen Überzeugungen rausgeworfen; die Schulchronik referierte, er habe wiederholt Prüfungen versäumt; und die Gerüchteküche wusste zu berichten, dass er unehelich Vater geworden sei und dies seine klerikale Karriere beendet habe.[148]

Die totale Institution

Das Priesterseminar in Tiflis entsprach in seiner Struktur und in seinen Regeln nahezu perfekt dem Typus von Organisation, den Goffman »totale Institution« nennt:

> »Das zentrale Merkmal totaler Institutionen besteht darin, dass die Schranken, die normalerweise diese drei Lebensbereiche voneinander trennen: 1. Alle Angelegenheiten des Lebens finden an ein und derselben Stelle, unter ein und derselben Autorität statt. 2. Die Mitglieder der Institution führen alle Phasen ihrer täglichen Arbeit in unmittelbarer Gesellschaft einer großen Gruppe von Schicksalsgenossen aus, wobei allen die gleiche Behandlung zuteil wird und alle die gleiche Tätigkeit gemeinsam verrichten müssen. 3. Alle Phasen des Arbeitsalltags sind exakt geplant, eine geht zu einem vorher bestimmten Zeitpunkt in die nächste über, und die ganze Folge der Tätigkeiten wird von oben durch ein System expliziter formaler Regeln und durch einen Stab von Funktionären vorgeschrieben. 4. Die verschiedenen erzwungenen Tätigkeiten werden in einem einzigen rationalen Plan vereinigt, der angeblich dazu dient, die offiziellen Ziele der Institution zu erreichen.«[149]

In solch einem System ist der Handlungsspielraum des individuellen »Insassen« (wie Goffman die Mitglieder nennt) extrem eingeschränkt. Ein Privatleben gibt es nicht, alle Handlungen werden kontrolliert. In dieser Situation gibt es nun mehrere Überlebensstrategien:

1. sich den Regeln zu unterwerfen, d. h. die totale Anpassung an die Anforderungen der jeweiligen Obrigkeit
2. die nur scheinbare Anpassung an die obrigkeitlichen Forderungen, während innerlich der Widerstand gepflegt wird, jedoch ohne aufrührerisch aktiv zu werden

148 Altrichter 2018, S. 34.
149 Goffman 1961, S. 17.

3. die Subversion, d.h. die scheinbare Anpassung, während im Untergrund aktiv Widerstand geleistet wird (soweit dies angesichts der totalen Kontrolle möglich ist)
4. der Widerstand, die offene Revolte, der – meist gewaltsame – Aufstand gegen die Autoritäten
5. die Flucht, d.h. das Verlassen der Institution, was allerdings in der Regel mit einem Preis verbunden ist, falls es denn überhaupt möglich ist.

Der Seminarist Dshugaschwili dürfte im Laufe der Jahre einen Schwenk von der 2. Überlebensstrategie zur 3. und 4. vollzogen haben, um schließlich die Konsequenz zu ziehen (bzw. zu akzeptieren) und, 5., die Institution zu verlassen.

Was im sozialen Rahmen des Priesterseminars deutlich wurde, ist die subversive Wirkung von Literatur bzw. Druckwerken im Allgemeinen. Deswegen wurde im Seminar versucht, eine strenge Zensur durchzusetzen, und Lesen wurde zur Form des Widerstands. Und deswegen war dem jungen Dshugaschwili später wahrscheinlich auch stets bewusst, welche Bedeutung Publikationen als Kommunikationsmedien besitzen.

Vom gläubigen Christen zum Revolutionär

Mag sein, dass der 15-jährige Soso/Koba schon in der Schule an Gott zu zweifeln begonnen hatte, wie manche Mitschüler sich nach 50 Jahren zu erinnern meinen. Aber nicht zu bezweifeln ist, dass die Zeit im Seminar in Tiflis zu einer Entscheidung gegen das Priesteramt und für die Rolle des Berufsrevolutionärs geführt hat. Es war sicher keine einfache Wahl für den loyalen Sohn, auf dessen Schultern die Delegation der mütterlichen Aufstiegswünsche und Religiosität lastete. Sie erforderte die emotionale Distanzierung und die klare Selbst-Abgrenzung der Mutter gegenüber. Den sicheren Aufstieg innerhalb der gegebenen gesellschaftlichen Strukturen – als respektiertes Mitglied des Klerus – opferte er zugunsten der unsicheren Existenz des Revolutionärs, der diese Strukturen nicht nur infrage stellte, sondern sie umstürzen wollte. Ein mutiger und radikaler Schnitt.

Die totalitäre Organisation des Seminars sowie die alltäglich erlebte Einschränkung der individuellen Freiheit und Demütigung dürften einen wichtigen Beitrag zu dieser Radikalisierung geleistet haben. Der Gegensatz zwischen den Zöglingen auf der einen Seite und den Vertretern der schulischen Obrigkeit auf der anderen Seite passte einfach zu gut in die Wirklichkeitskonstruktion Sosos mit ihrer Entweder-oder-Spaltung zwischen den »Guten« und den »Bösen«. Sich in seinem noch relativ jungen Alter als Verteidiger der Schwachen, Passiven, Guten im Land zu sehen, entsprach seinem Selbstideal und war attraktiver als das Leben als Pope (und damit als einer der »Bösen«). Das Seminar bot eine soziale Realität, die zu den aus der Familie mitgebrachten Schwarz-Weiß-Mechanismen der Komplexitätsreduktion passten.

Die zum Teil aus dem Westen stammende Literatur hatte ihn für die Kirche verdorben. Sie verherrlichte unter anderem die Französische Revolution, es waren auch Bücher über Naturwissenschaften wie etwa die Arbeiten Darwins, welche die christliche Schöpfungsgeschichte infrage stellten. Und die Schriften von Karl Marx ließen eine bessere Welt als möglich erscheinen. Die Dramaturgie der Geschichte des literarischen Koba wurde so im Lebensentwurf Sosos konkret vorstell- und reinszenierbar. Aus Soso wurde Koba.

Das geschah zunächst heimlich, indem Koba sozialistische Theorieseminare für Arbeiter abhielt. Dort dürfte er – ganz wie im Kirchenchor – die volle Aufmerksamkeit seiner kleinen Gemeinde genossen haben. Theorie wurde so für ihn zum Mittel narzisstischer Bestätigung.

Dass er schließlich des Priesterseminars verwiesen wurde, war ein schrittweiser Prozess. Seine Leistungen wurden schlechter, er hielt sich nicht mehr an die Regeln des Seminars, verpasste Prüfungen. Dies kann als Ausdruck seiner bis dahin noch bestehenden Ambivalenz gegenüber dem Priesterseminar und allem, wofür es stand, gedeutet werden. So gelang es ihm, das Seminar zu verlassen, ohne bewusst die Entscheidung und Verantwortung dafür übernehmen zu müssen, obwohl er den Rauswurf zweifellos provoziert hatte. Sein psychischer Konflikt, die Ambivalenz zwischen »Bleiben« oder »Gehen«, wurde auf zwei Parteien aufgeteilt: Die Seite der Trennung übertrug Koba der Institution, sodass er sich – falls er nicht sich selbst die Verantwortung für das Verlassen des Seminars zuschrieb – in der Rolle des Opfers sehen konnte, das obrigkeitlicher Willkür ausgeliefert war.

4 Die vorrevolutionäre Zeit (1899–1917)

Im Untergrund

Nach seiner Entlassung aus dem Seminar scheint Dshugaschwili zunächst orientierungslos gewesen zu sein. Er fand mehrere Monate keine Beschäftigung, sodass er zeitweise wieder bei seiner Mutter in Goi wohnte; dann fand er bei Arbeitern in Tiflis Unterschlupf. Anschließend arbeitete er als Hauslehrer bei Bürgerfamilien in Tiflis, um schließlich eine längerfristige Stelle als Schreiber beim dortigen Observatorium zu finden.[150] Im August 1898 war er der Messame Dassy beigetreten. Jetzt intensivierte er nicht nur seine politischen Studien, sondern auch seine Aktivitäten in der Organisation. Dass einige der Mitglieder dieser Vereinigung verhaftet wurden, dürfte den Ausschlag gegeben haben, dass er ins Fadenkreuz der *Ochrana* geriet. Im März 1901 durchsuchte die Polizei sein Zimmer im Observatorium. Dies wird von Zeitzeugen als Auslöser für seinen Entschluss, in den Untergrund zu gehen, genannt.[151] Ab nun wurde er immer mehr zum »Aktivist der Untergrundbewegung«[152].

Im März 1898 war in Minsk von einem knappen Dutzend Sozialisten die »Russische Sozialdemokratische Arbeiterpartei« gegründet worden. Obwohl es während des ganzen 19. Jahrhunderts in den verschiedenen Regionen immer wieder oppositionelle Aktivitäten und Bewegungen sowie terroristische Aktionen gegen die Autokratie der Zaren gegeben hatte, war dies der erste Versuch, eine *Organisation* mit dem Ziel zu gründen, im ganzen Zarenreich koordiniert aktiv werden zu können.[153]

Auch Messame Dassy schloss sich der Sozialdemokratischen Partei an, und damit wurde Dshugaschwili ebenfalls Akteur in dem Konflikt und oft verbitterten Kampf zwischen den Fraktionen, mit dem sich sozialistische Parteien seit ihrer Gründung – nicht nur in Russland, sondern generell – herumquälen. Strittig war die strategische Frage, ob sie ihre Ziele innerhalb oder außerhalb der Regeln

---

150 Ulam 1973, S. 50.
151 Ebd., S. 50.
152 Deutscher 1946/1966, S. 61 f.
153 Ebd., S. 51.

des bestehenden politischen Systems anstreben sollten. Den »legalen Marxisten« (dem sogenannten rechten Flügel) standen die auf gewalttätigen Umsturz setzenden Revolutionäre (der sogenannte linke Flügel) gegenüber. Dieser Konflikt kochte auch in der Messame Dassy in Tiflis, und bei dieser Spaltung stand Dshugaschwili mit seinen ehemaligen Mitseminaristen Zulukidse und Kezchowali auf der Seite der linken Minderheit.[154]

In Tiflis organisierten sie, noch etwas unbeholfen, die erste Maifeier im Kaukasus – eine Demonstration, die an kirchliche Prozessionen gemahnte, »bei der anstelle der Ikonen die Bilder von Marx und Engels mitgetragen wurden«[155].

Im Untergrund verwendete Dshugaschwili dann im Laufe der nächsten 20 Jahre etwa 20 verschiedene Decknamen (zunächst Koba, dann andere, wobei Stalin der letzte bleiben sollte). Das Leben als Berufsrevolutionär war nicht sehr komfortabel, da Koba keine regelmäßigen Einnahmen hatte und die Partei über keine reichhaltigen Mittel verfügte. Nicht nur die Weise, in der die Mai-Demonstration in Tiflis gestaltet war, sondern sein ganzes Leben nach dem Seminar – im Untergrund – folgte mehr oder weniger dem im Seminar vorgezeichneten, kirchlichen bzw. mönchisch-asketischen Weg: »Als er den Entschluss zu diesem Leben fasste, leistete er unbewusst ein Gelübde der Armut. Damit kam sein Noviziat in der sozialistischen Sekte zu einem Ende«[156].

Die Einzelheiten der Aktivitäten Dshugaschwilis im Untergrund sind nicht überliefert. Isaac Deutscher schreibt dazu:

> »Eine genaue Darstellung dessen, was Dshugaschwili in den folgenden Monaten und Jahren getan hat, wäre eine eintönige Geschichte. Er führte jetzt die gehetzte Existenz, die alle sozialistischen Agitatoren und Organisatoren jener Zeit in Russland führten. Der Inhalt seines Lebens bestand aus Streiks, Straßendemonstrationen, geheimen Zusammenkünften, Sitzungen und so weiter. Was er tat, war für die Männer seiner Art so typisch, dass das meiste davon in Vergessenheit geraten ist.«[157]

1901 wurde Dshugaschwili zum ordentlichen Mitglied des Sozialdemokratischen Parteikomitees von Tiflis gewählt. Dort lag er dauerhaft im Konflikt mit dem Führer des gemäßigten Parteiflügels (einem ehe-

154 Vgl. Deutscher 1946/1966, S. 55 ff.
155 Ebd., S. 62.
156 Ebd., S. 64.
157 Ebd., S. 73.

maligen Mitseminaristen, der des Seminars verwiesen worden war, weil er den Rektor geohrfeigt hatte). Dieser Konflikt wurde dadurch beendet, dass Dshugaschwili das Feld räumte und seine Aktivitäten nach Batumi am Schwarzen Meer verlegte. Dort trat er nur noch unter dem Pseudonym Koba auf.[158]

Die Aktionen der sozialistischen Partei bzw. ihrer Aktivisten unterschieden sich nur wenig von den anderen mehr oder weniger militanten oder terroristischen Gruppen, die sich im Kaukasus schon seit Jahrzehnten tummelten. Es handelte sich der Vielfalt der Völker, Stämme, Religionen und Sekten, die dort aufeinandertrafen, entsprechend um Gruppen, die sich unterschiedlich ethnisch, religiös oder auch politisch definierten. Sie agierten unkoordiniert und unabhängig voneinander, kämpften anarchistisch und gewalttätig gegen das Zarenreich, aber auch gegeneinander. Die Zahl der durch Anschläge und Terrorakte verletzten oder getöteten Vertreter des Staates ging daher in allen Jahren in die Tausende. Auch wenn sie ihre Identität politisch definierten, so handelten sie oft wie Straßenräuber.

Dshugaschwili wurde als einer der Vertreter des Kaukasus 1905 zu einer Parteikonferenz nach Tampere in Finnland (das damals noch zum Zarenreich gehörte) geschickt. Die Parteikonferenzen dieser Jahre fanden allesamt fern von Petersburg und Moskau oder im Ausland statt, da die meisten Führer der Partei im Exil lebten. Koba war ihnen unbekannt, da er nur (wenn überhaupt) auf Georgisch publiziert hatte und daher nicht in den Fokus ihrer Aufmerksamkeit gelangt war. In Tampere begegnete er Lenin zum ersten Mal persönlich. Brieflichen Kontakt mit ihm hatte er angeblich bereits 1903, als er in der Gegend von Irkutsk in der Verbannung lebte und Lenin, der angeblich durch einige Publikationen in der Parteipresse auf ihn aufmerksam geworden war, sich für die Revolutionäre in abgelegenen Gegenden des Zarenreichs interessierte.[159] Stalin berichtete später von der Wirkung dieses Kontakts auf ihn:

> »Lenins Brief war verhältnismäßig kurz, aber er gab eine kühne, furchtlose Kritik der Praxis und eine ausgezeichnete klare und gedrängte Darlegung des ganzen Plans der Parteiarbeit für die nächste Periode. [...] Dieser schlichte und kühne Brief festigte in mir die Überzeugung, dass wir in Lenin den Bergadler unserer Partei besitzen.«[160]

---

158 Chlewnjuk 2015, S. 45; Deutscher 1946/1966, S. 74; Trotzki 1940, S. 33.
159 Wolkogonow 1989, S. 38 f.
160 Ebd., S. 39.

Trotzki bestreitet allerdings, dass es solch einen Briefkontakt je gegeben hat, und erklärt »diese Geschichte« für »einfach erfunden«[161]. Lenin wurde offensichtlich von Dshugaschwili, dem Mann aus dem hinterwäldlerischen Kaukasus, idealisiert. »Der Ex-Seminarist, der die Kirche verlassen hatte, stellte sich Lenin immer noch als einen Hohepriester oder Mandarin des Sozialismus vor.«[162] Umso größer war die Enttäuschung über dessen Erscheinung: ein kleiner Mann – nur 1,64 m groß – mit Glatze. Nicht die Inkarnation der Idealisierung eines »Bergadlers«, obwohl Koba selbst höchstens 1,68 m groß, also auch kein Riese war[163].

1905 war nicht nur das Jahr, in dem das Zarenreich eine militärische Niederlage im Krieg gegen Japan verkraften musste, sondern es war auch das Jahr, in dem es zur ersten Revolution gegen die Autokratie der Zaren in Russland kam. Sie wurde ausgelöst durch den »Blutsonntag«, als friedliche Demonstranten in Petersburg brutal niedergeschossen wurden. Die Partei Lenins und Stalins spielte dabei keine entscheidende Rolle, auch wenn sie große Hoffnungen hegte, dass nun die lange erwartete Revolution erfolgreich beginnen würde. Es wurde das Kriegsrecht verhängt und der Aufstand blutig niedergeschlagen.[164] Die »Reaktion« übernahm wieder die Macht, die Repression war allumfassend, die Gefängnisse mit Aktivisten gefüllt, die Zahl der Hinrichtungen immens.

Nach der gescheiterten Revolution, die 20 Jahre später dann als »Generalprobe« umgedeutet wurde, befand sich die Sozialdemokratische Partei in einer schwierigen Lage. Der Mitgliederschwund war riesig, die lokalen Organisationen lösten sich langsam auf. Einer der Gründe war Geldmangel. So kam es, dass zu der sowieso schon großen Menge von Banditen auch sozialistische Gruppen stießen, die durch Überfälle und andere räuberischen Aktionen ihre politische Arbeit zu finanzieren suchten (einer der Biografen Stalins spricht von »Sozialbanditen«[165]). Koba war bei diesen marxistisch positiv konnotierten »Expropriationen« – auch »Eks«[166] genannt – operativ nützlich, fungierte aber nicht als Führungsfigur, weder in der Partei

161 Trotzki 1940, S. 81.
162 Deutscher 1946/1966, S. 116.
163 Vgl. auch Altrichter 2018, S. 51; Trotzki 1940, S. 98.
164 Altrichter 2018, S. 55.
165 Ebd., S. 36 ff.
166 Schmidt 2019a, S. 66.

noch bei den Überfällen, auch wenn spätere Partei-Hagiographien dies behaupten.[167] Trotzki belegt in seiner Biografie Stalins, die einen investigativen, allerdings teilweise auch denunziatorischen Charakter hat, eindeutig: Dshugaschwili/Koba war in der Zeit zwar Parteiarbeiter, aber lediglich einer unter vielen, und er hat sich nicht als Führungsperson hervorgetan.[168]

Er nahm aber an den Parteitagen in Stockholm (1906) und London (1907) teil, auch dort ohne eine besondere Rolle zu spielen. Seine innerparteiliche, über den Kaukasus hinausgehende Reputation wuchs erst, auch wenn er selbst nicht aktiv beteiligt war, als es 1907 gelang, unter Inkaufnahme vieler Todesopfer einen Geldtransport in Tiflis zu überfallen. Die Beute – die Angaben schwanken zwischen 250.000 und 300.000 Rubeln, was in heutiger Währung Millionen entspricht – wurde Lenin, der zu der Zeit in Finnland lebte, übergeben und zur Finanzierung der Parteiarbeit genutzt.

Im Jahre 1912 wurde Dshugaschwili »von einer bolschewistischen Konferenz in Prag in absentia ins Zentralkomitee kooptiert und zum Mitglied des ›Russischen Büros‹ der Partei gemacht, dem organisatorischen Zentrum jener, die in Russland verblieben waren«[169]. Damit gewann er eine operative Machtposition innerhalb der Partei, da die formalen und in der parteiinternen Öffentlichkeit bekannteren Führer allesamt im Exil lebten. Hier zeigt sich schon ein weiterer Unterschied zwischen Stalin und den meisten anderen Führern der Partei, der für die innerparteiliche Hierarchie von Bedeutung werden sollte: der zwischen Praktikern und Theoretikern. Koba, der spätere Stalin, war das Inbild des Praktikers, auch wenn er selbst gelegentlich einen Artikel publizierte. Aber er repräsentierte de facto das Gegenbild zu Lenin, dessen Qualitäten und Interessen mehr auf theoretischem Gebiet lagen.

Die Gründung der Partei

Bewegungen, wie es die »Sozialrevolutionäre« waren, oder die Kämpfer um nationale Unabhängigkeit der Randgebiete des Zarenreichs erzielen in der Regel keine dauerhafte Wirkung, da sie auf den Nach-

167 Wolkogonow 1989, S. 38.
168 Trotzki 1940, S. 87f.
169 Altrichter 2018, S. 37.

schub enthusiasmierter Individuen angewiesen sind, die bereit sind, sich persönlich zu engagieren. Dies mag, ausgelöst durch empörende und die Gefühle einer großen Zahl von Menschen ansprechende Ereignisse, situativ gelingen. Doch diese Art des emotionalen Gleichklangs auf Dauer zu stellen, ist kaum möglich. Daher versanden solche Bewegungen meist früher, manchmal auch erst etwas später.

Wer dieses Ausbrennen der Empörungsenergie und Aktivität verhindern will, muss die Ziele der jeweiligen Bewegung zum Zweck einer Organisation machen, das heißt, er muss eine Organisation gründen (er braucht einen »Apparat«). Denn Organisationen sind soziale Systeme, deren Rationalität u. a. darin besteht, dass ihre eigenen Aktivitäten nicht davon abhängen, dass ihre Mitglieder sich dauerhaft emotional engagieren. Die Mitarbeiter oder Mitglieder, d. h. die Aktivisten von Organisationen, sind im Prinzip austauschbar. Wenn sie erschöpft sind oder sich ihr individuelles Engagement reduziert oder sie, aus welchen Gründen auch immer, ausfallen, dann sind Organisationen aufgrund ihrer Spielregeln in der Lage, die Akteure zu ersetzen. Mitarbeiter/Mitglieder kommen und gehen, aber Organisationen bleiben bestehen.[170]

Dies gilt auch für die Ziele von Revolutionären, denn auch sie sind, wenn sie längerfristig wirksam werden oder bleiben wollen, auf Organisationsbildung angewiesen. Daher war die Gründung der »Russischen Sozialdemokratischen Partei« ein wichtiger Schritt, um im politischen Feld ein relevanter Mitspieler zu werden.

In Organisationen (z. B. im besonderen Maße in einem Unternehmen) werden die Mitglieder/Mitarbeiter für ihre Tätigkeit bezahlt, sodass sie sich nicht unbedingt mit ihrer Organisation, ihrer Tätigkeit oder einem hergestellten/vertriebenen Produkt oder einem Ziel identifizieren müssen (all dies kann ihnen egal sein, solange sie bezahlt werden, das heißt, es fällt in ihre »Indifferenzzone«[171]). In Parteien ist dies anders. Die Mitglieder werden meist nicht bezahlt, und ihre Mitgliedschaft ist eng mit ihrer persönlichen Identität gekoppelt. Die Ziele der Partei sind in der Regel weltanschaulich begründet, und da sich Parteien um Ideen herum bilden, wird die Frage, welche Ideen relevant sind und wie sie realisiert werden sollen, zu einem potenziellen Konfliktthema. Je weniger die Mitglieder ihre egoistischen und priva-

170 Vgl. Simon 2007, S. 89 f.; 2022, S. 722.
171 Vgl. Barnard 1936, S. 167.

ten Interessen in der Partei verfolgen – wie meist in sozialistischen Parteien –, desto größer ist die Wahrscheinlichkeit, dass ideologische Konflikte zur Spaltung der Partei führen. – Eine »Krankheit«, an der linke Parteien seit je leiden.

Die Gründung der Sozialdemokratischen Partei Russlands spiegelt diese Dynamik exemplarisch: Zunächst hatte die Parteigründung eine integrierende Wirkung auf die sozialistische Bewegung, um sich alsbald in Fraktionen zu spalten, die sich feindlich gegenüberstanden.

In der ersten Phase nach ihrer Gründung bestand die Partei aus einem Netzwerk mehr oder weniger autonom agierender, örtlicher Gruppen und Personen. Sie organisierten sich um Führungspersönlichkeiten herum, die auch die ideologische Ausrichtung der jeweiligen Gruppe bestimmten. Die Kommunikation in diesen Gruppen war *personenorientiert*. Aus einer organisationstheoretischen Perspektive fungierten in diesen lokalen Gruppen überwiegend *Personen* als Entscheidungsprämisse. *Programme,* d. h. festgelegte Verfahrensweisen, die Routinen etablieren, gab es (noch) nicht. Auch die *formale Struktur* der Gesamtpartei ließ zu wünschen übrig. Sie funktionierte in der Frühphase der Entwicklung noch nicht, erst später entwickelte sie sich zentralistisch. Dennoch existierten Hierarchien. Sie waren aber nicht formal definiert, sondern personenorientiert, selbstorganisiert entstanden. Es waren einzelne Theoretiker und Ideologen (wie Lenin), an denen sich die lokalen Gruppen orientierten. Diese Autoritäten nahmen eine zunächst nur *informelle* hierarchische Position ein, da sie meist fern vom politischen Alltag im Exil lebten. Weltläufig, fremder Sprachen kundig und interkulturell kompetent saßen sie in Zürich oder London im Café, schrieben komplexe theoretische Abhandlungen und planten die Weltrevolution.

Im Kontrast dazu sammelten sich in den lokalen Gruppen Agitatoren wie Koba. Sie lebten in der Provinz (z. B. Georgien), waren Zeugen des konkreten Lebens der unterjochten Bevölkerung und versuchten Flammen des Widerstands gegen die Herrschaft der Zaren zu entfachen und am Lodern zu halten.

Dass regional wie im ganzen Zarenreich Personen als *Entscheidungsprämissen* in der Partei fungierten, führte zu interpersonellen Konflikten und zu Spaltungsprozessen. Dabei bestimmte die Loyalität zu jeweils einzelnen Akteuren, welche Konstellationen sich regional ergaben. Dieses Muster der Entscheidungsfindung, bei der Autoritäten im Mittelpunkt der Aufmerksamkeit standen, passte zur russischen

Kultur, in der man sich über Jahrhunderte an Personen wie den Zaren oder Popen orientiert hatte. Dass Theoretiker wichtig wurden, passte auch zur Tradition einer christlich-orthodoxen Religion, in der »heilige Texte« (wie generell in Buchreligionen[172]) bestimmten, welche Glaubensinhalte und Wirklichkeitskonstruktionen als »wahr« zu akzeptieren waren.

Der Berufsrevolutionär

Koba integrierte sich bereitwillig in die neu gegründete Sozialdemokratische Partei. Kleine Gruppen, in denen er eine Führungsposition einnehmen konnte, waren ihm vertraut. Allerdings kam es immer wieder zu persönlichen Konflikten mit älteren und renommierteren Mitgliedern. Er war weise genug und verfügte offenbar auch über eine hinreichend große Frustrationstoleranz, um sich nicht in längere Machtkämpfe mit ihnen verwickeln zu lassen. Stattdessen räumte er mehrfach das Feld und ging der Auseinandersetzung aus dem Weg. Persönliche Anerkennung fand er hinreichend in seinen Aktivitäten als Organisator von Streiks unter Eisenbahn- und Ölarbeitern. Obwohl – oder weil – er sich nicht besonders hervorgetan hatte, wurde er als georgischer Delegierter zu nationalen Parteikongressen gesandt, was er als Bestätigung erlebt haben dürfte. Dort traf er Lenin. Er war in der Lage, die Enttäuschung, die aus der realen Konfrontation mit dieser idealisierten Person resultierte, zu bewältigen. Wahrscheinlich hat ihm die Entidealisierung Lenins sogar geholfen, die Beziehung zu Lenin bzw. die Berufung auf seine Beziehung zu ihm strategisch zu nutzen. Er ging nicht in Opposition zu Lenin, sondern ganz im Gegenteil: Er zitierte ihn, wo immer es möglich war, und passte sich still – ohne Aufsehen zu erregen oder zu stören, scheinbar ohne alle eigenen Ambitionen – an die Erwartungen Lenins und der führenden Akteure der Partei an.

Iskra und die »Iskra-Männer«

Die Vordenker des Sozialismus waren zum großen Teil verbannt oder sie lebten weit verstreut in Westeuropa im Exil. Für die Verbreitung ihrer Ideen sowie die politische Entwicklung und Struktur der Sozial-

172 Goody 1986, S. 32; Simon 2022, S. 961 f.

demokratischen Partei Russlands gewannen daher generell Schriften – speziell Zeitschriften – an Bedeutung. Im Jahre 1900 wurde auf Initiative Lenins in Stuttgart von im Exil lebenden Sozialisten die Zeitschrift *Iskra* (*Der Funke*) begründet und publiziert. Ihr programmatischer Name zeugt von der mit dieser Publikation verbundenen Zielsetzung, einen politischen Flächenbrand zu entzünden.

> »Was an der ›Iskra‹ neu war und dem Blatt eine besondere Stellung in der Geschichte des Zeitungswesens zuweist, ist, dass diese Zeitschrift zugleich das Organisationszentrum für die Untergrundbewegung in Russland selber war. Das Redaktionskomitee ernannte eine Reihe von Werbeleuten und Agenten, die insgeheim das ganze Land bereisten, sich mit den örtlichen Organisationen in Verbindung setzten oder neue Gruppen dort gründeten, wo solche bislang nicht bestanden, die vor allem dafür sorgten, dass die lokalen Gruppen einen ständigen Briefverkehr mit dem Redaktionskomitee der ›Iskra‹ im Ausland unterhielten und sich nach den Ratschlägen richteten, die ihnen von daher erteilt wurden.«[173]

Auf diese Weise wurden die Herausgeber der Zeitschrift nicht nur über alles, was im Zarenreich geschah, informiert, sie fungierten auch als zentrales Steuerungsgremium für überörtliche Aktivitäten.

> »Die erste Aufgabe der ›Iskra‹ bestand darin, unter den Parteimitgliedern der verschiedenen Ortschaften diejenigen auszuwählen, die das Zeug hatten, einen Apparat zu bilden, der imstande war, den revolutionären Kampf im Landesmaßstab zu führen. […] Der hervorstechendste Zug eines ›Iskra-Mannes‹ war, dass er mit seinem Wohnort, seinem Heimatgebiet, seiner Provinz gebrochen hatte, um sich dem Aufbau der Partei zu widmen.«[174]

Es ist also kein Zufall, dass die Zeitschrift und ihr Name Identität stiftend für die Anhänger der Sozialdemokratischen Partei wurde. »Die russischen Sozialisten, die der ›Iskra‹ und der von ihr vertretenen Meinung anhingen, nannten sich *Iskrowzy*, das heißt ›Iskramänner‹. So wurde diese bescheidene Zeitschrift zum Motor der Revolution.«[175]

Nach Trotzkis Meinung fungierten die Iskra-Männer als

> »Mitglieder eines Wanderordens, der sich über die Lokalorganisationen erhob und diese als sein Tätigkeitsfeld betrachtete. Koba hatte an dieser

173 Deutscher 1946/1966, S. 59.
174 Trotzki 1940, S. 58.
175 Deutscher 1946/1966, S. 60.

> verantwortlichen Arbeit keinerlei Anteil. Er war ein Sozialdemokrat aus Tiflis, dann aus Batum, mit anderen Worten ein provinzieller Parteiarbeiter«[176].

Mit diesem Verdikt versucht Trotzki, der im Laufe der Jahre einer der schärfsten Kritiker und Gegner Stalins wurde, der offiziellen Geschichtsklitterung durch die von Stalin dominierte Partei und ihrer Hagiographie ein anderes Geschichtsbild entgegenzusetzen. Zu Recht, wenn man den meisten anderen Biografen glaubt.

Die Iskra wurde dann auch zum Ort der Spaltung der Partei in Menschewiki und Bolschewiki, das bedeutet: zwischen Reformern und Revolutionären. Auf dem Parteikongress 1903 kam es zu Streitigkeiten über die Organisationsform der Partei, speziell um die Frage, wer Mitglied werden könne. Lenins Idee war, die Partei zu einer Geheimorganisation zu machen, deren Mitglieder »Soldaten der Revolution« sein sollten.[177] Die Gegenposition war, eine Massenbewegung unter Inkaufnahme der Mitgliedschaft vieler träger Mitläufer zu schaffen. De facto wurde der Streit dann bei der Wahl für die Mitglieder des Redaktionskomitees der Iskra entschieden.

> »Wider Erwarten wurden Lenins Kandidaten gewählt; […] Die Wahl war mehr oder weniger zufällig. Einige Vertreter der ›weichen‹ Richtung waren bereits vor der Abstimmung abgereist, so dass nur zwei Drittel der ursprünglichen Delegierten ihre Stimme abgaben. Lenins Kandidaten wurden mit einer Mehrheit von nur zwei Stimmen gewählt (19 gegen 17 mit 3 Enthaltungen). Lenin bestand darauf, dass diese Abstimmung verbindlich sei, wozu er der Form nach berechtigt war. Aber die ›Minderheit‹ wollte sich nicht geschlagen geben. Seitdem bezeichnet man die Anhänger Lenins als die Männer der Mehrheit, das heißt als *Bolschewiki.*«[178]

Dies war, so schreibt Isaac Deutscher weiter, »ein Schnitt, der die Bewegung vom Kopf bis zum Fuß spaltete«.

Auch wenn Josseb Dshugaschwili kein »Iskra-Mann« war, so bezog er doch Ideen und Argumentationshilfen von ihren Artikeln. Und er war sich offenbar schon früh über die Bedeutung von Zeitschriften für die politische Agitation bewusst. Gogochia, sein Seminarkollege, berichtet, Dshugaschwili »sei ›Gründer und Herausgeber‹ einer

176 Trotzki 1940, S. 58 f.
177 Deutscher 1946/1966, S. 82.
178 Ebd., S. 84.

handgeschriebenen Zeitschrift in georgischer Sprache gewesen, die zweimal monatlich erschien und von Hand zu Hand ging«[179]. Die Reichweite seiner als Seminarist veranstalteten Gruppen mit Arbeitern in Tiflis war ihm zu begrenzt. So war es nur logisch, dass er sich schon damals an der Beschaffung einer Druckmaschine beteiligte, um die zaristische Zensur zu umgehen.

Im Laufe seiner vorrevolutionären Karriere und für seinen Aufstieg zur Macht spielten Zeitschriften dann eine zentrale Rolle. Er war an der Gründung oder Herausgabe einer Zahl solcher Druckwerke beteiligt. Sie hießen *Bakinskij Proletarij* (*Der Proletarier von Baku*), *Swjesda (Der Stern), Brdzola (Der Kampf),* um nur einige zu nennen. Er publizierte aber auch in anderen der vielen aus dem Boden schießenden Blätter.

Bis 1907 hatte Dshugaschwili nur auf Georgisch publiziert. Das hatte ihm zwar regional eine gewisse Reputation verschafft, aber erst als er im Gefolge des Parteitags 1907 in London begann auf Russisch zu publizieren, wurde er auch unter russischsprachigen Mitgliedern der Partei bekannter.[180]

Trotzki datiert den Beginn seines Aufstiegs in der Partei auf 1912. Einem Parteitagsbeschluss in Prag gemäß sollte aus der *Swjesda* eine legale Zeitschrift mit dem Namen *Prawda (Die Wahrheit)* gemacht werden. An ihrer Konzeptualisierung war Dshugaschwili beteiligt.[181]

> »Kobas Übergang von der provinziellen zur nationalen Arena fällt mit dem neuen Aufschwung der Arbeiterbewegung und der verhältnismäßig weiten Ausbreitung der Arbeiterpressen zusammen. Unter dem Druck der Untergrundbewegung hatten die zaristischen Behörden ihre Selbstsicherheit verloren. Die Hand des Zensors wurde schwächer. Die legalen Möglichkeiten wurden größer. Der Bolschewismus trat zuerst mit einem Wochenblatt, dann mit einer Tageszeitung an die Öffentlichkeit. Mit einem Male wuchsen die Möglichkeiten, die Arbeiter zu beeinflussen. Die Partei blieb weiterhin in der Illegalität, aber die Redaktionen ihrer Zeitungen wurden zugleich die legalen Generalstäbe der Revolution. Der Name der Petersburger ›Prawda‹ gab einer ganzen Periode der Arbeiterbewegung ihre Färbung, indem die Bolschewiki die ›Prawdisten‹ genannt zu werden begannen.«[182]

179 Trotzki 1940, S. 33.
180 Altrichter 2018, S. 52 f.
181 Ebd., S. 63.
182 Trotzki 1940, S. 179.

Koba wurde im Oktober 1912 Chefredakteur der *Prawda*. Dort versuchte er, einen Kurs zu steuern, der die Balance zwischen Menschewiki und Bolschewiki wahrte (zum Leidwesen Lenins)[183]. Da er in dieser Funktion faktischer Führer der Partei war (für drei Wochen, bis Lenin selbst diese Rolle übernahm) und »einen goldenen Mittelweg suchte, erschien er beiden Gruppen der Partei mehr oder weniger annehmbar«[184].

Stalin selbst sah zurückblickend in der Publikation der *Prawda* einen der wichtigsten Schritte zur Oktoberrevolution: »Die Prawda von 1912 hat den Grundstein für den bolschewistischen Sieg von 1917 gelegt.«[185]

Dshugaschwili war aber nicht der Einzige, der sich durch seine Publikationstätigkeit profilierte. Lenin war zweifellos die Person, die ihren Ruf am deutlichsten durch ihre originellen theoretischen Erörterungen begründete. Aber auch Trotzki war ein eifriger Schreiber. Bei ihm kam noch hinzu, dass er auch ein mitreißender Redner war, was von Dshugaschwili nicht gesagt werden konnte.

Auf Anregung Lenins versuchte Dshugaschwili sich auch als Theoretiker zu beweisen, indem er eine Abhandlung über das Nationalitätenproblem verfasste. Sie wurde 1913 in der Zeitschrift *Prosweschtschenie (Die Aufklärung)* veröffentlicht.[186] Es blieb die einzige theoretisch relevante Arbeit, und dies wurde sie auch nur, weil Lenin sie großzügig lektorierte und überarbeitete.[187]

Medien, Propaganda und Agitation sollten später auch für den an die Macht gelangten Stalin eine zentrale Rolle spielen. Die Basis dafür legte er aber in den 20 Jahren zuvor.

Die Strukturierung der Partei

Verbreitungsmedien – das waren neben Flugblättern u. Ä. in der Zeit vor der Erfindung des Rundfunks in erster Linie Zeitschriften – gewannen eine zentrale Funktion für Organisation und Entwicklung der Sozialdemokratischen Partei im Zarenreich. Das ist aus einer systemtheoretischen Perspektive nicht verwunderlich, wenn man davon ausgeht, dass soziale Systeme Kommunikationssysteme sind.[188] Die

183 Vgl. Altrichter 2018, S. 64.
184 Deutscher 1946/1966, S. 181.
185 Zit. n. Trotzki 1940, S. 179.
186 Altrichter 2018, S. 66.
187 Trotzki 1940, S. 201 f.
188 Luhmann 1984, S. 192 ff.

verfügbaren Medien der Kommunikation legen fest, wer mit wem in Kontakt kommt, welche Verbindungen geknüpft und welche Inhalte fokussiert werden. Es werden Ideen und Ideologien geteilt, Diskussionen angestoßen, Verbindungen und Bindungen zwischen den (potenziellen) Mitgliedern bzw. ihren lokalen Gruppen sowie einem breiteren Publikum hergestellt und gesichert.

Im Falle der Iskra ging es aber nicht nur um Propaganda und die Verbreitung revolutionären Gedankenguts in einer größeren Öffentlichkeit, sondern auch um das Zentrum einer im Aufbau befindlichen Parteiorganisation. Die Iskra fungierte als Kommunikationskanal zwischen der Zentrale im Exil (d. h. Theoretikern wie Lenin), welche die Zeitschrift herausgaben, und den Parteimitgliedern im Land. Damit bildete die Iskra einen essenziellen Kommunikationskanal, der nicht nur eine organisatorische Struktur für den Aufbau der Partei zur Verfügung stellte, sondern sie konnte auch inhaltlich die ideologische Abstimmung der Parteimitglieder sichern oder zumindest fördern. Außerdem sorgte sie für die kollektive Koordination der politischen Programme, die das Handeln der Mitglieder leiteten. Durch all dies war sie, wie auch alle anderen Parteizeitungen, für ihre Leser Identität stiftend. Sie konnten sich als zugehörig zu einer spezifischen ideologischen Gemeinschaft erleben.

Strategisches Publizieren

Die Tatsache, dass sich Stalin – beginnend als der Seminarist Koba – an der Gründung und Herausgabe einer Vielzahl von Zeitschriften beteiligte, ist ein Hinweis darauf, dass er sich früh und wahrscheinlich in stärkerem Maße als die anderen Genossen in Führungspositionen der Wichtigkeit der Verfügung über die Medien bewusst war und sich ihrer auch zielorientiert zu bedienen wusste.

Als er vorübergehend der Chefredakteur der *Prawda* wurde, war er sorgsam darauf bedacht, dass die Zeitschrift für keine der beiden im Konflikt liegenden Fraktionen – Menschewiki vs. Bolschewiki – Partei nahm. Dies kann als eine opportunistische Strategie verstanden werden, bei der man (hier: Stalin) sich so lange neutral zeigt, bis der Konflikt entschieden ist oder sich zumindest eine Tendenz zeigt, wer »gewinnen« wird. Auf diese Weise konnte Dshugaschwili verhindern, sich eine der Fraktionen nachhaltig zum Feind zu machen. Das war ihm offenbar wichtig, schon weil er selbst extrem nachtragend war.

Für wie wichtig Stalin auch später noch, als er die totale Macht erlangt hatte, die Funktion von Publikationen hielt, zeigt sich daran, dass er z. B. im Jahr 1936 neun Zeitungen und Periodika russischer Emigranten aus Paris, Prag und New York abonniert hatte.[189] Es ist anzunehmen, dass er sich auf dem Laufenden halten wollte, was die Opposition im Exil über die Situation in der Sowjetunion dachte und im Sinn hatte.

Verbannungen / Gefängnis

Im Jahre 1900 wurde Dshugaschwili zum ersten Mal verhaftet. Die offiziellen Gründe sind nicht überliefert. Sein Aufenthalt in der Verbannung kann nicht sehr lang gewesen sein, denn als die Polizei 1901 nach ihm suchte, verschwand er von der Bühne und ging wieder in den Untergrund. 1902 wurde er erneut verhaftet und zunächst in Baku ins Gefängnis geworfen. Schließlich wurde er verbannt. So ging es mehrfach weiter. Der Aufenthalt in Gefängnissen und/oder der Verbannung war in den Jahren vor der Oktoberrevolution 1917 ein elementarer Bestandteil seines Lebens. Insgesamt, so berichtet er später, sei »er siebenmal verhaftet, sechsmal verbannt worden, und fünfmal sei ihm die Flucht gelungen. Insgesamt habe er sieben Jahre im Gefängnis zugebracht«[190].

Einige Autoren diskutieren die nicht verstummenden Gerüchte, Stalin sei im Dienste der Ochrana, der zaristischen Geheimpolizei, tätig gewesen und habe Spitzeldienste geleistet. Tucker, der diese Literatur sorgfältig gesichtet hat, fasst sie zu folgenden zwei Fragen zusammen:

1. Hat sich Stalin auf vorübergehende Vereinbarungen mit der Polizei eingelassen, weil es aktuell zu seinem Vorteil war?
2. Ist er richtiger Polizeiagent geworden?

Die erste Frage meint Tucker aufgrund aller vorliegenden Indizien (Beweise gibt es nicht) bejahen zu können, die zweite muss wohl verneint werden.[191]

Auch die Tatsache, dass Dshugaschwili häufig verhaftet und schließlich mehrfach verbannt wurde, spricht gegen die Hypothese,

189 Vgl. Laqueur 1990, S. 203.
190 Altrichter 2018, S. 38.
191 Vgl. Tucker 1973, S. 108–114.

er sei Ochrana-Agent gewesen. Die Verbannung war zur Zarenzeit nicht mit den späteren stalinistischen Gulags zu vergleichen:

> »Die zaristischen Behörden versorgten die Verbannten mit dem Nötigsten; in den zugewiesenen Städtchen oder Flecken konnten sie frei leben. Man konnte auch entfliehen, musste dann manchmal in der Illegalität leben. Dennoch war das Leben eines einfachen Agitators wesentlich bequemer als das Leben der Führer.«[192]

Die Verbannten konnten Kontakte miteinander pflegen, manchmal wurden sie sogar gemäß Parteizugehörigkeit zusammen untergebracht. Sie waren in ihrer Handlungsfreiheit nur räumlich beschränkt, und im Prinzip finanzierte der zaristische Staat die Leute, die ihn durch eine Revolution zu beseitigen suchten.

Dshugaschwili nutzte die ersten Verbannungen zum Studium marxistischer Texte, um so sein Theoriedefizit auszugleichen. Die Verbannung wurde für ihn zu einer Art Studienaufenthalt, zumal er die Fragen, die sich für ihn aus der Lektüre ergaben, mit ebenfalls verbannten Gesinnungsgenossen diskutieren konnte. Er verwendete die Verbannung anfangs auch darauf, einige längere Artikel zu schreiben. Das war ihm auch deswegen möglich, weil er zwangsweise der aktiven Parteiarbeit enthoben war.

Mit den Jahren und der Zahl seiner Verbannungen nahm Dshugaschwilis Elan bei der Theoriearbeit ab. Er schrieb auch immer weniger, und in seinem (in späteren Jahren) herausgegebenem Gesamtwerk nehmen die Publikationen, die während der Verbannung entstanden, nur wenig Raum ein.

Fünfmal ist er aus der Verbannung geflohen, was nicht sonderlich schwierig war, da er ja nicht in Lagern untergebracht war, sondern lediglich an weit entfernten und wenig besiedelten Orten des riesigen Reichs. Nach diesen Fluchten nahm er im Untergrund jeweils wieder die Parteiarbeit auf, die er auch vorher schon vollzogen hatte. Lediglich die Decknamen, unter denen er das tat, wechselten.

Eine Ausnahme bildet die letzte Verbannung während der Jahre 1913 bis 1917 im Dorf Monastyskoe im Turukhansk-Territorium. Nachdem seine Fluchtpläne bekannt geworden waren, wurde er zusammen mit seinem Genossen Jakow Michailowitsch Swerdlow in ein Dorf nördlich des Polarkreises verbannt. Von dort floh er nicht. Aber er

---

192 Baschanow 1977, S. 123; vgl. dazu auch Schmidt 2019, S. 68.

nutzte die Zeit auch nicht schriftstellerisch. Er wurde immer passiver, ging bestenfalls angeln und jagen, was an seine Begeisterung für die Natur in seiner Kindheit anschloss. Von manchen Autoren wird diese Zeit als Phase der psychischen Krise, der Ungewissheit über die Sinnhaftigkeit des bisherigen Tuns, ja, als depressiver Zustand gedeutet:

> »Die literarische und gesellschaftliche Passivität während dieser langen Jahre zeugen von einer Depression des Verbannten. Im Verlauf der letzten vier Jahre vor der Revolution hat Stalin nicht einmal den Versuch gemacht, irgendetwas Ernsthaftes zu schreiben, obwohl ihm eine umfangreiche Bibliothek und viel Zeit zur Verfügung standen. Im Übrigen hatte Stalin auch zuvor schon ein ähnliches Verhalten an den Tag gelegt: in den Jahren 1908 und 1909, als er nach Solwytschegodsk in die Verbannung geschickt worden war. Wahrscheinlich versetzte ihn die weitgehende Isolation von den revolutionären Zentren in einen Zustand der Passivität, dem er nur durch Flucht entkommen konnte.«[193]

Dass er in den Jahren vor der Revolution in solch einen Zustand geraten war, mag man als Hinweis darauf deuten, dass er die Chancen für eine Revolution nur mehr gering eingeschätzt hat. Vielleicht hatte er sich in dieser letzten Phase seiner Verbannungskarriere aber auch lediglich mit einer mehr oder weniger bürgerlichen Lebensweise arrangiert und (wenn auch rückblickend nur vorübergehend) ins Privatleben zurückgezogen – finanziert vom Staat, der für seinen Lebensunterhalt aufkam. Wahrscheinlicher aber erscheint, dass es objektiv schwieriger war, aus Kureika, dem Ort der Verbannung nördlich des Polarkreises, zu fliehen, und er außerdem so dem Krieg, der in Europa wütete, entkommen konnte.

Das Institut der Verbannung hatte im Zarenreich eine Jahrhunderte alte Tradition. Ein verbanntes Individuum wurde zwangsweise ins Exil im eigenen Land geschickt. Damit war es aus dem normalen Leben der Durchschnittsbürger ausgegrenzt. Für politische Gefangene bedeutete dies vor allem, dass ihre politische Arbeit und Agitation verhindert wurde. Das galt für Gefängnisstrafen wie für die Verbannung in ferne Gegenden des zaristischen Imperiums. Es war so riesig, und die Orte, an denen die Verbannten sich aufzuhalten hatten, waren so weit von den politischen Zentren Petersburg und Moskau entfernt,

193 Wolkogonow 1989, S. 34.

dass die Risiken ihrer Aktivitäten für die Regierung und den Status quo als minimal angesehen wurden.

Daher konnten sich die Verbannten auch frei bewegen, versammeln, ein ungestörtes und hinreichend behagliches Leben führen. Die Verbannung hatte offenbar nicht primär den Zweck der Bestrafung eines Individuums, sondern dessen Neutralisierung auf politischer Ebene.

Diese Funktion konnte die Verbannung von politischen Gegnern aber nur in territorial großen Ländern – in der Regel Kolonialreichen – erfüllen. In ihnen diente die Verbannung auch der Besiedlung der Kolonien, d. h. im Zarenreich: der Russifizierung.

Autodidakt und subdepressiver Müßiggänger

Verbannt an Orte am Ende der Welt war Dshugaschwili / Koba aus dem politischen Spiel genommen. Er nutzte die Zeit nicht nur, um sich weiterzubilden, sondern er konnte mit den ebenfalls verbannten Genossen auch Pläne für politische Aktionen entwickeln. Dies war nicht an allen Orten im gleichen Maße der Fall, aber wenn es die Möglichkeit gab, dann nutzte Koba sie meist. Allerdings ließ seine Aktivität mit der Zeit nach, sodass er sich in seiner letzten Verbannung vor der Revolution am wenigsten politisch engagierte.

Einer der positiven Aspekte der Verbannung im Vergleich zu jeder Gefängnisstrafe war, dass der Verbannte de facto selbst entscheiden konnte, wann er seinen Aufenthalt in Sibirien (oder wo immer er sich gerade zwangsweise aufzuhalten hatte) beendet. Die Flucht war einfach, da die individuelle Bewegungsfreiheit nicht physisch eingeschränkt war. Dies hat Dshugaschwili denn auch oft genug getan und sich wieder in die politische Arena begeben.

Ausnahme war auch in der Hinsicht die letzte Verbannung, die erst endete, als die Situation reif für die Revolution erschien und eine Amnestie ausgesprochen worden war. Mit Swerdlow in den hohen Norden nach Kureika verbannt, musste er sich mit ihm zunächst ein Zimmer teilen. Interessant, was der über das Zusammenleben berichtet:

> »Ich bin viel schlechter dran am neuen Ort. Allein die Tatsache, dass ich nicht allein in einem Raum wohne. Wir sind zu zweit. Mit mir zusammen wohnt der Georgier, Djugashvili, ein alter Bekannter, den ich schon aus einem anderen Exil kenne. Ein guter Kerl, aber im all-

> täglichen Leben zu individualistisch. Ich selbst hingegen glaube an ein Mindestmaß an Ordnung. Das macht mich manchmal nervös. Aber es ist nicht so wichtig.«[194]

Koba, der Individualist, ein Einzelgänger; für einen Kommunisten eine interessante Charakterisierung. Es ist auch nicht anzunehmen, dass er sein Herz auf der Zunge trug, sondern er dürfte seine Gedanken und Gefühle eher für sich behalten haben.

Die beiden bekamen bald getrennte Quartiere und hatten nicht mehr viel Kontakt zueinander, bis sie dann zurück nach Petersburg fuhren, um sich an den aufflammenden revolutionären Aktivitäten zu beteiligen.

Doch davor hatte Koba das Leben in der Verbannung ruhig angehen lassen: Jagd und Angeln. Auch die persönlichen Beziehungen schienen hinreichend befriedigend. Er hatte eine quasi eheliche Beziehung zu (mindestens) einer jungen Frau, aber dies ist ein Thema, über das in der offiziellen sowjetischen Geschichtsschreibung nur wenig zu erfahren ist.

Kobas Privatleben

Als Berufsrevolutionär, der im Untergrund lebte, hatte man wenig Chancen, ein bürgerliches Privatleben zu führen. Dementsprechend waren in dieser Zeit die Beziehungen Jossebs zu Frauen meist kurzlebig. Da die kremloffizielle Geschichtsschreibung stets versucht hat, das öffentliche Bild Stalins zu kontrollieren, ist über seine Beziehungen zu Frauen nur wenig bekannt. Die Gerüchte über seine Entlassung aus dem Priesterseminar aufgrund der Geburt eines unehelichen Kindes sind widersprüchlich. Über die Mutter dieses hypothetischen Kindes ist auch nichts bekannt, das heißt, es gibt nicht einmal Gerüchte.

Anders sieht es aus bei Stalins »großer Liebe«, genannt Kato (Jekaterina Swanidse, georgisch: Ketewan). Er hatte sie – als Revolutionär im Untergrund – im Haus ihres Vaters kennengelernt, als der ihm Unterschlupf gewährte. Sie leitete mit ihrer Schwester ein Modeatelier in Tiflis.[195] Die beiden wurden im Juni 1904 heimlich (einige Autoren schreiben: nachts) in der Kirche des heiligen David in Tiflis getraut. Josseb war 25 Jahre alt, Kato vier Jahre jünger.

---

194 Tucker 1973, S. 158 (Übers. v. F. B. S.).
195 Vgl. Altrichter 2018, S. 58.

Als die zaristische Geheimpolizei Ochrana von dieser Verbindung erfuhr, wurde Kato – im vierten oder fünften Monat schwanger – verhaftet. Doch aufgrund der guten Beziehungen der Familie wurde sie wieder freigelassen.[196]

Iremaschweli, Kobas Jugendfreund, schreibt ca. 30 Jahre später (nun sicher kein Freund mehr) über diese Ehe:

> »[...] seinen eigenen Auslassungen nach war die Ehe glücklich. Gewiss, von der Gleichberechtigung der Geschlechter, die er als die Grundform der Ehe im neuen Staat propagierte, war in seinem eigenen Heim nichts zu spüren. Entsprach es doch seinem Charakter überhaupt nicht, irgendeine andere Person als gleichberechtigt anzusehen. Die Ehe war glücklich, weil seine Ehefrau, deren Intelligenz an die seine nicht heranreichte, ihn als eine Art Halbgott betrachtete, und weil sie als Georgierin in der geheiligten Tradition aufgewachsen war, die das Weib zum Dienen verpflichtet.«[197]

Trotzki fügt diesem Zitat kritisch hinzu:

> »Iremaschweli selbst, obwohl er sich für einen Sozialdemokraten hält, bekennt sich mit fast religiöser Ehrfurcht zu dieser Tradition, die aus der georgischen Frau im Grunde eine Familiensklavin macht. Er verleiht der Frau Kobas dieselben Züge, die er seinerzeit der Mutter Keke zugeschrieben hatte.«[198]

Die Ehe war nur relativ kurz, denn nach dem gemeinsamen Umzug nach Baku erkrankte Kato.

> »Die Familie drängte, sie nach Tiflis zurückzubringen. Koba stimmte schließlich zu. Kato starb am 5. Dezember 1907, als Todesursachen werden Typhus, Fleckfieber oder Tuberkulose genannt. Sosehr Koba sie zuvor über seine politische Arbeit vernachlässigt haben mochte, ihr Tod traf ihn tief. Man erzählte, er habe sich in seiner Verzweiflung zu ihr ins Grab stürzen wollen. Mit ihr, so sagte er später selbst, sei alles Menschliche in ihm erloschen.«[199]

Soweit sich Stalins Biografen überhaupt mit seinen Partnerinnen beschäftigt haben (was nur selten der Fall war), so sind sie sich über die emotionale Bedeutung seiner Beziehung zu Kato als »das einzige

196 Vgl. ebd., S. 58 f.
197 Zit. n. Trotzki 1940, S. 115.
198 Trotzki 1940, S. 115.
199 Altrichter 2018, S. 59.

Geschöpf, das er wahrscheinlich aufrichtig liebte«, einig. »Auf einer Fotografie, die die Beerdigung seiner Frau festhält, steht Stalin am Kopfende des Grabes, mit wirrem Haar, mager und klein, tiefe Trauer im Gesicht.«[200]

Und in einer neueren Biografie wird eine nahe Bekannte Dshugaschwilis aus der Verbannung in Wologda, zu der er eine vertrauensvolle Beziehung hatte, zitiert. Er habe ihr auch von seiner verstorbenen Frau berichtet:

> »Er erzählte mir, wie sehr er sie geliebt hatte und wie hart es für ihn war, sie zu verlieren. ›Ich war so überwältigt von Trauer‹, erzählte er mir, ›dass meine Genossen mir meine Pistole weggenommen haben …‹ […]«[201]

Kato hinterließ einen zwei Monate alten Sohn, Jakow, der von ihrer Schwester aufgezogen wurde: Stalin holte ihn, nachdem er sich im Untergrund nicht groß um ihn gekümmert hatte, 1920 zu sich in den Kreml.[202]

In der Folge hatte Dshugaschwili/Koba dann diverse Affären in der Verbannung, die – der Dauer der jeweiligen Verbannung gemäß – meist von eher kürzerer Dauer waren. Als er 1910 erneut verbannt werden sollte, machte er eine Eingabe mit dem Ansuchen, nicht wieder in die Verbannung geschickt zu werden – wegen seiner Lungenprobleme und um eine Frau, die aus der Verbannung zu ihm gekommen war (Stefanie Petrowskaja), heiraten zu können. Die Bitte fand kein Gehör.[203] Zu einer Mit-Verbannten (Serafina Choroschenina) hatte er danach eine »flüchtige Beziehung«, die dadurch beendet wurde, dass sie in ein anderes Lager verlegt wurde. Kurz war auch die Beziehung

> »zu seiner Hauswirtin (Maria Kusakowa), einer jungen Witwe, die ihren Mann im Russisch-Japanischen Krieg verloren hatte und Ende 1911 einen Sohn (Konstatin) gebar; dann hatte er eine Beziehung zu einer siebzehnjährigen Gymnasiastin (Pelgija Onufrijewa), die eigentlich eine Affäre mit seinem Mitverbannten Pjotr Tschischikow hatte, die dieser aber nun mit Koba ›teilte‹«[204].

200 Wolkogonow 1989, S. 27.
201 Suny 2020, S. 466 (Übers. v. F. B. S.).
202 Altrichter 2018, S. 113.
203 Ebd., S. 60.
204 Ebd., S. 61.

Einige Zeit später, zurück aus der Verbannung, fand er in Petersburg »bei einer Parteifreundin eine Unterkunft (Tatjana Slawatinskaja, 33-jährig, auch mit ihr hatte er eine flüchtige Affäre)«[205].

Während seiner letzten, vier Jahre dauernden, erst durch die Februarrevolution 1917 beendeten Verbannung verbrachte er – wie bereits erwähnt – die Zeit überwiegend mit Jagen und Fischen, wovon er später gern erzählte.

> »Wovon er nicht erzählte, war die Liebesbeziehung zu einer Dreizehnjährigen (Lidia Pereprygina), aus der vermutlich zwei uneheliche Kinder hervorgingen, von denen eines noch als Säugling verstarb.«[206]

Über die Zahl der Kinder, die er in der letzten Verbannung mit Lidia zeugte, gehen allerdings die Angaben auseinander. Payne erwähnt nur ein Kind.[207]

Obwohl Dshugaschwili gelobt hatte, Lidia zu heiraten, wenn sie volljährig wäre, konnte er vor diesem Zeitpunkt die Verbannung verlassen, und er kam nie zurück. Lidia heiratete einen Bauern aus der Gegend, der dann auch den überlebenden Sohn Alexander adoptierte. Stalin hat ihn und seine Mutter nie finanziell oder anderweitig unterstützt.[208]

Merkmale der Paarbeziehungen Kobas

Aufgrund der nur wenigen Daten ist es schwer, Aussagen über die Spielregeln von Partnerschaften und Familie des jungen Berufsrevolutionärs zu machen. Am wahrscheinlichsten ist, dass auch im Falle Kobas und seiner Partnerinnen die Muster der Paarbeziehungen bzw. die normalen/normativen Familienstrukturen Georgiens zur Zarenzeit als kultureller Kontext leitend waren.

Der junge Dshugaschwili war offensichtlich trotz seiner körperlichen Einschränkungen (Pockennarben, Bewegungseinschränkungen des linken Arms, die zusammengewachsenen Zehen waren wahrscheinlich weder gleich sichtbar, noch ein Handicap) hinreichend attraktiv, um einer Vielzahl von Frauen zu gefallen, sodass sie sich auf außereheliche Affären mit ihm einließen. Mehr war in der Bezie-

205 Ebd., S. 63.
206 Ebd., S. 69.
207 Payne 1965, S. 132.
208 Vgl. Suny 2020, S. 560.

hung zu einem ständig von der Polizei gesuchten und auf der Flucht befindlichen Revolutionär nicht zu erwarten.

Auffallend ist, dass alle Frauen, zu denen er nach Kato eine Beziehung hatte, sehr jung waren, manche nur halb so alt wie er, also in einigen Fällen Kinder oder Jugendliche. Bei der Bewertung muss der Kontext in Rechnung gestellt werden, dass dies wahrscheinlich dem gesellschaftlichen Muster in Georgien, in dem Dshugaschwili aufwuchs, entsprach. Auch die Beziehung zu seiner ersten Frau wird als asymmetrisch beschrieben. Der Mann war der Große, Starke, die Frau die Kleine, Schwache. Das Gefälle ergab sich in der ersten Ehe nicht so sehr durch den Altersunterschied, sondern eher durch das unterschiedliche Bildungsniveau.

Wenn Dshugaschwili Frauen mit unehelichen Kindern zurückließ (wofür es viele Indizien gibt, aber keine handfesten Beweise), wäre dies aus psychologischer Sicht interessant. Es ist aber schwer, dies aus der zeitlichen und kulturellen Entfernung des westlichen Beobachters heute angemessen zu bewerten. Schließlich waren uneheliche Kinder ja keine Seltenheit in einer Zeit, als es noch keine Anti-Baby-Pillen o. Ä. gab und in den oberen Schichten des Landes illegitime Kinder keine Seltenheit waren. Auch sie konnten – da illegitim – nur begrenzt die Fürsorge ihrer Väter genießen. Hätte Dshugaschwili sich um sie gekümmert, wäre es ein Hinweis auf sein Verantwortungsgefühl für die Folgen seines Handelns gewesen. Auch für seine Vorstellungen von Paarbeziehung und den Rollen von Mann und Frau wäre dies signifikant gewesen. Verhaltensweisen, die für Kobas Gefühle väterlicher oder partnerschaftlicher Fürsorge und Verantwortung sprechen, sind aber, wenn man den Biografen Glauben schenken darf, nicht bekannt.

Auf jeden Fall scheint Stalin kein Problem damit gehabt zu haben, seine – wahrscheinlich ja vorhandenen – sexuellen Bedürfnisse zu befriedigen, auch in der Verbannung.

Dass ein Leben im Untergrund andere Muster von Paarbeziehung zur Folge hat als ein sesshaftes, kleinbürgerliches Leben, ist kaum zu vermeiden. Es ist eher auf die Nutzung des Augenblicks ausgerichtet, langfristige Planungen und Verpflichtungen verbieten sich. Das dürfte aber allen Frauen, die sich mit Koba Dshugaschwili eingelassen haben, bewusst gewesen sein, denn meist stammten sie aus seinem politischen Umfeld.

Wahrscheinlich war es aber tatsächlich so, wie Stalin zur Wirkung des Todes seiner ersten Frau anmerkte: Vieles (wenn auch wahrscheinlich ja nicht alles) Menschliche in ihm war erloschen. An die Stelle des Menschlichen trat eine emotionsfreie Zweckrationalität, die als »unbarmherzig« bewertet werden kann. Psychodynamisch heißt dies, dass er alle empathischen, mitfühlenden, »barmherzigen«, den persönlichen Zwecken, die er verfolgte, zuwiderlaufenden und behindernden Regungen abspaltete und aus seiner Wahrnehmung ausblendete, sodass sie keinen Einfluss auf seine bewussten Entscheidungen und sein Handeln nehmen konnten.

Kobas Überlebensstrategien

Die Zeit zwischen dem Verlassen des Seminars und den Revolutionen 1917 kann als intensive politische Lernphase Dshugaschwilis verstanden werden. Damit ist nicht nur gemeint, dass er sich theoretisch weiterbildete und etwa eine ausgiebige Marxlektüre betrieb, sondern dass er auch Strategien der Positionierung in Konflikten entwickelte, die ihm das Überleben im Zarenreich wie auch den Aufstieg in der Sozialdemokratischen Partei ermöglichten.

Was die marxistische Theorie und seine Beiträge zu ihrer Entwicklung angeht, so waren sie dürftig bzw., wenn man Trotzki folgt, nicht existent. Denn die Theoriearbeit wurde im Exil geleistet:

> »In den mühseligen und zermürbenden Kämpfen der Emigrantengruppen sind die leitenden Ideen der Revolution von 1917 herausgearbeitet worden. An dieser Arbeit hat Koba nicht den geringsten Anteil gehabt.«[209]

Koba gehörte zu den »Praktikern«, die die »Theoretiker« verachteten, auch wenn er das nicht offen zeigte, sondern nur verdeckt und implizit in seinen Artikeln andeutete. Was seine praktischen Strategien in der Auseinandersetzung mit anderen betrifft, so verweist Trotzki auf den Bericht eines Mitgefangenen, des Sozialrevolutionärs Wereschtschak, der mit Koba 1909/1910 mehrere Monate ganz eng im Gefängnis in Baku zusammenlebte. Dieses Gefängnis war so etwas wie ein Labor, in dem die Überlebensstrategien jedes Einzelnen getestet wurden – ein Ort,

> »wo der Mensch, ob er will oder nicht, auf die Sitten und Gewohnheiten einer zivilisierten Existenz verzichten muss. Für 400 Mann bestimmt, zählte dieses Bakuer Gefängnis damals über 1500 Insassen. Die Gefangenen schliefen in überfüllten Zellen, auf den Gängen, auf den Treppen-

209 Trotzki 1940, S. 151.

> stufen. Unter solchen Bedingungen war es niemandem möglich sich zu isolieren. Alle Türen, mit Ausnahme der Strafzellen, standen offen«[210].

Dieses Umfeld erlaubt eine Beschreibung und Mikroanalyse der Verhaltensstrategien eines Menschen in konfliktträchtigen Situationen. Eine solche Analyse lieferte Wereschtschak von Stalin. Allerdings muss auch hier angemerkt werden, dass er seine Darstellung erst formulierte, als Stalin an der Macht war und er selbst sich im Exil aufhielt.

> »Koba war ein äußerst einseitiger Mensch [...] Er hatte keine allgemeinen Prinzipien und keine entsprechende gründliche Erziehung. Seiner eigentlichen Art nach ist er immer ein roher, ungebildeter Mensch gewesen; das alles war mit einer ganz besonders hoch entwickelten Verschlagenheit verbunden, hinter der auch der aufmerksamste Beobachter nicht sogleich die anderen versteckten Züge entdecken konnte.«[211]

Trotzki erscheint an Wereschtschaks Bericht besonders bemerkenswert, dass Koba nicht ein einziges Mal aus dem Gleichgewicht geraten sei, auch nicht als im Gefängnis ein grausames Spiel gespielt wurde, das darin bestand, einen Häftling mit allen nur denkbaren Mitteln in Wut zu versetzen. Er zeigte sich auch ungerührt, wenn man das Weinen der zum Tode verurteilten Mitgefangenen hörte, die bis zu ihrer Hinrichtung unter allen anderen weilten. Wenn sie in den Hof geführt wurden, um dort gehängt zu werden, schenkte Koba ihnen keine Aufmerksamkeit und lernte stattdessen Esperanto. Trotzki kommentiert dies:

> »Es wäre absurd zu denken, dass die Hinrichtungen Koba gleichgültig ließen. Aber er hatte starke Nerven. Er empfand nicht nach, was andere fühlten. Allein solche Nerven waren schon ein großes Kapital.«[212]

Wereschtschak beschreibt noch einen weiteren charakteristischen Aspekt des Verhaltens Kobas, der es ihm nach Trotzkis Meinung ermöglichte, lange der öffentlichen Wahrnehmung zu entgehen – was im Untergrund überlebenssichernd sein kann: »Das war seine Fähigkeit, andere vorzuschicken und selbst in der hinteren Linie zu bleiben.«[213]

Charakteristisch für Stalins Verhalten in der Zeit vor den Revolutionen von 1917 ist eine Überlebensstrategie, die Wereschtschak folgendermaßen beschreibt:

---

210 Ebd., S. 154.
211 Wereschtschak zit. n. Trotzki 1940, S. 154 f.
212 Trotzki 1940, S. 155.
213 Ebd., S. 158.

> »Diese Fähigkeit, sein Ziel mit Hilfe anderer zu erreichen und dabei selbst völlig unbemerkt zu bleiben, hat aus Koba einen verschlagenen Intriganten gemacht, der vor keinem Mittel zurückschreckt und der sich jeder öffentlichen Rechenschaft und aller Verantwortung entzieht.«[214]

Wenn man, was berechtigt erscheint, eine überfüllte Gefängniszelle als Labor betrachtet, um die Überlebensstrategien eines Individuums als Mitglied eines sozialen Systems zu studieren, so lässt sich bei Dshugaschwili ein charakteristisches Muster beschreiben:

Er geht in eine Randposition und hält sich aus Konflikten und Kontroversen zwischen seinen Mitgefangenen heraus. Dabei gibt er seine eigenen Ziele keineswegs auf, das heißt, er ist nicht neutral, aber er wird nicht Kombattant. Stattdessen »schickt« er andere Leute in den Kampf für seine Ziele. Um mit solch einer Strategie erfolgreich zu sein, bedarf es eines guten Gespürs für die Verführbarkeiten anderer Menschen. Man kann dies auch als hohe psychologische und soziale Kompetenz bezeichnen.

Dieses Muster, sich aus offenen Konflikten herauszuhalten und stattdessen im Hintergrund zu agieren und zu intrigieren, hat ihm im Laufe seiner Karriere dann auch weiter gute Dienste geleistet.

Selbstkontrolle

Das Verhalten Kobas/Stalins in der Enge des Gefängnisses zeugt von seiner Fähigkeit, seine Gefühle bzw. Handlungsimpulse (das ist zwar nicht dasselbe, aber aufgrund des Verhaltens nicht zu unterscheiden) unter Kontrolle zu halten oder auch abzuspalten. In solch dichten sozialen Situationen werden an den Einzelnen »Einladungen« zu spezifischen Interaktionen bzw. Interaktionsmustern gesandt. Die meisten Menschen werden z. B. auf Provokationen, durch die ihr Selbstwert infrage gestellt wird (wie etwa Beleidigungen), im Affekt – also spontan und schnell – reagieren. Dies hat Dshugaschwili nicht gemacht, sondern seine Gedanken und Gefühle für sich behalten (und Esperanto gelernt). Er hat sich also emotional in Distanz zum Geschehen um sich herum halten können. Da der Weg vom Fühlen zum Agieren nur kurz ist, schafft dies nur, wer über die Fähigkeit der Kontrolle seiner Handlungsimpulse verfügt und nicht unreflektiert,

214 Wereschtschak zit. n. Trotzki 1940, S. 159.

spontan reagiert. Eine alternative Erklärung für solch ein Verhaltensmuster wäre die Fähigkeit, diese Impulse gar nicht erst zu spüren, weil sie abgespalten (»dissoziiert«) sind. Das mag Koba geholfen haben, sich nicht in Konflikte zu verwickeln.

Ob diese Zurückhaltung nun bewusst oder unbewusst gewählt wurde, ihre Funktion ist dieselbe: Niemandem die eigenen Gefühle zu zeigen, ist die ultimative Autonomiestrategie. Denn wer die Gefühle eines anderen Menschen kennt, kann sie und damit ihn manipulieren. Die andere Seite dieses funktionellen Zusammenhangs war Stalin offenbar bewusst, denn er nutzte seine Fähigkeit, sich in andere Menschen einzufühlen, als Machtmittel, um sie zu manipulieren.

Welche der skizzierten Erklärungen auch stimmiger sein mag, in jedem Fall ist es unwahrscheinlich, dass Koba diese Kompetenz erst im Gefängnis erworben hat. Wahrscheinlicher ist, dass er diese Strategie, belastende Gefühle zu bewältigen, in der Beziehung zu seinem Vater erlernt hat. Ein zentraler Kompensationsmechanismus für aktuell nicht realisierbare aggressive Affekte ist das Ausfantasieren von Racheszenarien. Rachefantasien und -wünsche dürften daher in Stalins Seelenleben eine wichtige stabilisierende Rolle gespielt haben. Eine Hypothese, die durch sein Verhalten im Laufe seiner politischen Karriere zumindest nicht die geringsten Anzeichen der Falsifizierung erfahren hat.

Wereschtschak liefert etliche Beispiele von Kobas Verhalten aus dem Gefängnis, deren verbindendes Motiv Rachsucht gewesen sei. Trotzki, der aufgrund der erbitterten Feindschaft zwischen ihm selbst und Stalin über eine intime Kenntnis der Strategien Stalins verfügte, bestätigt dessen Rachsucht.[215]

Stalin selbst bekannte sich zu seiner Rachsucht, als er an einem Sommerabend 1923 Dzerschinski, dem Chef der Tscheka, und Kamenew, einem Mitglied des Zentralkomitees der Kommunistischen Partei, seine »Theorie der süßen Rache« erläuterte: »Sich sein Opfer zu wählen, den Plan bis ins kleinste vorzubereiten, unerbittlich seinen Rachedurst zu stillen und dann zu Bett zu gehen – etwas Süßeres gibt es auf der ganzen Welt nicht.«[216]

215 Vgl. Trotzki 1940, S. 158.
216 Zit. n. Payne 1965, S. 334.

5 Revolution(en) und Bürgerkrieg (1917–1920)

Februar- und Oktoberrevolution

Der schon fast vier Jahre dauernde Erste Weltkrieg hatte die Bevölkerung des Zarenreichs erschöpft, und in Petrograd kam es zu Hungerunruhen. Ende Februar 1917 dankte Zar Nikolaj zugunsten seines Bruders Michail ab, doch der verzichtete auf die Nachfolge. Zu dieser Zeit befand sich Lenin im Schweizer Exil, Stalin und die meisten Mitglieder des Zentralkomitees der Sozialdemokratischen Partei waren verbannt.

Die Unruhen im Lande führten zur Auflösung der staatlichen Ordnung:

> »Als die Staatsmacht im Februar 1917 zusammenbrach, verschwanden mit ihr alle bürgerlichen Sicherungen, die es im zaristischen Russland immerhin noch gegeben hatte. Gouverneure, Justizbehörden, die Organe der lokalen Selbstverwaltung, das Parlament und die Verfassung – das alles verschwand mit dem Sieg der Revolution.«[217]

Die öffentliche Ordnung wurde nicht mehr aufrechterhalten, und es herrschten chaotische Verhältnisse: Es wurde geplündert und gemordet, ohne dass dies irgendwelche Sanktionen zur Folge hatte. Die Unsicherheit war grenzenlos. Das Machtvakuum war nicht zu übersehen, und Gewaltexzesse tobten im Kampf um die Macht.

Von Norbert Elias stammt die Definition, nach welcher Gewaltmonopole die definierenden Merkmale von Zivilisation sind:

> »Die Bedrohung, die der Mensch für den Menschen darstellt, ist durch die Bildung von Gewaltmonopolen einer strengeren Regelung unterworfen und wird berechenbarer. Der Alltag wird freier von Wendungen, die schockartig hereinbrechen.«[218]

Es ist das Gewaltmonopol des Staates, das die Verrechtlichung von Konflikten ermöglicht und die Anwendung physischer Gewalt zur Durchsetzung individueller Interessen delegitimiert. Im Februar 1917 herrschten im Zarenreich keine zivilisierten Verhältnisse mehr: Der

217 Baberowski 2012, S. 49.
218 Elias 1969, S. 325.

Staat verfügte nicht mehr über das Gewaltmonopol und konnte deshalb seine Gesetze nicht mehr durchsetzen.[219]

Angesichts des öffentlichen Chaos war es nur eine Frage der Zeit, bis das Machtvakuum gefüllt würde. Offen war nur, wer das wie tun würde. Objektiv eine revolutionäre Situation, doch die Bolschewiki spielten zu diesem Zeitpunkt als politische Akteure keine Rolle: »Wer waren sie überhaupt? Das Jahr 1917 kam einer Neugründung gleich, programmatisch und organisatorisch.«[220]

Diese Revolution kam für alle unerwartet. Es war ein bürgerlicher Umsturz. Mit den Worten Lenins: »Eine riesige kleinbürgerliche Woge hat alles überflutet, [...] sie hat das klassenbewusste Proletariat nicht nur durch ihre zahlenmäßige Stärke, sondern auch ideologisch überwältigt.«[221]

Das provisorische Staats- und Regierungsmodell, das sich in dieser Situation zunächst bildete, wurde »Doppelherrschaft« genannt. Es bestand aus zwei konkurrierenden Machtblöcken. Dem Petrograder Arbeiter- und Soldatenrat (»Sowjet«) stand die von den bürgerlichen Parteien der »Duma« (ursprünglich mal Ständeversammlung, dann gesamtrussisches Parlament) bestimmte Provisorische Regierung gegenüber. Ministerpräsident wurde Alexander Kerenski.

Die neue Regierung verfügte eine Amnestie, sodass die aus politischen Gründen Verbannten – unter ihnen Stalin und Lenin – zurück auf die politische Bühne kommen konnten.

Die Menschewiki und die Partei der *Sozialrevolutionäre* hatten im Petrograder Sowjet die Mehrheit, und ihr Ziel war, eine an westlichen Modellen orientierte Demokratie zu errichten. Auch Stalin, der mit seinem Freund Kamenew nach beider Rückkehr wieder Redakteur der *Prawda* geworden war, vertrat – Kamenew folgend – in diversen Artikeln eine gemäßigte Position und plädierte dafür, mit Menschewiki und Sozialrevolutionären zu kooperieren.[222] Sie waren der Ansicht, dass die gesellschaftliche Situation in Russland noch nicht reif für eine proletarische Revolution sei, da der Kapitalismus noch gar nicht richtig entwickelt sei. Daher forderten sie, Druck auf die Provisorische Regierung auszuüben, um in Friedensverhandlungen mit den Kriegsgegnern einzutreten.[223]

219 Vgl. Baberowski 2012, S. 50 ff.
220 Vgl. Altrichter 2018, S. 72.
221 Lenin zit. n. Wolkogonow 1989, S. 45.
222 Vgl. Chlewnjuk 2015, S. 86 ff.; vgl. Ulam 1973, S. 187 f.
223 Wolkogonow 1989, S. 51.

Das änderte sich radikal, als Lenin – am 3. April 1917 aus dem Exil zurückgekehrt – in einer »donnernden« Rede vor Bolschewisten am 4. April eine ganz andere Position vertrat (»Aprilthesen«). Er lehnte jeden Kompromiss und jede Kooperation mit den anderen Parteien und Fraktionen ab und plädierte für die alleinige Machtübernahme durch die Bolschewiki. Er verkündete, »für das Endziel der Bolschewiki, die alleinige Machtübernahme, wäre die Zusammenarbeit verheerend«[224]. Man dürfe sich nicht die Handlungsfreiheit durch Koalitionen oder gar die Unterstützung der Provisorischen Regierung nehmen lassen. Lenin wollte die Gunst der Stunde, d. h. die allgemeine Unordnung und Unübersichtlichkeit, nutzen, um die Bolschewiki an die Macht zu bringen. Die gemäßigten Sozialdemokraten, deren Wortführer Kamenew war, vertraten noch das Ziel der »Vaterlandsverteidigung«. Lenin gab dem Krieg keine Priorität und war bereit, auch um den Preis des territorialen Verlustes einen Frieden zu schließen (»Defätismus«). Ihm ging es vor allem darum, eine Sowjetrepublik an die Stelle der parlamentarischen Republik zu setzen.[225] Von den Vaterlandsverteidigern hatte er keine sonderlich hohe Meinung. Isaac Deutscher zitiert seine Position folgendermaßen:

> »Die Menschewiten und die Bourgeoisie betrögen das Proletariat. ›Das Eigenartige in Russland ist der ungeheuer rasche Übergang von der brutalen Gewalt zum abgefeimten Betrug‹, durch den man den Massen einreden wolle, die Kriegsziele ihrer Herrscher seien gerecht.«[226]

Die von Lenin genannten Ziele waren auf das Innere Russlands bezogen:

> »[...] die Verstaatlichung von Grund und Boden, die Umwandlung der großen Güter in Modellfarmen unter Kontrolle der Sowjets und die Verstaatlichung aller Banken bzw. die Verschmelzung aller Banken zu einer einzigen Nationalbank.«[227]

Um den Unterschied und die Abgrenzung zu allen anderen sozialistischen Parteien, vor allem aber den Menschewiki zu verdeutlichen, schlug Lenin vor, den Namen der Partei in »Kommunistische Partei« zu verändern.[228]

224 Chlewnjuk 2015, S. 86; vgl. Trotzki 1940, S. 250 ff.
225 Vgl. ebd., S. 88.
226 Deutscher 1946/1966, S. 189.
227 Chlewnjuk 2015, S. 88.
228 Ebd., S. 88; Deutscher 1946/1966, S. 191; Trotzki 1940, S. 252.

Nach Trotzkis Ansicht war der Aprilumschwung für Stalins Prestige »ein harter Schlag«. Stalin hatte in einer informellen Leiterrolle einen zu radikalen Kurs abgelehnt, aber dann erschien Lenin »wie ein Schulinspektor« in der Klasse auf der Parteikonferenz,

> »drehte dem Lehrer den Rücken zu und wischte dessen Gekritzel mit dem nassen Schwamm von der Tafel. Das Gefühl der Verblüffung und Empörung, das zuerst unter den Delegierten vorherrschte, schlug in Bewunderung um. Stalin empfand keine Bewunderung; er fühlte sich tief verletzt, verspürte nur Hilflosigkeit und scheelen Neid«[229].

Nun kann man mit Fug und Recht fragen, woher Trotzki diese Einsichten über das Gefühlsleben Stalins haben mag, denn Stalin hat es ihm bestimmt nicht offenbart. Was sich aber mit Sicherheit sagen lässt, ist, dass Stalin nicht in die Konfrontation mit Lenin ging, sondern seine Position aufgab und sich auf Lenins Seite stellte. Er hielt sich von da an bedeckt und machte sich mehr oder weniger unsichtbar. Er spielte keine prominente Rolle mehr. Mit den Worten Nikolaj Suchanows, eines der menschewitischen Führers: »Stalin war in der Arena nicht mehr als ein grauer Fleck.«[230]

Stalin verbündete sich mit dem aktuell Stärksten, d. h. mit Lenin. So kam es, dass er trotz seiner Farblosigkeit auf dem IX. Parteitag im April 1917 ins Zentralkomitee der Partei gewählt wurde.[231]

Auch Leo Trotzki, der nach der Amnestie aus dem Exil zurück nach Petrograd gekommen war, verbündete sich sofort mit Lenin. Er hatte bei der Revolution 1905 schon eine zentrale Rolle gespielt und war alles andere als ein »grauer Fleck« im politischen Gemälde des Jahres 1917: ein mitreißender Redner, ein brillanter Theoretiker – was Stalin alles nicht war. Die Grundlage für eine dauerhafte Rivalität und Feindschaft war von Stalins Seite her so vorgezeichnet.

Innerhalb der Partei war umstritten, ob man den Aufstand gegen die *Provisorische Regierung* wagen sollte. Im Rückblick war es wohl vor allem Trotzki, der die Entscheidung durch sein Handeln fällte.

> »Das Büro des Revolutionären Militärkomitees fasste unter Teilnahme Swerdlows und Trotzkis den Beschluss, den Bruch mit dem Garnisonsstab als vollendete Tatsache zu betrachten und zur Offensive überzugehen. Stalin war nicht auf dieser Konferenz.«[232]

---

229 Trotzki 1940, S. 254.
230 Zit. n. Wolkogonow 1989, S. 51; vgl. Trotzki 1940, S. 248.
231 Vgl. Chlewnjuk 2015, S. 91.
232 Trotzki 1940, S. 296.

Er hielt sich im Hintergrund, und dies ging, wenn Entscheidungen getroffen werden sollten, am besten durch Abwesenheit. Trotzki schreibt, dass sich die Schlussfolgerung aufdrängt, Stalin habe gar nicht bemerkt, dass der Aufstand begonnen hatte:

> »Nicht, dass er feige gewesen wäre. Es gibt keinen Grund, ihn persönlicher Feigheit zu bezichtigen. Wohl aber war er politisch unzuverlässig. Der vorsichtige Kulissenschieber wollte im entscheidenden Moment beiseite bleiben. Er wollte zuwarten und den Ausgang des Aufstandes kennen, bevor er sich auf eine Position festlegte. Im Falle einer Niederlage hätte er dann Lenin und Trotzki und ihren Gefährten sagen können: ›Das ist eure Schuld!‹ Man muss sich die glühende Temperatur jener Tage klar vor Augen führen, um solch kalte Zurückhaltung, oder, wenn man will, Perfidie, richtig zu werten.«[233]

Der Gang der Dinge wurde also nicht von Stalin (so nannte er sich zu der Zeit schon) beeinflusst.

Am 2. Oktober 1917 verhafteten Bolschewiki die Mitglieder der Provisorischen Regierung und übernahmen selbst die Macht. An die Stelle der Provisorischen Regierung wurde ein »Rat der Volkskommissare« gesetzt, in den auch Stalin berufen wurde.

Was Lenins Haltung und ihm folgend die Aktionen der Bolschewiki von allen anderen sozialistischen Parteien und Fraktionen unterschied, war, dass er keine Sorge vor einem Bürgerkrieg hatte. Denn, das war ihm klar, die Machtübernahme durch die Bolschewiki würde auf (wahrscheinlich bewaffneten) Widerstand treffen.[234]

Stalins Rolle bei der Oktoberrevolution war unbedeutend:

> »Je höher der Schwung der Bewegung geht, umso kleiner der Platz, den Stalin in ihr einnimmt und umso schwerer fällt es ihm, sich aus der Reihe der durchschnittlichen Mitglieder des Zentralkomitees herauszuheben.«[235]

Er wollte das offenbar auch nicht, denn er hielt sich – das Muster beibehaltend – von Sitzungen, in denen wichtige Entscheidungen getroffen wurden, meist fern.

> »Auf sechs von vierundzwanzig Sitzungen des Zentralkomitees im August, September und in der ersten Oktoberwoche war er nicht anwesend

233 Ebd., S. 297 f.
234 Vgl. Chlewnjuk 2015, S. 99 ff.; Altrichter 2018, S. 75.
235 Trotzki 1940, S. 285.

> [...] In einer gewissen Anzahl von Fällen erklärt sich seine Abwesenheit zweifelsohne durch irgendeinen Affront, den man ihm angetan hatte, und die Verärgerung die daraus folgte: Wenn er seinen Willen nicht durchsetzen kann, zieht er es vor, sich nicht zu zeigen und über Racheträumen zu brüten.«[236]

Staat und Partei

Obwohl seit der Oktoberrevolution 1917 Staat und Partei in der Hand derselben Personen lagen und in den historischen Darstellungen in der Regel beide Bereiche nicht getrennt behandelt werden, soll hier zwischen beiden unterschieden werden. Dahinter steckt eine systemtheoretische Überlegung: Partei und Staat folgen als soziale Systeme oder Assoziationen sozialer Systeme einer je eigenen Funktionslogik. Bis zur Revolution waren sie Gegner, die in einen existenziellen Kampf verwickelt waren, den man mit Fug und Recht als Krieg bezeichnen kann: Beider Ziel war es, den anderen zu vernichten (zur Definition von Krieg siehe von Creveld[237]). Staat und Partei hatten eine unterschiedliche Historie, und auch ihre Zwecke und Ziele waren nicht – nicht einmal nach der Revolution – als identisch vorauszusetzen. Die Tatsache, dass Leute wie Stalin, Trotzki, Sinowjew, Kamenew usw. sowohl Parteiämter als auch Staatsämter innehatten, darf nicht darüber hinwegtäuschen, dass Partei und Staat als autopoietische Systeme gegeneinander abgegrenzt, wenn auch nach dem Oktober 1917 fest gekoppelt waren. Daher können und sollten sie auch getrennt betrachtet werden. Sie bildeten zwar eine ko-evolutionäre Einheit, waren aber nicht selbstverständlich miteinander zu identifizieren, auch wenn die handelnden Personen weitgehend dieselben waren. Theoretisch betrachtet waren es zwei soziale Systeme mit unterschiedlichen Spielregeln der Kommunikation, unterschiedlicher Personalselektion, unterschiedlichen Karrieremustern, unterschiedlichen Funktionen usw. Das war zwar während der Existenz der Sowjetunion nicht unbedingt deutlich, weil sich die Grenzen aufgrund der Identität der handelnden Personen verwischten und die Kommunikation jeweils »nicht wissen« konnte, ob sie zur Partei oder zu einer Institution des Staates gehörten. Die Teilnehmer an der Kommunikation wussten

236 Trotzki 1940, S. 284.
237 Van Creveld (1991, S. 234 f.) definiert Krieg als einen Konflikt, bei dem für beide Konfliktparteien die eigene Existenz auf dem Spiel steht.

es aber wahrscheinlich, weil ihnen die Überordnung der Partei über den Staat bewusst gewesen sein dürfte. Daher machte auf staatlicher Ebene eher als zweitklassig erachtetes Personal Karriere. Nach Ende der Sowjetunion wurde die Trennung zwischen der Kommunistischen Partei und dem russischen Staat bzw. all den anderen Nationalstaaten, die aus der Sowjetunion hervorgegangen waren, wieder vollzogen und es kamen andere Parteien ins Spiel.

Den Schriften von Lenin[238] war zu entnehmen, dass der Staat bzw. die Staatsmaschinerie zerschlagen werden sollte. Sein Ziel war das »Absterben« des Staates bzw. die »Aufhebung des Staates als Staat«[239]. Dies war eine logische Folgerung aus der Definition des Staates als Instrument der Unterdrückung des Proletariats. Die Funktion solch negativ definierter Ziele ist, der Opposition gegen ein herrschendes Regime eine Richtung zu geben. Probleme entstehen für Revolutionäre, wenn solche Ziele erreicht sind. Was soll, so stellt sich dann aber die Frage, an die Stelle der alten Strukturen gesetzt werden? Auch Marx und Engels waren diesbezüglich im Vagen geblieben:

> »Ohne sich auf Utopien einzulassen, erwartete Marx von den Erfahrungen der Massenbewegung eine Antwort auf die Frage, welche konkreten Formen diese Organisation des Proletariats als herrschende Klasse annehmen wird, in welcher Weise sich diese Organisation vereinen lassen wird mit der möglichst vollständigen und folgerichtigen ›Erkämpfung der Demokratie‹.«[240]

Dass nach der Machtübernahme die Erfahrung von Fachleuten missachtet wurde, war Teil des Programms. So schrieb Lenin:

> »Je weniger organisatorische Erfahrungen das russische Volk hat, desto entschiedener muss die organisatorische Aufbauarbeit vom Volke selbst und nicht allein von bürgerlichen Politikastern und Beamten auf ›einträglichen Pöstchen‹ *in Angriff* genommen werden.«[241]

Daher sollte auch der Parlamentarismus abgeschafft werden. In allen Bereichen der Gesellschaft sollte das Volk in seiner Gesamtheit alle bis dahin von Spezialisten ausgeübten Funktionen übernehmen. Der Weg vom Kapitalismus zum Sozialismus brauche, so Lenin, den »Über-

238 Lenin 1917b.
239 Ebd., S. 332.
240 Zit. n. ebd., S. 351
241 Lenin 1917a, S. 63.

gang zur Ausübung der staatlichen Funktionen durch die Mehrheit der Bevölkerung, ja durch die ganze Bevölkerung ohne Ausnahme«[242].

Strukturen des Parlamentarismus bestanden aber auch nach der Februarrevolution fort. Die Staatsduma, das Scheinparlament, das seit der Revolution 1905 immer wieder, wenn dort politische Ideen propagiert wurden, die dem Herrscherhaus nicht passten, aufgelöst worden war, wurde nach der Februarrevolution aus dem Wachkoma, in das sie während des Krieges versetzt worden war, erweckt. Es hatte die »Provisorische Regierung« gewählt, und die Bolschewiki boykottierten beide, Duma wie Provisorische Regierung. Nach der Oktoberrevolution wurde die Duma komplett aufgelöst.

Neben dieser Regierung bestanden aber auch noch die sogenannten »Sowjets«, Arbeiter- und Bauernräte. Sie waren 1905 ins Leben gerufen worden (über ihre Vorgeschichte kursieren unterschiedliche Thesen, aber die haben keine Bedeutung für ihre Funktion im Jahre 1917). Der wichtigste und mächtigste Sowjet war der Petrograder Sowjet.

Auch dort wurde beansprucht – so war das Demokratieverständnis seiner Mitglieder – *kollektiv bindende Entscheidungen* zu treffen.[243] So kam es zum »Dualismus der Macht«, einer Konstellation, die zu chaotischen Verhältnissen im Land führte bzw. das bestehende Chaos nicht beheben konnte.

Die Bolschewiki hatten im Petrograder Sowjet die Mehrheit, und der Präsident des Petrograder Sowjets war Leo Trotzki. Es war eine Rolle, die er bereits 1905 innehatte.[244] Von ihm ging die Bestrebung aus, die Macht ganz und gar den Sowjets zu übertragen (»Alle Macht den Sowjets!«). Der Sowjet beanspruchte zunächst grundsätzlich, »dann aber auch tatsächlich das Recht, über die Bewegung von Truppen in der Hauptstadt und in den umliegenden Regionen zu entscheiden. Damit unterstellte er sich die militärischen Befehlshaber und deren Stäbe«[245]. Es wurde ein neues Organ geschaffen, das zuständig für die Steuerung des Militärs war: das »Militärische Revolutionskomitee«. Es wurde durch den Exekutivausschuss des Sowjets bestellt und sollte die kommende Übernahme der Macht leiten.

---

242 Lenin 1917b, S. 353.
243 Zum Treffen von »kollektiv bindenden Entscheidungen« als Funktion von Politik siehe Luhmann 2000b, S. 84.
244 Deutscher 1946/1966, S. 213.
245 Ebd., S. 217.

»Merkwürdig an dieser ganzen Entwicklung war, dass dieses Organ des bewaffneten Aufstandes keine heimliche, aus eigener Machtvollkommenheit zusammengetretene Gruppe oder Clique von Verschwörern, sondern eine Behörde war, die ganz offen von einer so breiten, repräsentativen Vertretung, wie es der Sowjet war, gewählt wurde. Die Verschwörung war sozusagen in dic Legalität des Sowjets gekleidet, wodurch die Opposition der gemäßigten Sozialisten zur Hälfte ausgeschaltet war.«[246]

Die Verbindung zwischen dem Militärischen Revolutionskomitee und den Truppen stellten Kommissare dar, die jedem Truppenteil zugeordnet wurden. Damit hatten die Sowjets die Befehlsgewalt über das Militär übernommen. Offiziere, die sich dem nicht fügten, wurden abgesetzt oder verhaftet.[247]

Als die Regierung mit ihr ergebenen Truppen zum Gegenschlag ausholen wollte, hatte Trotzki mithilfe seiner Truppen alle strategisch wichtigen Punkte der Stadt besetzt, die Oktoberrevolution hatte begonnen.

Der Bürgerkrieg

Von Trotzki wurden schon zur Zarenzeit bestehende Strukturen (Sowjets) genutzt, um revolutionäre Ziele durchzusetzen. Das gilt auch für die Truppen, die er übernahm. Die theoretischen, basisdemokratischen Ideen, so lässt sich feststellen, erwiesen sich in der Praxis des nun beginnenden Bürgerkriegs als nicht funktionell (wahrscheinlich hätten sie auch ohne Bürgerkrieg nicht funktioniert, aber er machte es den führenden Parteigrößen leichter, sich von ihren hehren Theorien zu verabschieden).

»Als die Bolschewiki die alten Direktoren in der Industrie und die führenden Beamten der Staatsverwaltung abgesetzt hatten, gedachten sie zunächst den Parteikomitees deren Aufgaben zu übertragen. Jetzt mussten sie dieses ultrademokratische, aber gänzlich leistungsunfähige System wieder verschrotten und an dessen Stelle eine Leitung von Wirtschaft und Verwaltung durch verantwortliche Einzelpersönlichkeiten schaffen.«[248]

246 Ebd., S. 217.
247 Vgl. ebd., S. 223.
248 Ebd., S. 260.

Auch Stalin war ein expliziter Gegner der sogenannten »Spezialisten«, aber deren Einsatz konnte auch er nicht verhindern, denn sie waren schlicht zu nützlich. Der Bürgerkrieg machte nicht nur die Dysfunktionalität mangelnder Sachkenntnis, sondern auch insuffizienter organisationaler Strukturen deutlich, und das vor allem in der Verwaltung und beim Militär.[249] Die basisdemokratischen Regeln wurden revidiert, die Kommandeure beim Militär nicht mehr gewählt, die Wehrpflicht eingeführt, und das zaristische Offizierskorps wieder zurückgeholt.

> »Allen innerparteilichen Widerständen zum Trotz wurden Zehntausende ehemaliger Offiziere erneut angeworben und als »Militärspezialisten« mit Führungsaufgaben betraut [...] Für dieses neue Militärkonzept stand Trotzki, der nach seinem Rücktritt als Volkskommissar des Äußeren noch im März 1918 den Posten des Kriegskommissars übernommen hatte.«[250]

Es wurde eine zentralisierte, hierarchische Militärverwaltung geschaffen, deren Spitze der Revolutionäre Militärrat bildete. Sein Vorsitzender wurde Leo Trotzki. Dabei war er zu Experimenten bereit. Er selbst schreibt dazu:

> »Fixe Ideen und Pedanterie waren uns fremd. Nach Erfolg strebend, griffen wir zu den verschiedensten Experimenten und Kombinationen. Die eine Armee wurde von einem ehemaligen Unteroffizier mit einem General als Stabschef geführt, eine andere kommandierte ein ehemaliger General mit einem Guerillakämpfer als zweitem Befehlshaber. Eine Division wurde von einem ehemaligen Soldaten zweiter Klasse geführt, die Nachbardivision von einem Stabsobersten. Dieser ›Eklektizismus‹ wurde uns von den Umständen aufgedrängt. Der Prozentsatz der ausgebildeten Offiziere übte aber einen äußerst günstigen Einfluss auf das allgemeine Niveau der Befehlsstäbe aus. Die ›Amateur-Befehlshaber‹ lernten unterwegs, und viele von ihnen wurden später erstklassige Offiziere. 1918 bestanden 76 % aller Befehls- und Verwaltungsstäbe der Roten Armee aus ehemaligen Offizieren der zaristischen Armee, und nur 12 % waren aus einer schnelleren Promotion hervorgegangen.«[251]

Auch in den anderen Bereichen der Gesellschaft wurde auf die alten Strukturen zurückgegriffen, sodass z. B. die neuen Volkskommissariate nichts anderes als die Fortführung der alten Ministerien waren,

249 Vgl. Altrichter 2018, S. 84, 87 f.
250 Ebd., S. 93 f.
251 Trotzki 1940, S. 347.

mit dem alten, fachkundigen Personal. 80 % bis 90 % der höheren Beamtenschaft der Volkskommissariate war auch schon vor der Revolution im Amt, ergänzt um 8 % Bolschewiki.[252]

Das blieb auch nach dem Bürgerkrieg so, und ganz besonders für die Rote Armee. Der Versuch, ein aus Freiwilligen, Bauern und Arbeitern gebildetes Heer zu schaffen, hatte sich als untauglich erwiesen. Trotzki hatte die Kommandostellen in den neugebildeten Divisionen und Regimentern zwar zum guten Teil an zaristische Offiziere übertragen, traute ihnen aber nur begrenzt.

> »Da aber die politische Zuverlässigkeit dieser Offiziere keineswegs über jeden Zweifel erhaben war, stellte er diesen Offizieren Kommunisten als politische Kommissare zur Seite. Die ›Militärspezialisten‹ sollten die Truppe ausbilden, sie auch im Kampf führen, die Kommissare sollten über die Haltung der Offiziere wachen, wo Gefahr bestand, Verrat verhindern und die Truppe in kommunistischem Sinne erziehen. Jeder Befehl musste vom Kommandeur und vom zuständigen Kommissar unterzeichnet werden.«[253]

Damit schuf Trotzki ein Modell, das auch in anderen Bereichen das Verhältnis der Partei zu den Organen des ehemals zaristischen Staates bestimmte. Seine Bestandteile wurden übernommen. Sein Credo lautete, »man müsse den Sozialismus auch mit Ziegelsteinen bauen, die aus dem Zusammenbruch der alten Ordnung übriggeblieben seien; anders könne man überhaupt nicht bauen«[254].

An die Stelle der Ministerien wurden Volkskommissariate gesetzt, und die Funktion von Ministern wurde nun von sogenannten »Volkskommissaren« übernommen. Die Regierung nannte sich »Rat der Volkskommissare«. De facto wurden während des Bürgerkriegs dann aber die alten Ministerien samt der Beamten – ganz analog zu den Offizieren in der Armee – in ihren Funktionen belassen (allerdings nach gewissen »Säuberungen«).[255]

Für Stalin als neuernanntem »Volkskommissar für die Nationalitätenfrage« ergab sich eine andere Situation als für die anderen Volkskommissare. Zur Zarenzeit existierte kein Ministerium mit dieser Funktion, sodass er es nach eigenen Bedürfnissen aufbauen und

252 Vgl. Altrichter 2018, S. 87 f.
253 Deutscher 1946/1966, S. 262.
254 Zit. n. ebd., S. 262.
255 Vgl. Altrichter 2018, S. 87.

strukturieren konnte. Da 65 Millionen der 140 Millionen Bewohner des russischen Imperiums in autonomen Republiken anderer Nationalität lebten, war dieses Ministerium von beträchtlicher Bedeutung.

> »Da das Volkskommissariat stets seine Finger im Spiel hatte, konnte es ein beachtliches Netzwerk aufbauen. Wenn es ihm gelang, für all diese Regionen innerministerielle Kopfstellen zu bilden und in der Regierung als deren Anwalt und Sprecher aufzutreten, wuchs dem Volkskommissariat Stalins eine Machtfülle zu, die es mit jedem anderen Volkskommissariat aufnehmen konnte.«[256]

Für die weitere Geschichte der Sowjetunion lässt sich feststellen, dass die zaristischen Institutionen und Organisationen der Unterdrückung überlebten. Die Herrscher wechselten, die Instrumente der Herrschaft wurden strukturell wenig oder gar nicht verändert.

> »Was die Abschaffung der Polizei, des stehenden Heeres und des Berufsbeamtentums anbetraf, so verschob man sie *sine die;* die von Lenin verdammten Institutionen sollten unter anderen Namen weiterleben: Außerordentliche Kommission (Tscheka), Rote Armee, Sowjetbürokratie.«[257]

Chaos-Muster

Wenn eine soziale Ordnung zusammenbricht (wie die des zaristischen Staats), dann entsteht zunächst in den meisten Fällen eine chaotische Situation. Die alte Ordnung gilt nicht mehr, ihre Regeln werden nicht mehr durchgesetzt, und die tradierten Erwartungen der Bürger werden enttäuscht. Es entsteht ein Machtvakuum, die Unsicherheit steigt und es beginnen Machtkämpfe. Wenn keine der um die Macht ringenden Parteien schnell und friedlich eine neue Ordnung anbietet, die sie auch – üblicherweise unter Anwendung von Gewalt – durchsetzen kann, dann kommt es zum Bürgerkrieg oder bürgerkriegsartigen Entwicklungen. Dies kann auch als Wettbewerb zwischen unterschiedlichen gesellschaftlichen Ordnungen und Versprechungen, Erwartungen/Befürchtungen, die im Angebot sind, erklärt werden.

So war es auch 1917. Durch die Rede Lenins mit seinen »Aprilthesen« wurde die Suche nach einem Kompromiss zwischen Menschewi-

256 Ebd., S. 105.
257 Souvarine 1935, S. 186.

ki und Bolschewiki beendet. Die Spaltung der Sozialdemokratischen Partei wurde mit der Wahl eines neuen Namens (»Kommunistische Partei«) offensiv deklariert, proklamiert und vollzogen. Eine einzelne Person – Lenin – änderte durch seine Rede die politische Gemengelage, indem er den Bolschewiki eine alternative Innen-außen-Unterscheidung zu allen anderen politischen Kräften anbot (die sie akzeptierten). Es ging nun – es herrschte ja immer noch der Erste Weltkrieg – nicht mehr um die Unterscheidung Vaterland vs. Außenfeinde, sondern um Bolschewiki (nunmehr: Kommunistische Partei) vs. alle anderen Parteien. Das war riskant, aber letztlich erfolgreich. Was blieb, war die Freund-Feind-Unterscheidung. Es gelang Lenin, viele der bis dahin gemäßigten Parteimitglieder auf seine Seite zu ziehen. Zu ihnen gehörte auch Stalin.

Durch den formulierten und dann das weitere Handeln bestimmenden Anspruch, die Macht allein zu übernehmen, gelang es den Bolschewiki, die ursprünglich von unzufriedenen Bauern, Arbeitern und bürgerlichen Liberalen angezettelte Revolution zu hijacken. Ein gutes Beispiel dafür, dass Bewegungen zwar viel Energie für Veränderungen auf die Straße bringen können, aber dass stets Organisationen notwendig sind, um Veränderungen dauerhaft zu etablieren.

Was dem Denken Lenins und der Bolschewiki und damit ihrer politischen Strategie in der Folge der Revolution zugrunde lag, war eine aristotelische Logik: Man unterschied Klassen, gesellschaftliche Klassen; und dieser Logik entsprechend wiesen alle Mitglieder einer Klasse dieselben, sie definierenden Merkmale auf, die ihnen dann auch die bewertenden Bezeichnungen verschafften (z. B. »Proletarier«, »Kulaken«, »Volksverräter«, »Schädlinge«, »menschlicher Abfall« usw.). Die unterschiedlichen Charakteristika von Individuen und ihrem Verhalten spielten daher keine Rolle mehr. Sie verdienten alle dasselbe Schicksal. Zum Beispiel wurden die Elemente/Mitglieder einer Klasse vernichtet, um diese Klasse zu vernichten.

Dahinter steckte eine ideologische, ambiguitätsintolerante Wirklichkeitskonstruktion[258], mit deren Hilfe sowohl der Status quo als auch der Weg zu einer utopischen neuen Gesellschaft erklärt wurde.[259] Diese Erklärungen (d. h. Konstruktionen generierender Mechanismen

258 Das Konzept der Ambiguitätsintoleranz stammt von Else Frenkel-Brunswik, siehe Kraus 1977, S. 76.
259 Zu den Risiken von Utopien siehe das von Watzlawick et al. 1974, S. 66 ff. beschriebene »Utopie-Syndrom«.

für beobachtete oder angestrebte Zustände)[260] folgten einem geradlinigen Ursache-Wirkungs-Schema. Aus diesem mechanistischen Modell der Kausalität resultierte die Unterscheidung von Freund- vs. Feindrollen sowie Sauberkeits- und Reinigungsideen. Würde man die Feinde – die Klasse der Feinde – vernichten, dann wären auch die Ursachen für den beklagten Zustand der Gesellschaft beseitigt …

Der Sieg der Revolution war der Triumph des mechanistischen Denkens. Die Probleme dieses Denkens bestanden nicht nur darin, dass es die Komplexität in einer schrecklichen Weise reduzierte, sondern auch schreckliche Untaten zu legitimieren schien. Was die Zukunft der Gesellschaft betraf, so offerierte solch ein Denken keine konkreten Handlungsanweisungen für die Politik. Es definierte lediglich, welche Verhältnisse *nicht* mehr toleriert werden sollten, aber nicht, was an deren Stelle treten sollte. Dies galt auch für Stalins Weltsicht: Es gibt keinerlei Hinweise darauf, dass er je eine konkrete Vorstellung davon hatte, wie die sowjetische Gesellschaft in Zukunft gestaltet sein sollte. Er wusste, was er *nicht* wollte, aber er wusste *nicht*, was er wollte.[261]

Argwöhnische Vorsicht

Trotzki liefert in seiner Stalin-Biografie das Bild eines »argwöhnisch vorsichtigen« Menschen, der sich gezwungen sieht, »im Augenblick historischer Entscheidungen in den Schatten zu treten, abzuwarten und, wenn möglich, sich bei beiden Seiten gegen jede Eventualität zu sichern«[262].

Das entspricht genau der Überlebensstrategie, die Stalin bereits im Gefängnis praktiziert hatte. Er hielt sich bedeckt, wartete ab, wie sich die Angelegenheiten entwickeln, und vermied, sich zu exponieren. Er übernahm keine Verantwortung, versuchte nicht, irgendwelche Richtungsentscheidungen zu beeinflussen oder Weichen zu stellen, sondern schloss sich im Konfliktfall – und vor jeder Entscheidung besteht ein Konflikt – stillschweigend den Siegern an.

260 Peirce (1898, S. 193) spricht bei dieser Art der Hypothesenbildung von Abduktion oder Retroduktion (im Gegensatz zu Induktion oder Deduktion; gemeint ist damit, dass Hypothesen konstruiert werden, die – wenn sie wahr wären – genau das beobachtete Phänomen hervorbringen würden.

261 Vgl. auch die analoge Unterscheidungen anbietenden populistischen Machtstrategien, Simon 2019.

262 Trotzki 1940, S. 294.

Es handelte sich dabei um eine opportunistische Überlebensstrategie, die für Stalin umso leichter durchzuhalten war, je weniger er sich sachlich, ideologisch oder durch irgendwelche ideellen Werte gebunden fühlte.

Ein Apparat, genannt »Tscheka«

Die wahrscheinlich folgenreichste Entscheidung für rohe Gewalt bei der Machtausübung der Bolschewiki wurde nur wenige Tage nach der Oktoberrevolution getroffen: die Gründung einer Geheimpolizei, der Tscheka. Das widersprach zwar den noch kurz zuvor publizierten Konzepten Lenins[263], nach denen die Polizei zerschlagen werden sollte, schien aber angesichts der erlebten Widerstände als pragmatisch opportun. Die Revolutionäre hatten schnell gelernt.

> »Per Verordnung vom 6. Dezember schuf der Rat der Volkskommissare eine ›Außerordentliche Kommission zur Bekämpfung von Konterrevolution und Sabotage‹ (nach der russischen Abkürzung kurz ›Tscheka‹ genannt), die sich mit ihren Terrormethoden in den innenpolitischen Auseinandersetzungen rasch einen zweifelhaften Ruhm erwarb.«[264]

Die Bolschewiki hatten bei der Übernahme der Macht weder Verwaltungs- noch militärische Erfahrung. Daher griffen sie auf zaristisches Personal zurück und übernahmen auch etliche Organisationsformen der alten Herrschaft. Doch die Ochrana, die zaristische Geheimpolizei, unter deren Praktiken die Berufsrevolutionäre der Bolschewiki jahrzehntelang gelitten hatten, wurde zerschlagen. Sie lösten sie – was deren personelle Zusammensetzung betraf – auf, ihre Kontinuität resultierte aus der repressiven Funktion.

Der Mangel an personeller Kontinuität sorgte zunächst für Schwierigkeiten beim Aufbau der Organisation. Allerdings gab es ja die lange in Russland bestehende Tradition der Strukturierung und Nutzung geheimer Polizeiapparate. Die einzige Organisation, die schon vor der Revolution – und das seit ca. 20 Jahren – bestand, war die jetzt kommunistisch genannte Partei. Daher erhielt sie eine nicht nur theoretisch, sondern auch pragmatisch begründete zentrale Funktion bei der Steuerung des Staates – und das galt besonders für den Aufbau

263 Lenin 1917a, S. 64.
264 Altrichter 2018, S. 87.

der Tscheka. Man war lange genug auf der »empfangenden«, passiv ertragenden Seite polizeilicher Repression, jetzt konnte man diese Erfahrungen auf der »gebenden«, aktiven Seite der Repression nutzen:

> »[…] angesichts der harten Repression und Unterwanderung der Bolschewiken durch die Ochrana, war es nicht akzeptabel, mehr als eine Handvoll von Ochrana-Leuten in der Geheimpolizei zu nutzen […] Unter diesen Bedingungen sollten die Methoden und das Personal der revolutionären Parteien, nicht die verhasste Ochrana die Basis der Tscheka-Arbeit formen.«[265]

Die Tscheka der Bolschewiki unterschied sich, auch wenn man sich von deren Vorbild explizit zu distanzieren suchte, in ihren Zwecken nicht von der Geheimpolizei unter den Zaren: Sie war der Apparat zum Erhalt der Macht. Ihr Mittel war die *Kontrolle* der Bevölkerung, die Niederschlagung der Konterrevolution, von Aufständen und aller Bewegungen, die dem Regime bedrohlich erschienen. Die Partei nutzte die Tscheka, um ihre Ziele durchzusetzen. Und so nahm sie relativ schnell die Organisationsformen ihrer zaristischen Vorgängerorganisationen an. Ihre Funktion wurde während des Bürgerkriegs immer bedeutender, und damit wuchs ihre Macht innerhalb der Sowjetunion, und ihre Brutalität überstieg die der Ochrana.

Im März 1918 wurde in Brest-Litowsk mit Deutschland ein Separatfrieden abgeschlossen, der mit der Hinnahme von territorialen Verlusten verbunden war. Nicht nur die Verlierer der Revolution, d. h. Mitglieder der Ober- und Mittelschicht, Bauern, die über die Beschlagnahmung ihres Getreides wütend waren, sowie andere Sozialisten, die nicht mit den Bolschewiki einverstanden waren, verbündeten sich gegen die neuen Herrscher, sondern auch ehemalige Verbündete des Weltkriegs bildeten gemeinsam die sogenannte »Weiße Bewegung«.

Im Sommer 1918 kam es zu einer Welle des sogenannten »weißen Terrors«. Am 30. August 1918 schoss eine Frau namens Fanny Kaplan auf Lenin und verletzte ihn ernsthaft.[266] Die Partei antwortete ab da mit »rotem Terror«:

> »Nach offiziellen Statistiken wurden im September 2600 Personen erschossen, im Oktober 641. Im September erschoss die Petrograder Tscheka 512 Personen an einem Tag, die Kronstadter Tscheka 500.«[267]

265 Adelman 1984b, S. 79 (Übers. v. F. B. S.).
266 Ulam 1973, S. 203.
267 Adelman 1984b, S. 85 (Übers. v. F. B. S.).

Die Kompetenzen der Tscheka wurden in dieser Zeit immer weiter ausgeweitet und jeder externen Kontrolle – wie etwa durch Gerichte – entzogen:

> »Ende August erklärte Latsis, ein führender Tschekist: ›Im Bürgerkrieg ist kein Raum für Gerichtsverfahren. Der Kampf geht um Leben und Tod. Wenn du nicht tötest, wirst du getötet ... Töte, damit du nicht getötet wirst.‹ [...] Im Oktober erklärte die Tscheka, dass sie ›in ihren eigenen Aktivitäten komplett unabhängig‹ sei. [...] Im Oktober hatte sie Zweigstellen in jeder bedeutenden Stadt im Land. Im Dezember fasste Latsis den Geist der neuen Tscheka-Verfahrensweisen zusammen:
>
> ›Frag nicht nach belastenden Beweisen, um nachzuweisen, dass der Gefangene in Worten oder Taten gegen die Sowjets ist. Deine oberste Pflicht ist, ihn zu fragen, zu welcher Klasse er gehört, was seine Herkunft, seine Ausbildung, sein Beruf ist. Diese Fragen sollten das Schicksal des Gefangenen entscheiden. Das ist der Sinn des Roten Terrors ...‹.«[268]

Die Tscheka hatte sich – reagierend auf die schwierige Lage im Bürgerkrieg – verselbstständigt und sie bildete einen Staat im Staat, ja, sie wurde zur wesentlichen Stütze des neu entstehenden Staats. Als im Sommer 1918 ein Anschlag auf den Tscheka-Chef von Petrograd und Lenin verübt wurde, antwortete sie mit einem Terror, der jedes Maß vermissen ließ:

> »Obgleich die Attentäter aus den Reihen der Sozialrevolutionäre stammten, begann die Tscheka im September 1918 damit, zur Vergeltung Angehörige der Oberschicht zu töten. Jedes Mal, wenn Widerstand aufschien, wurden unschuldige Menschen als Geiseln genommen und erschossen.«[269]

Da die Tscheka in erster Linie von Mitgliedern der Partei gebildet wurde, war dies im Sinne der Partei und ihres Ziels der Vernichtung der Oberklasse. Im Dezember 1919 waren 70 % – 80 % der Mitarbeiter der Tscheka Parteimitglieder, und Ende 1920 bestand die Tscheka aus 68.300 Personen.[270]

Unzählige Gruppen kämpften gegeneinander, die Lage blieb lange chaotisch und anarchisch und war von Gewalttätigkeit bestimmt. Die Tscheka hatte dabei den Vorteil, besser organisiert zu sein als diese kleineren Gruppen. Der rote Terror erfolgte systematisiert:

268 Ebd., S. 84 (Übers. v. F. B. S.).
269 Baberwoski 2012, S. 64 f.
270 Vgl. Adelman 1984, S. 87.

»Die von den Bolschewiki ausgelöste Welle des Blutvergießens wuchs mit erstaunlicher Geschwindigkeit und überflutete praktisch ohne Unterbrechung drei Jahre lang, von 1918 bis 1920, das Land. [...] Das allgegenwärtige Elend, die Abstumpfung gegenüber menschlichem Leid und die Zerstörung jedes Gefühls für Recht und Unrecht lassen sich statistisch nicht erfassen. Brutale Morde und massenhafter Terror wurden alltäglich. Von der allgemeinen Verrohung wurden unweigerlich auch die Bolschewiki erfasst. Der Bürgerkrieg formte den neuen Staat und bestimmte weitgehend seine Entwicklung.«[271]

Das dürfte auch für die persönliche Entwicklung Stalins gelten, der nun als Volkskommissar, was der Funktion eines Ministers entspricht, Mitglied der umstrittenen Regierung war.

Mit dem Bürgerkrieg wurden auch die zunächst aus programmatischen Gründen angeordneten Auflösungen der zaristischen Staats- und Organisationsstrukturen zugunsten basisdemokratischer Verfahrensregeln wieder zurückgenommen. Ihre Begründung hatte Lenin in seiner von August bis September 1917 verfassten Schrift *Staat und Revolution* geliefert. Er bezog sich dort auf Marx und Engels, die in der Vorrede zur neunten deutschen Auflage des *Kommunistischen Manifests* unter Bezug auf die Erfahrungen der Pariser Kommune formuliert hatten:

»Namentlich hat die Kommune den Beweis geliefert, dass ›die Arbeiterklasse nicht die fertige Staatsmaschine einfach in Besitz nehmen und sie für ihre Zwecke in Bewegung setzen kann‹.«[272]

Und Lenin übersetzt dies in radikaler Weise in folgende Handlungsanweisung, die dann zunächst das Ziel der Bolschewiki nach der Revolution bestimmte:

»Der Marxsche Gedanke besteht darin, dass die Arbeiterklasse ›die fertige Staatsmaschine‹ *zerschlagen, zerbrechen* muss und sich nicht einfach auf ihre Besitzergreifung beschränken darf. [...] In diesen Worten: ›die bürokratisch-militärische Maschinerie zu zerbrechen‹, ist, kurz ausgedrückt, die Hauptlehre des Marxismus von den Aufgaben des Proletariats in der Revolution gegenüber dem Staat enthalten.«[273]

Die von Lenin – und seinen Nachfolgern – verwendete Metaphorik entsprach, wie bereits betont, dem Ende des 19., Anfang des 20.

271 Chlewnjuk 2015, S. 100 f.
272 Marx zit. n. Lenin 1917, S. 347 f.
273 Lenin 1917, S. 348 f.

Jahrhunderts üblichen Verständnis von Organisation als Maschine. Zerschlagen und Zerbrechen waren daher die passenden Metaphern, um deren Auflösung zu propagieren.

Der Machtgewinn der Tscheka

Der Bürgerkrieg bildete Rahmen und Voraussetzung für die Entwicklung und die unglaubliche Macht der Tscheka. Denn im Krieg ändern sich generell die Maßstäbe für die Angemessenheit von Verhalten.

Ein gutes Beispiel dafür ist der Bedeutungsverlust des Rechtssystems. Wie problematisch man die Justiz im Zarenreich auch immer bewertet haben mag, es gab doch ein gewisses Maß an zuverlässigen Prozeduren der Entscheidungsfindung im Justizsystem.[274] Sie sind ja generell langsam, da sie vorgegebenen Verfahrensregeln folgen müssen und Entscheidungen nur aufgrund rechtlicher Kriterien als legitim gelten. Im Bürgerkrieg war die Zeitdimension der Kommunikation von entscheidender Bedeutung. Daher wurden für die Tscheka (und damit für die herrschende Kommunistische Partei) alle einklagbaren Verfahrensregeln außer Kraft gesetzt. Dadurch wurden schnelle Entscheidungen möglich (auch wenn dies nicht unbedingt das Motiv für die Außerkraftsetzung juristischer Regeln gewesen sein mag). Die Tscheka vereinte nun die Rollen von Ankläger, Richter und Vollstrecker von Urteilen in einer Hand. Und die Maßstäbe der Entscheidungsfindung waren nicht sachlich definiert (Sachdimension der Kommunikation), sondern allein – und das recht willkürlich – durch die (ziemlich krude definierte) Klassenzugehörigkeit (Sozialdimension der Kommunikation).

Die Organisationsform der Tscheka war zunächst regional gegliedert. Die Organisationseinheiten in den Gouvernements (Gubernya) und Bezirken (Ueds) agierten autonom, sodass dem lokalen Missbrauch der Macht kaum Grenzen gesetzt waren. Dies führte zur Gegenbewegung, d. h. zu einer Stärkung der Zentrale und Einschränkungen der Macht der regionalen Tscheka-Einheiten.

Der »rote Terror« der Tscheka war das Mittel zur Etablierung der Macht der Bolschewiki. In Erinnerung zu rufen ist, dass die Idee des Terrors auf die Französische Revolution zurückging, die ja noch nicht so lange zurücklag. In den Jahren 1793/94 versuchten die Jakobiner

274 Zur Logik des Rechtssystems siehe Luhmann 2000b.

durch »Schreckensherrschaft« (»terreur«) ihre Macht zu sichern. Es war also – das muss heute, wo Terror üblicherweise mit dem Widerstand gegen eine Regierung assoziiert ist, vermerkt werden – eine Regierung, die den Terror initiierte, um ihre Macht zu stabilisieren. Ganz analog war nun die Funktion des Terrors der Tscheka.

Dass auf staatlicher Ebene zunächst Hierarchien systematisch abgebaut wurden, ist ein Hinweis auf die Naivität des Organisationsverständnisses der Revolutionäre (auch wenn sie dabei wahrscheinlich dem Geist der Zeit entsprachen). Man sah Organisationen als Maschinen/Apparate, die man nur zu zerschlagen brauchte, und alles wäre gut ... Da hierarchische Positionen in Organisationen oft (d.h. nicht zwangsläufig) von Personen mit Sachverstand besetzt sind, wurde nicht zwischen Person, Funktion und Rolle unterschieden und – ganz abstrakt – auch jeglicher Sachverstand disqualifiziert. Das Ideal symmetrischer, auf Gleichheit beruhender Beziehungen übersah die Funktionalität hierarchischer Beziehungen als Mittel der Koordination einer Vielzahl autonomer Akteure.[275]

Die Aktionen der Revolutionäre waren zunächst gezielt gegen alle Arten von Hierarchien in Organisationen gerichtet. So wurden im Rechtssystem die Rollen des professionellen Anklägers und Verteidigers, in der Armee die Dienstränge und Titel abgeschafft, und das Bankwesen wurde zu einem Staatsmonopol umgewandelt. Beim Militär wurde das zwar wieder rückgängig gemacht, aber dennoch war dieser selbstverursachte Abbau organisationaler Infrastrukturen des Staates eine der Voraussetzungen für den Funktionsgewinn der Tscheka. Er stieg parallel zum Niedergang der Funktionalität der genannten anderen Organisationen.

So kam es, dass die Tscheka in der Zeit des Bürgerkriegs auch Aufgaben übernahm, die originär zur staatlichen Verwaltung gehören: Beginnend bei der Sicherung von Verkehrs- und Versorgungsinfrastrukturen wie Eisenbahnlinien, Wasser- und Elektrizitätswerken, übernahm sie die Verbrechensbekämpfung und die Verfolgung politischer Abweichler, die Niederschlagung von Aufständen, den Betrieb von Konzentrationslagern bis hin zur Sorge für Waisenkinder.

Insgesamt kosteten die Aktivitäten der Tscheka ca. 100.000 Menschenleben, und das war nur ein geringer Prozentsatz der Opfer des Bürgerkriegs, deren Zahl auf 8 bis 13 Millionen Tote geschätzt wird.[276]

275 Simon 2007, S. 92 ff.
276 Adelman 1984b, S. 87.

Russland war am Ende des Bürgerkriegs, wie man heute sagen würde, zum »failed state« geworden. Hunger und Massenarbeitslosigkeit im ganzen Land waren die Folge.

Nach dem Bürgerkrieg wurde 1922 die Tscheka formell aufgelöst und in eine neue Organisation überführt: die GPU (Staatliche politische Verwaltung).

Stalin in Zarizyn

Stalins Rolle im Bürgerkrieg war, wie während der Revolution, von keiner großen Bedeutung. Der Krieg war Trotzkis Domäne. Stalin war Volkskommissar für die Nationalitäten, was in den Kampfhandlungen keine besondere Rolle spielte. Um in der Rivalität mit Trotzki mitspielen zu können, ließ er sich zum Verantwortlichen für das Versorgungswesen in Südrussland ernennen.[277]

In dieser Funktion fuhr er im Juni 1918 in die südrussische Stadt Zarizyn (später in Stalingrad, jetzt Wolgograd umbenannt). Seine Aufgabe war es, die Versorgung der Hauptstadt mit Getreide sicherzustellen. Zarizyn war von strategischer Bedeutung, da es als Eisenbahnknotenpunkt zwischen dem Zentrum Russlands, dem Kaspischen Meer und dem Kaukasus fungierte und damit eine »rote Landbrücke« zwischen Verbänden der »Weißen« bildete.[278] Stalin kritisierte das Militär vom ersten Tag an. Er forderte militärische Vollmachten und ersetzte, auch ohne sie erhalten zu haben, die militärisch erfahrenen Befehlshaber vor Ort durch Personen, die ihm gegenüber loyal waren. Als sich die Lage durch seine Einmischung nicht nur nicht verbesserte, sondern immer prekärer wurde und im August 1918 Zarizyn vor dem Fall stand, suchte er Sündenböcke:

> »Im Bunde mit dem örtlichen Parteichef und der Tscheka errichtete er in Zarizyn ein Schreckensregiment, das auch vor den ›Militärspezialisten‹ nicht haltmachte. Stalin ›griff durch‹, ging gegen ›Verrat‹, ›Misswirtschaft‹ und ›Sabotage‹ vor, die er vornehmlich bei ›Ehemaligen‹ im Militärdienst und bei anderen ›Konterrevolutionären‹ bürgerlicher Herkunft entdeckte. […] Außerdem deckte er ›verschwörerische Machenschaften‹ auf, ahndete sie mit Erschießungen (ohne Gerichtsver-

277 Vgl. Antonow-Owssejenko 1980, S. 15.
278 Altrichter 2018, S. 98; vgl. Ulam 1973, S. 205 ff.

> fahren), und die lokalen Medien sorgten für die nötige abschreckende und mobilisierende Resonanz.«[279]

Auch wenn Stalin durch den von ihm initiierten Terror Lenin seine Entschlossenheit bewies, so gelang ihm weder die erhoffte Zufuhr an Nahrungsmitteln für die Hauptstadt zu sichern noch militärische Erfolge vorzuweisen.[280] Daher begann Trotzki in einem Brief an Lenin, »kategorisch« die Abberufung Stalins zu fordern: »Alle Armeen haben Erfolge vorzuweisen, nur im Süden bleiben sie aus, und das gilt insbesondere für Zarizyn. Dort haben wir eine kolossale Übermacht an Truppen, aber totale Anarchie an der Spitze.«[281] Im Oktober musste Stalin schließlich den Posten räumen und Zarizyn verlassen. Die Auseinandersetzungen mit Trotzki verschärften sich seit dieser Zeit.

> »Stalins Konflikte mit seinen Genossen in den Jahren des Bürgerkriegs wurden zu einer Gewohnheit, die zwar nicht neu war, aber nun deutlicher hervortrat und tiefere Wurzeln schlug. Die Partei wurde von Auseinandersetzungen geplagt, die auf grundsätzlichen Differenzen und persönlichem Ehrgeiz beruhten. Unter diesen Umständen war die Bildung von Cliquen unvermeidlich. Eine davon bestand aus den Veteranen von Zarizyn, Mitgliedern der 1. Reiterarmee und Transkaukasiern, die von Stalin gefördert und unterstützt wurden. Andere Sowjetführer sammelten ebenfalls Anhänger um sich. Der Grundstein für spätere politische Zusammenstöße und Machtkämpfe wurde gelegt.«[282]

Aber wahrscheinlich für alle Cliquen und Untergruppen galt: »Im Bürgerkrieg gewöhnten sich die Bolschewiki an Blutvergießen und unbarmherziges Vorgehen. Gräueltaten verloren ihren Schrecken.«[283]

Wenn man auf die in den 30 Jahren nach dem Bürgerkrieg von Stalin sorgfältig revidierte Geschichtsschreibung schaut, so scheint er in dieser Zeit eine zentrale Rolle gespielt zu haben. Dem widerspricht Trotzki, der nach Meinung unabhängiger Beobachter diese Rolle als Organisator und Stratege der Roten Armee tatsächlich innehatte, in seiner Stalin-Biografie entschieden (und er belegt seine Darstellung durch vielfältige Dokumente). Zusammenfassend ist sein Urteil über Stalins Beitrag zum Sieg im Bürgerkrieg negativ, wie es aufgrund der

279 Altrichter 2018, S. 100 f., vgl. Chlewnjuk 2015, S. 104; vgl. Antonow-Owssejenko 1980, S. 18 ff.
280 Vgl. Trotzki 1940, S. 353 ff.
281 Zit. n. Chlewnjuk 2015, S. 108 f.
282 Ebd., S. 115 f.
283 Ebd., S. 116.

konflikthaften Beziehung beider zu erwarten war (aber wahrscheinlich ist sein Urteil dennoch realistisch): »Während der ganzen Dauer des Bürgerkriegs blieb Stalin eine Figur dritter Ordnung, nicht nur in der Armee, sondern auch auf politischem Gebiet.« Und nachdem er weitere Dokumente als Beleg für diese Einschätzung zitiert, fasst Trotzki die Bedeutung des Bürgerkriegs für Stalin lakonisch zusammen: »Er hatte Stalin nicht zum Führer gemacht.«[284]

Obwohl sich unter unabhängigen Biografen keiner findet, der Stalins Aktionen in Zarizyn irgendeinen positiven Aspekt abgewinnen kann, ragt unter ihnen Anton Antonow-Owssejenko durch ein besonders harsches Urteil über Stalin, seine Persönlichkeit wie auch sein Handeln hervor. Über die Zeit, die Stalin in Zarizyn verbrachte, schreibt er:

> »In Südrussland hatte Stalin ein großes Spiel arrangiert. Er hatte sich in der Rolle des Diktators gefallen. Hatte Blut geschmeckt. Wer könnte schon nachzählen, wieviel tausend Offiziere, Soldaten, Rotarmisten auf seinen Befehl erschossen wurden.
>
> In Stalins Leben ist Zarizyn ein frühes Übungsgelände.«[285]

Möglich wurde ihm diese Phase des Diktierens, ohne ein formales Mandat dazu zu haben, weil er sich mit einem Netz loyaler und ihm ergebener Personen umgeben hatte. Sie gefährdeten ihn nicht, und er setzte sie auf militärisch verantwortliche und machtvolle Positionen. Ein von ihm wahrscheinlich nicht intendierter Effekt war, dass sie auf diesen Posten ihre Inkompetenz als Befehlshaber bewiesen. Das Erschießen oder Degradieren erfahrender Offiziere mag Stalin persönlich befriedigt haben, aber es hatte desaströse Wirkung für die Kampfkraft seiner Truppen.

Das war Folge des Entscheidungsmusters Stalins: Für ihn und die Gruppe seiner Loyalisten spielte die Sozialdimension der Kommunikation, die Beziehungsebene, stets die wesentliche Rolle. Stalin hielt sich inhaltlich (Sachdimension der Kommunikation) stets offen und ließ sich nicht aus theoretischen Erwägungen, Ideen oder Werten in seiner Handlungsfreiheit beschränken. Dies hatte, wie Trotzki in einem anderen Zusammenhang feststellte, mit Stalins »organischem Opportunismus«[286] und seiner »Mentalität« zu tun:

---

284 Trotzki 1940, S. 392.
285 Antonow-Owssejenko 1980, S. 21.
286 Trotzki 1940, S. 241.

»Er ist für allgemeine Ideen unempfänglich, und sein Gedächtnis hält sie nicht zurück. Er bedient sich ihrer je nach Bedarf, von Fall zu Fall, und wirft sie ohne Bedauern und fast automatisch beiseite.«[287]

Kommunikation in der Partei

Aus systemtheoretischer Sicht ist bemerkenswert, dass die Ausdifferenzierung interner Strukturen der Kommunistischen Partei über Jahre hin *formale Strukturen* schuf, z. B. das Zentralkomitee an der Spitze der Partei und das Politbüro, doch faktisch während des Bürgerkriegs *informelle Kommunikationswege* und *persönliche Beziehungen* ausschlaggebend für die Entscheidungen waren. Erst nach dem Bürgerkrieg und in den Jahrzehnten bis zur Auflösung der Sowjetunion trafen die offiziellen Gremien die bindenden Entscheidungen, wobei ihre Besetzung aber immer noch überwiegend persönlichen und nicht sachlichen Kriterien (wie etwa persönlichen Kompetenzen der Kandidaten) folgte.

Auch wenn es ernst zu nehmende ideologische und politisch-taktische Differenzen gab, so wurde die Bildung gegeneinander abgegrenzter Untergruppen innerhalb der Führungsriege von der Orientierung an Personen und die Loyalität zu ihnen bestimmt (Personenorientierung/Personen und informelle Strukturen/Kommunikationswege als Entscheidungsprämissen).

Wer als Funktionär einer illegalen Partei im Untergrund lebt und agiert, kann nicht zwischen den Kontexten »Privatleben« und »Arbeit« unterscheiden. Die Kontakte, die er im Untergrund hat, sind stets von der Gefahr belastet, verraten zu werden. Ausnahme: Genossen, die in analoger Weise im Untergrund leben und als Mitglieder derselben verbotenen Organisation gleichen Gefahren ausgesetzt sind. All das galt auch für Stalin und die meisten anderen Mitglieder des Zentralkomitees. Zwischen ihnen entwickelten sich persönliche Beziehungen, die wie andere Beziehungen zwischen Menschen, die eine gemeinsame Geschichte durchlaufen, eine starke affektive Tönung erhielten. Die Kommunikation zwischen ihnen gewann ihren Sinn daher in der Regel nicht allein in der Sachdimension, sondern stets auch, oft sogar überwiegend, in der Sozialdimension. Je länger die gemeinsame Geschichte war, desto wichtiger zeigten sich bei der Ent-

287 Ebd., S. 245.

scheidungsfindung Fragen der Beziehungsdefinition im Vergleich zu Sachfragen. Im Blick auf Stalin scheint es dennoch nützlich, zwischen den professionellen Beziehungen zu Genossen und den privaten Familienbeziehungen zu unterscheiden. In Familien ist die Sachdimension der Kommunikation in der Regel der Sozialdimension untergeordnet. Die Beziehungen zwischen Frau, Mann, Kindern usw. entgehen zwar nicht der Notwendigkeit, sich mit Sachproblemen herumzuschlagen, aber die Sachprobleme sind nicht konstituierend für sie. Das ist in der Beziehung zwischen Berufsrevolutionären anders. Sie kommen aufgrund eines (vermeintlich) gemeinsamen Ziels zusammen. Deswegen kann theoretisch zwischen den persönlichen Beziehungen zu Genossen und Familienmitgliedern unterschieden werden, auch wenn dies in der Praxis der Revolutionäre nicht geschah.

Im Leben Stalins waren einige Genossen, die er schon lange kannte und mit denen er in der Verbannung war, wichtige Bezugspersonen. Am 12. März 1917 kehrte er mit einigen anderen verbannten Mitgliedern des Zentralkomitees nach Petrograd zurück. Dies wurde legal möglich, weil nach dem Sturz des Zaren eine Amnestie erlassen worden war. Zu den Rückkehrern gehörten u. a. auch Kamenew und Sinowjew, mit denen er lange Zeit in der Verbannung verbracht und eine persönliche Beziehung entwickelt hatte. Sie würden in der Entwicklung der Sowjetunion eine wichtige Rolle spielen, und Stalin würde eine wichtige Rolle in ihrem Leben (und Sterben) spielen.

Stalin und Kamenew kannten sich schon lange vor der Verbannung. Sie hatten zusammengearbeitet und waren durch Freundschaft miteinander verbunden. Illustriert wird die Qualität ihrer Beziehung durch einen Brief, den Stalin im Dezember 1912 an Kamenew geschrieben hatte:

> »Ich grüße Dich, mein Freund! Ich reibe meine Nase in einem Eskimokuss an Deiner. Verdammt. Ich vermisse Dich wie der Teufel. Ich vermisse Dich, das schwöre ich bei meinem Hund! Es gibt keinen einzigen Menschen, mit dem ich so von Herz zu Herz sprechen könnte. Der Teufel soll Dich holen.«[288]

Nach ihrer Rückkehr übernahmen sie die Redaktion der *Prawda* und vertraten eine ähnliche, wenig radikale Position. Nach Lenins »Aprilthesen« änderte sich dies, denn Stalin wechselte (zumindest

288 Zit. n. Chlewnjuk 2015, S. 85.

öffentlich) seine Position, indem er auf Lenins Seite umschwenkte. Kamenew blieb bei seiner Position.

Wahrscheinlich war die Beziehung Stalins zu Kamenew im Vergleich zu seiner Beziehung zu den anderen altgedienten Bolschewiken die engste. Genauere Angaben darüber sind nicht zu finden. Aber es ist davon auszugehen, dass persönliche Sympathien und Antipathien eine wichtige Rolle in der Fraktionsbildung innerhalb der Bolschewiki gespielt haben. Zwischen Swerdlow, einem anderen der Rückkehrer, und Stalin bestanden z. B. seit der gemeinsam verbrachtet Verbannung in Kureika feindselige Gefühle.[289]

Stalins Beziehung zu Lenin war stets von demonstrierter Bewunderung und Unterwerfung geprägt, wobei aber immer wieder Ambivalenzen deutlich wurden, etwa wenn Stalin, wie erwähnt, lange Zeit die Positionen Kamenews unterstützte. Dass Stalin überhaupt ins Zentralkomitee gelangen konnte, hatte er wohl auch Lenin zu verdanken. Der hatte offenbar seinen Gefallen an diesem »großartigen Georgier« gefunden, denn der verhielt sich gewissermaßen komplementär zu ihm. Während Lenin der brillante Theoretiker war, der politische Stratege mit dem weiten Horizont, war Stalin der Pragmatiker, der nichts zur theoretischen Entwicklung beitragen konnte, aber sich in Organisationsbelangen nützlich machte und auch nicht vor der Anwendung roher Gewalt zurückschreckte.

Die Beziehung Stalins zu Untergebenen war durch eine bedingungslose Loyalitätsforderung charakterisiert. Er schuf sich seine private Truppe, ein soziales Subsystem, das durch klare Fokussierung auf ihn und seine Interessen gekennzeichnet war. Wer dazugehörte, konnte mit entsprechenden Vorteilen rechnen. Die Gruppe, mit der Stalin nach Zarizyn gekommen war, ist ein Beispiel für solch eine Gruppe oder Clique: »Die Zarizyner Gruppe wurde der Kern der stalinistischen Fraktion.«[290]

Diese radikale Personenorientierung mit einer festen Bindung der Beteiligten an ihren Führer ermöglichte es, Machtstrategien gemeinsam zu verfolgen, ohne sich von Sach- oder Ideologiefragen behindern zu lassen – ein Maximum an Flexibilität.

Was die ihm Untergebenen betraf, so folgte Stalin einer klaren Freund-Feind-Unterscheidung (die wahrscheinlich mit der Loyal-il-

289 Vgl. Trotzki 1940, S. 258.
290 Ebd., S. 339.

loyal-Unterscheidung deckungsgleich war). Während Lenin meinte, dass für die Parteiarbeiter generell »die Aufrechterhaltung freundschaftlicher Beziehungen unumgänglich« war, handelte Stalin zur Zeit des Bürgerkriegs ganz anders:

> »Um sich anderen überlegen zu fühlen, musste er sie beleidigen. Seine Arbeit bot ihm nur Befriedigung, wenn er seiner Verachtung für die ihm Unterstellten auf die gröbste Art Luft machen konnte. Da ihm kein anderes zur Verfügung stand, griff er zur Grobheit als dem Mittel, mit seinem besonderen Genie zu prunken, das in der Verachtung für Institutionen und Männer bestand, die allgemeine Achtung genossen.«[291]

Dass Trotzki kein sonderlich sympathisches Bild von Stalin malt, illustriert einmal mehr die feindschaftliche Beziehung zwischen beiden. Trotzdem gestand auch Stalin zunächst den überragenden Beitrag Trotzkis zum Sieg der Bolschewiki ein, denn dessen Leistung war für alle Zeitgenossen offensichtlich:

> »Alle praktische Organisationsarbeit für den Aufstand wurde unter der unmittelbaren Leitung des Vorsitzenden des Petrograder Sowjets, des Genossen Trotzki, durchgeführt. Man kann mit Sicherheit sagen, dass die Partei den schnellen Übergang der Garnison auf die Seite des Sowjets und die kühne Durchführung der Arbeit des Revolutionären Militärkomitees hauptsächlich und vor allem dem Genossen Trotzki verdankt.«[292]

Trotzki selbst, der dies in seiner Stalin-Biografie zitiert, meint aus diesen Formulierungen »einen unterdrückten Ärger« lesen zu können. Er sieht in Stalin in erster Linie das Mittelmaß in allem, was er tut. Und es zeigt sich, auch wenn er immer wieder behauptet, er habe sich bemüht, Stalin in wichtige Entscheidungen einzubinden, dass er Stalin eigentlich verachtet. Das wird spätestens deutlich, wenn er ihm – wie andere Biografen auch – Eigenschaften zuschreibt wie »orientalische Faulheit«, »Neid«, »Hinterhältigkeit«, »Rachsucht«, »Intrigantentum«, »Listigkeit«, »Unaufrichtigkeit« usw.

Dass die beiden in tief empfundener persönlicher – d. h. in ihrem Fall auch: politischer – Feindschaft verbunden waren, blieb auch nach Ende des Bürgerkriegs eine Konstante.

291 Ebd., S. 372.
292 Zit. n. ebd., S. 359.

Private Kommunikation: Stalins zweite Ehe

Mit dem Erfolg der Oktoberrevolution 1917 änderte sich die Lebenssituation Stalins im Vergleich zur Untergrundarbeit als Berufsrevolutionär und Verbannter radikal. Stalin wurde Volkskommissar, d. h. Minister der Revolutionsregierung. Er musste nicht mehr den Ort seiner Betätigung wechseln, um der Verhaftung zu entgehen, sondern er hatte nun einen festen Arbeitsplatz und Wohnsitz, regelmäßige Einnahmen, Mitarbeiter. Er war Leiter einer – wenn auch zunächst nur rudimentär existierenden – Organisation: des »Volkskommissariats für das Nationalitätenwesen«.

Aus den politischen Beziehungen Stalins erwuchsen auch seine familiären Beziehungen. Schon im Kaukasus hatte er enge Beziehungen zu Sergei Allilujew und dessen Frau Olga. Sie hatten ihm in Tiflis Unterschlupf gewährt, als er von der Ochrana gesucht wurde. Jetzt wohnten sie schon längere Zeit in Petrograd, hatten Lenin kurze Zeit beherbergt und erneut auch Stalin. Dort lernte Stalin auch ihre Tochter Nadeschda (genannt Nadja), geboren 1901, kennen. Sie ging noch ins Gymnasium. Sie würde seine Frau werden.

Nadeschdas Tochter Swetlana schrieb später über sie und die Beziehung zu ihrem Vater:

> »Sie war ja noch ein Kind, – und plötzlich wurde diesem Kind ein so schweres Los aufgebürdet! Hat doch ein jeder schon allein an Revolution und Bürgerkrieg und an den Zerstörungen übergenug zu tragen gehabt ... Nein, auf dieses Kind fiel wie ein Stein die Liebe zu einem Menschen, der zweiundzwanzig Jahre älter war, der aus der Verbannung zurückgekehrt war und das harte Leben eines Revolutionärs geführt hatte; zu einem Mann, mit dem Schritt zu halten auch den Kameraden schwerfiel. Und sie versuchte, Schritt zu halten; wie ein kleines Boot, das an einen riesigen Ozeandampfer angehängt ist, so sehe ich dieses ›Paar‹ nebeneinander den schäumenden Ozean durchqueren.«[293]

Nadeschda wurde im Alter von 17 Jahren seine Sekretärin. In dieser Funktion begleitete sie ihn – zusammen mit einer Gruppe bewaffneter Männer – nach Zarizyn.[294] Ein Jahr später heirateten sie, denn Nadeschda war schwanger. Sie war zum Zeitpunkt der Hochzeit 18 Jahre, ihr Ehemann 40 Jahre alt.

---

293 Allilujewa 1967, S. 143.
294 Vgl. Altrichter 2018, S. 99.

Aus der Perspektive der erwachsenen Frau und Tochter, die selbst Kinder hat und auf ihre Kindheit zurückblickt, schreibt Swetlana über ihre Eltern:

> »Ich weiß nicht, weshalb, aber jetzt, im Alter von siebenunddreißig Jahren, sehe ich überaus deutlich den Unterschied, den totalen Gegensatz der Charaktere dieser beiden Menschen, die sich zu einer Familie vereinigten ... Einmal, in einem bestimmten Augenblick, wird dieses Gefühl der Romantik, der starken Empfindungen, der jugendlichen Begeisterung für die Revolution unvermeidlich einer reifen Nüchternheit weichen. Und dann wird sie alles mit anderen Augen sehen.«[295]

Nadja, die Schülerin, idealisierte Stalin. Sie bewunderte ihn mit jugendlichem Enthusiasmus, sah sich selbst als Mitglied der »Revolutionsgeneration«, die sich dranmachte, die Welt zu verändern. Ihre Tochter schreibt:

> »Sie waren selbst *neue* Menschen und glaubten unbeirrbar an ihr Ideal, nämlich an den Menschen, den die Revolution aus dem Kleinbürgertum erlöst und von allen anderen Lastern befreit hatte. Daran glaubte auch Mama mit der ganzen Kraft ihres revolutionären Idealismus, und es gab damals in ihrer Umgebung sehr viele Menschen, deren Verhalten sie in ihrem Glauben bestärkte. Und unter diesen war ihr einst mein Vater als höchstes Ideal des ›neuen Menschen‹, des Revolutionärs, erschienen. Als solchen sah sie ihn mit den Augen der jungen Gymnasiastin, ihn, der eben erst aus Sibirien zurückgekehrt war, der unbeugsame Vorkämpfer, der Freund ihrer Eltern. Lange Zeit sah sie ihn noch so, aber nicht für immer ...«[296]

Doch bevor Nadja desillusioniert war, sorgte sie über lange Jahre für ein – wie es der Tochter schien – glückliches Familienleben.

Was mit Blick auf Stalins Beziehung zu Frauen auffällt, ist, dass sie (allesamt außer Kato, seiner ersten Frau) sehr viel jünger waren als er. Dass dies allein nicht auf landes- und/oder zeitübliche Bräuche und Vorstellungen der Beziehung von Mann und Frau zurückgeführt werden kann, zeigt das Gegenbeispiel Lenins. Seine Frau, Nadeschda Krupskaja, war ein Jahr älter als er, eine eigenständige Politikerin, bekannte Pädagogin, selbst Revolutionärin. Auch wenn solch eine Symmetrie der Beziehung nicht den zeit- und kulturtypischen Er-

295 Allilujewa 1967, S. 144.
296 Ebd., S. 159.

wartungen an Ehen entsprochen haben mag, so lädt das generelle Muster der Intimbeziehungen Stalins zur Hypothesenbildung ein. Eine naheliegende Deutung ist, dass diese Asymmetrie der Beziehung der Form von Beziehung entsprach, die Stalin im politischen Kontext ebenfalls bevorzugte: Er umgibt sich mit Menschen, die sich ihm unterordnen, sich ihm unterwerfen, sich seiner Macht ausliefern – oder ihn zumindest nicht infrage stellen oder gar von ihm erwarten, dass er sich in eine egalitäre oder untergeordnete Position fügt. In der Beziehung zu einer viel jüngeren Frau hatte er das wahrscheinlich nicht zu befürchten.

6 Der Weg zur Macht (1921–1927)

Die Partei

Aufgrund seiner militärischen Leistungen und seiner theoretischen Brillanz schien Trotzki die besseren Karten zu haben, wenn es um Einfluss und Macht in der Partei ging. Auch wenn die Auseinandersetzung zwischen Trotzki und Stalin von vielen Autoren im Rückblick als »Machtkampf« bezeichnet wurde, so ist diese Bezeichnung nicht ganz passend, denn es ging in diesem Konflikt zwar um die Macht, aber es war kein Kampf, kein Duell mit einem Showdown und einem proklamierten Sieger am Ende. Es war ein schleichender Prozess, dessen Resultat hochgradig pfadabhängig war:

> »Es gibt kaum eine wichtige geschichtliche Entscheidung, die sich so unauffällig vollzog und von den Zeitgenossen in ihren Auswirkungen so wenig erkannt wurde, wie die gewaltige Machtanhäufung in Stalins Hand. Sie vollzog sich, als Lenin noch lebte. Bereits zwei Jahre nach dem Ende des Bürgerkriegs stand die russische Gesellschaft weitgehend unter Stalins Herrschaft, ohne dass sie auch nur den Namen ihres Herrschers kannte.«[297]

Das Geheimnis des Erfolgs Stalins ist, dass die Kontrahenten – nicht nur Trotzki und Stalin, sondern auch alle anderen Aspiranten auf die Nachfolge Lenins – ihre Aufmerksamkeit auf jeweils unterschiedliche soziale Systeme fokussierten. Diese unterschiedlichen Fokussierungen haben mit ihren individuellen Geschichten wie auch der Partei zu tun. Die Partei hatte, als sie die Macht übernahm, keine funktionierende Struktur, sondern setzte sich aus einer Menge autonomer Gruppen zusammen. Auch wenn Lenin als Autorität und geistiger Führer allgemein akzeptiert wurde, so änderte dies nichts daran, dass Gruppen die sozialen Bausteine der Bolschewiki (der späteren Kommunistischen Partei) bildeten. Lenin und die anderen Exilanten waren weit weg.

Diese sozialen Mikrostrukturen bestimmten das vorrevolutionäre Leben von Berufsrevolutionären wie Stalin und den anderen »alten Kämpfern«, die jetzt die Mehrzahl der Mitglieder des Zentralkomitees

297 Deutscher 1946/1966, S. 300.

bildeten. Trotzki hingegen war erst 1917 zu den Bolschewiki gestoßen. Bis dahin hatte er eine dritte Position zwischen Menschewiki und Bolschewiki eingenommen, die allerdings nicht durch eine starke Gruppe innerhalb der Partei gestützt wurde.

All dies änderte sich mit der Oktoberrevolution. Die Partei wurde von den Scheintoten erweckt, und mit dem alsbald beginnenden Bürgerkrieg kam es zur »Militarisierung« der Partei.[298] Im Krieg reichte die bis dahin praktizierte Methode der Partei, sich zu organisieren, nicht mehr aus. Folge war eine starke Zentralisierung der Führung zwecks Koordination der unterschiedlichen militärischen Aktionen. Dies geschah zum einen, indem bestehende Organisationsstrukturen des zaristischen Staates reaktiviert und genutzt wurden, zum anderen, indem die Partei sich eine eigene hierarchische und funktionsfähige Organisationsstruktur – vor allem, wie bereits diskutiert, eine Geheimpolizei – zulegte. Diese Strukturen wurden dadurch gekoppelt, dass die verschiedenen Posten in Partei- und Staatshierarchie von »alten Kämpfern« in Personalunion besetzt wurden.

Das formal oberste Organ der Partei war der jährlich stattfindende Parteitag. Er wählte das »Zentralkomitee« (»ZK«), das mindestens zweimal pro Jahr tagte. Bis April 1917 hatte es neun Mitglieder und vier Vertreter. Im Oktober 1917 wurde es auf 21 Mitglieder erweitert, und die Zahl der Mitglieder und Kandidaten nahm von Jahr zu Jahr zu.

Im Jahre 1919 wurde das Zentralkomitee durch das sogenannte Politische Büro (»Politbüro«) ergänzt. Es wurde vom Zentralkomitee gewählt. Es war das faktische Steuerungsgremium der Partei. Es bestand zur Bürgerkriegszeit aus fünf Personen: Lenin, Trotzki, Stalin, Kamenew und Bucharin. Es bildete in dieser Zeit auch die faktische Regierung des Landes,[299] das heißt, die Mitglieder des ZK waren in Personalunion auch (und vor allem) mit staatlichen Aufgaben befasst.

Mit der steigenden Zahl der Parteimitglieder im ganzen Land wurde es nötig, die Verwaltung der Partei zu regeln und die alltägliche Kommunikation zwischen der Zentrale und der Peripherie zu sichern. Zu diesem Zweck wurde 1922 eine neue Organisationseinheit geschaffen: das Sekretariat des ZK, das aus drei Personen (Sinowjew,

298 Chlewnjuk 2015, S. 99.
299 Vgl. Deutscher 1946/1966, S. 304.

Kamenew, Stalin – die »Troika«) bestand. Unter ihnen wurde ein Generalsekretär gewählt. Stalin kandidierte für dieses Amt und wurde am 3. April 1922 vom Parteikongress gewählt.[300]

Die anderen Mitglieder des Politbüros unterstützten seine Bewerbung. Nach Ansicht von Isaac Deutscher verkannten sie aufgrund ihres intellektuellen Hochmuts Bedeutung und Macht, die sich für Stalin mit diesem Amt eröffneten:

> »Seine Aufgaben waren nicht solcher Art, dass sie die ihres eigenen Wertes sich nur zu sehr bewussten Intellektuellen des Politbüros hatten reizen können. Ihr glänzendes Wissen in Fragen der Parteidoktrin, ihr Geschick in der Kunst der politischen Analyse hätten in der Arbeiter- und Bauerninspektion oder im Generalsekretariat kaum ein lohnendes Betätigungsfeld gefunden. Was man dort brauchte, war ein geduldiges und beharrliches Interesse für die kleinsten Organisationsfragen. So missgönnte keiner seiner Kollegen Stalin diesen Posten.«[301]

Das Generalsekretariat entwickelte sich zum absoluten Machtzentrum der Partei und damit auch des Staates. Denn alle Kommunikationen zwischen den formal dem Generalsekretariat hierarchisch übergeordneten Stellen wie dem ZK oder dem Politbüro oder mit den Parteistrukturen in den Teilrepubliken liefen durch dieses Büro – und damit über den Schreibtisch Stalins:

> »In den Büros des Generalsekretariats steckte [...] die reale Macht der Verwaltung und Leitung. Der Form nach war das Generalsekretariat dem illustren und hochgestellten Politbüro untergeordnet. In Wirklichkeit wurde das Politbüro von dem Sekretariat derart abhängig, dass es ohne diese Stütze hilflos in der Luft hing.«[302]

Vor Schaffung des Generalsekretariats war Stalin bereits Mitglied des »Organisationsbüros« (»Orgbüro«) geworden, dessen Mitglieder ebenfalls vom ZK gewählt wurden. Aufgabe des Orgbüros war es, die »Angelegenheiten der Parteifunktionäre« zu bearbeiten.[303] Da er Mitglied des Politbüros wie auch des Orgbüros war, sorgte Stalin

> »für die Übereinstimmung zwischen der Politik und der Organisation, das heißt, er dirigierte die Kräfte der Partei nach den Anweisungen des Politbüros. Mehr als jeder andere seiner Kollegen war er so über die

300 Vgl. ebd., S. 305.
301 Ebd., S. 308.
302 Ebd., S. 305.
303 Vgl. ebd., S. 304.

> täglichen Reibereien in der Partei und über ihren Hintertreppenklatsch unterrichtet«[304].

Diese zentrale Position baute Stalin mit seiner Funktion als Generalsekretär noch weiter aus. Denn das Sekretariat war für die Personalpolitik der Partei verantwortlich. Es bestimmte, wer in der Partei was werden konnte und wurde.[305]

Neben dem Zentralkomitee (ZK) war im Jahre 1921 ein zweites Leitungsgremium geschaffen worden: die Zentralkontrollkommission (ZKK):

> »Sie wachte über die Parteimoral. [...] Die Hauptaufgabe dieser Kommission bestand in der Durchführung von Säuberungen. [...] Man wollte von Zeit zu Zeit die Partei von Karrieremachern säubern, die sich in großer Zahl breitgemacht hatten; man wollte auch die Kommunisten entfernen, die eine bedenkliche Vorliebe für bürgerliche Lebensformen entwickelten, desgleichen die Kommissare, denen ihre Machtstellung zu Kopf gestiegen war.«[306]

Unabhängig von der formalen Definition dieser Kommission führte die Praxis dazu, dass Zentralkomitee und Zentralkontrollkommission gemeinsam tagten und Stalin faktisch zum »Leiter der Säuberungsaktionen« wurde.[307]

Trotzki stimmte als Mitglied des ZK und des Politbüros stets zu, wenn Stalin für eines dieser Verwaltungsämter kandidierte. Sie interessierten ihn offenbar zu dieser Zeit nicht, obwohl er im Rückblick in seiner Stalin-Biografie betont, dass dessen Macht aus seiner bürokratisch-organisatorischen Rolle resultierte.[308] Einer der Gründe für diese Zustimmungen mag sein, dass im Zentralkomitee zum großen Teil alte Kampfgefährten, teilweise Freunde Stalins (wie Kamenew) versammelt waren. Erklärbar ist dies, weil sie sowohl Stalin unterschätzten als auch, was wichtiger erscheint, die Bedeutung organisatorischer Strukturen und der mit ihren formalen Rollen verbundenen Macht. Sie waren eben mit vermeintlich Wichtigerem beschäftigt. Da niemand die Autorität und Macht Lenins infrage stellte, blieb auch die Konkurrenz zwischen den anderen Politbüromitgliedern latent.

---

304 Ebd., S. 305.
305 Vgl. ebd., S. 306.
306 Ebd., S. 306 f.
307 Vgl. ebd., S. 308.
308 Trotzki 1940, S. 430 ff.

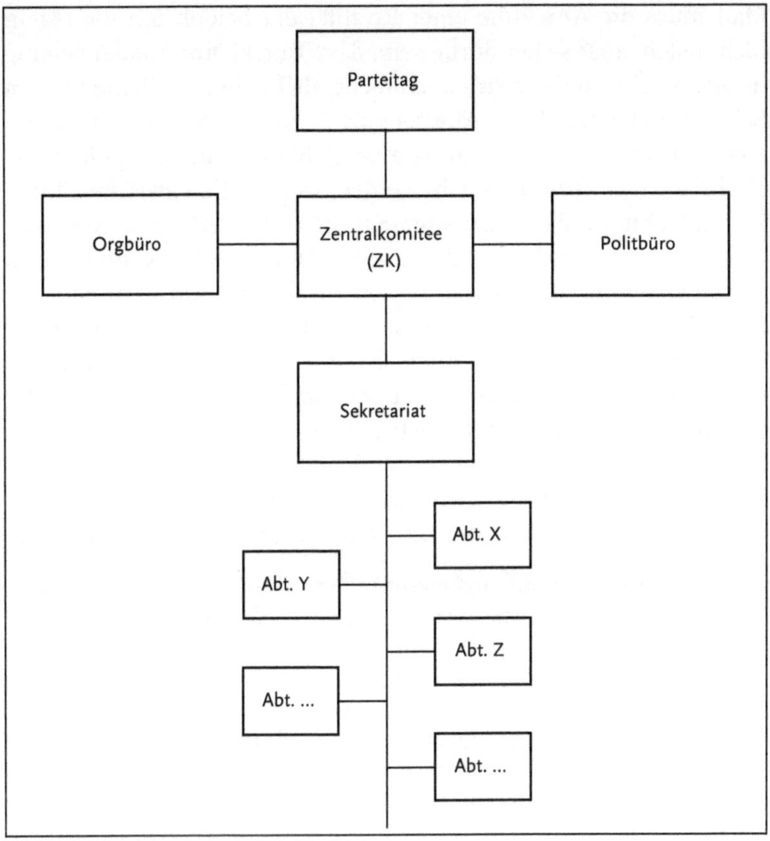

Abb.: Struktur der Kommunistischen Partei der Sowjetunion (KPdSU)

Oleg Chlewnjuk charakterisiert – aus der Distanz von mehr als 90 Jahren – die Beziehung der führenden Genossen zu Lenin folgendermaßen:

> »Trotzki war der einzige ranghohe Bolschewik, der von sich sagen konnte, eine eigenständige Führungspersönlichkeit und nicht nur ein Gefolgsmann Lenins zu sein. Seine Rolle war die eines Partners und Verbündeten für die Sache der Revolution, und er verhielt sich dementsprechend, weshalb ihm in der Partei viele folgten. Ende 1920 erkannte Lenin, dass ein beträchtlicher Teil der Parteifunktionäre, darunter auch viele aus dem ZK-Apparat, Trotzki unterstützte. Er musste auf diese Bedrohung seiner Vorrangstellung reagieren.«[309]

309 Chlewnjuk 2015, S. 118.

Man muss die Annahme einer Rivalität der beiden um die Macht nicht teilen, aber sicher dürfte sein, dass Trotzki eine Sonderstellung innehatte. Das änderte sich auch nicht, als Lenin 1922 seinen ersten Schlaganfall hatte. Doch spätestens als ein zweiter Schlaganfall Lenin ans Krankenbett fesselte, musste im Politbüro über die potenzielle Nachfolge Lenins nachgedacht werden. Der Konflikt zwischen Trotzki und Stalin um die Macht konnte nicht weiter verleugnet werden.

Lenin war zwar krank, aber noch nicht tot, und er wurde sich in dieser Situation, ausgelöst durch einen Konflikt um Georgien, der faktischen Macht Stalins bewusst. Um ihn bei seinem Aufstieg zu bremsen, diktierte er einen Brief, der als sein politisches »Testament« verstanden wurde. In diesem Testament warf er Stalin politische Fehler vor. Aber er schrieb auch Kritisches über Trotzki, sodass sein Votum für eine eventuelle Nachfolge nicht eindeutig war. In einem Nachtrag zu dem sogenannten Testament schrieb er (oder besser, da er körperlich dazu selbst nicht mehr in der Lage war, ließ er seine Frau schreiben):

> »Stalin ist zu schroff, und dieser Fehler [...] ist in dem Amt des Generalsekretärs untragbar. Deshalb schlage ich den Genossen vor, einen Weg zu suchen, auf dem Stalin von diesem Posten entfernt werden kann, und einen Nachfolger für ihn zu ernennen [...], der geduldiger, loyaler, höflicher, aufmerksamer den Genossen gegenüber und weniger launenhaft ist und so weiter. Diese Umstände mögen als unbedeutende Nebensachen erscheinen, aber ich denke, wenn man eine Spaltung verhindern will und wenn man die Beziehungen zwischen Stalin und Trotzki im Auge hat, die ich oben näher dargestellt habe, dann ist das keine Kleinigkeit, oder es ist eine solche Kleinigkeit, die entscheidende Bedeutung erlangen kann.«[310]

Dieses Testament gelangte nicht an die Öffentlichkeit, und Stalin wurde auf dem nächsten Parteitag erneut – sogar mit den meisten Stimmen – ins Politbüro gewählt. Trotzki wurde ebenfalls als Mitglied des Politbüros bestätigt, aber bei der Wahl ins ZK erhielt er die wenigsten Stimmen.[311] Dies dürfte deswegen geschehen sein, weil man ihn als Kritiker der »Neuen Ökonomischen Politik« (»NEP«) betrachtete, für die Stalin kämpfte.[312] Durch sie waren in gewissem Maße wieder freier Handel und die Entwicklung von Märkten möglich geworden,

310 Zit. n. Deutscher 1946/1966, S. 328.
311 Vgl. Altrichter 2018, S. 140.
312 Conquest 1991, S. 196 ff.

und sie wurde allgemein als Erfolg bewertet. Der Unterschied in der Zustimmung zwischen den beiden potenziellen Lenin-Nachfolgern dürfte aber auch durch die unterschiedliche Größe der jeweiligen Hausmächte erklärbar sein: Stalin hatte »seine Leute« in allen Bereichen der Partei und ihrer Verwaltung platziert.

Trotzkis Halt in der Partei war hingegen schwach und schwand weiter, das »Kapital, das er sich im Bürgerkrieg erworben hatte, schmolz«[313]. Ein schleichender Vorgang, der sich beschleunigte, als er in der *Prawda* eine Kritik an der zunehmenden Bürokratisierung publizierte.[314] Ihm war offenbar bewusst geworden, welche Macht Stalin durch sie erhalten hatte. Doch all dies hatte keinen Erfolg. Bei Abstimmungen im Politbüro und der Verteilung von Ämtern erlitt er zunehmend Niederlagen, und die »Troika« Sinowjew, Kamenew, Stalin gewann als arbeitsteilige Gruppe viel Einfluss im Vergleich zu Trotzki.

Als Lenin am 21. Januar 1924 starb, hatte Stalin beim Wettlauf um die Macht bereits einen erheblichen Vorsprung vor Trotzki. Es war aber auch eine Phase der Gefahr für Stalins Aufstieg, weil nun Lenins »Vermächtnis« – das »Testament« – dem Politbüro von der Krupskaya, Lenins Witwe, übergeben wurde. Stalins Zukunft stand in diesem Moment auf der Kippe. Er wurde durch die Intervention Sinowjews und Kamenews »gerettet«, die von der Sorge getrieben wurden, mit der Demontage Stalins sei der Aufstieg Trotzkis verbunden.[315] Da sich Lenins »Testament« vor dem im Mai stattfindenden Parteitag nicht geheim halten ließ, hatte man das Dilemma, es nicht einfach übergehen zu können. Man wollte es aber auch nicht zu einem entscheidenden Faktor der Diskussionen werden lassen. »Man entschied sich für eine Stalin schonende Lösung.« Das Testament wurde nicht auf dem Parteitag verlesen, sondern im Vorfeld einzelnen Delegationen getrennt präsentiert und zu den Akten genommen.[316] Verbunden war dies mit dem Rücktrittsangebot Stalins, das vom ZK abgelehnt wurde. Er wurde erneut einstimmig als Generalsekretär bestätigt. Dieses Prozedere wiederholte sich bis 1927 mehrfach (fünf oder sechs Mal): Wenn sich relevante Kritik an Stalin erhob, bot er seinen Rücktritt an, der dann jeweils verworfen wurde.[317]

313 Wolkogonow 1989, S. 154.
314 Altrichter 2018, S. 141.
315 Vgl. Bullok 1991, S. 177.
316 Vgl. Altrichter 2018, S. 147.
317 Vgl. ebd., S. 153.

Boris Souvarine, lange Zeit Sekretär des Exekutivkomitees der Kommunistischen Internationale, ein Vertrauter Lenins wie Trotzkis, machte Lenins Testament auch im Westen bekannt. Er schildert, wie Stalin den Geheimdienst nutzte, um durch diese kritische Phase seiner Karriere zu kommen:

> »Schon wüsste man nicht mehr die sowjetische GPU mit der zaristischen Ochrana zu vergleichen. Man muss bis zu Nikolaus I. zurückgehen, um eine Vorstellung von jener schrecklichen Institution zu erhalten, die jetzt die berühmte dritte Sektion der Staatskanzlei und das furchtbare Gendarmenkorps in sich vereinigt, allerdings mit moderner Technik. Die Parallele drängt sich um so mehr auf, als der Sekretär aus Stahl der echte Herr und Meister der Polizei ist wie zu seiner Zeit der eiserne Zar. Jeder fühlt sich unter der direkten oder indirekten Überwachung Stalins, und kein Mitglied des bolschewikischen Parlaments außer der Linken wagt ihm zu widersprechen oder ihm entgegenzuarbeiten. Die Korrumpierten und die Fanatiker geben den Ton an, die anderen haben aufgegeben und stimmen allem zu.«[318]

Und Souvarine fährt fort, dass Trotzki als der beste Redner der Partei sich gezwungen sah, seine Rede auf dem Parteitag Wort für Wort abzulesen, weil er sich nur so einigermaßen sicher sein konnte, nicht durch den von Stalin organisierten Aufruhr, die laut gerufenen Beleidigungen und Abwertungen, Schmähungen und Drohungen der Zuhörer vollkommen aus dem Tritt zu kommen. Stalin hatte die parteiinterne Öffentlichkeit gut vorbereitet, um jeden möglichen Angriff gegen sich krude aus dem Feld zu schlagen. Und seine Rücktrittsangebote waren lediglich Taktik. Sie hatten einen ambivalenten Charakter: Einerseits bestätigten sie seine Position und Macht durch die Akklamation seiner Anhänger, andererseits zeigten sie aber auch, dass sowohl seine Position als auch seine Macht nicht unumstritten waren. Das »Testament« Lenins führte dazu, dass Stalins Stärken und Schwächen öffentlich diskutiert wurden. Oleg Chlewnjuk schreibt dazu:

> »Schon dass eine solche Auseinandersetzung stattfinden konnte und dabei, wenn auch günstige, Urteile über ihn gefällt wurden, war demütigend und beschädigte seine politische Autorität. Deshalb war er seinen Kollegen, die ihn auf dem Parteitag verteidigten, keineswegs dankbar, sondern kochte vor Wut. Ihre Sympathie kam ihm herablassend vor und ihre Unterstützung gab ihm das Gefühl, ihnen diese Gefälligkeit eines

318 Souvarine 1935, S. 420.

> Tages zurückzahlen zu müssen. Er hatte jedoch nicht die geringste Absicht, irgendwelche Schulden zu begleichen und sich zum Juniorpartner machen zu lassen.«[319]

Im Laufe des Jahres 1925 verstärkte Stalin seine Angriffe gegen Trotzki, indem er vermittels Publikationen und »Anti-Trotzki-Pamphleten« die Öffentlichkeit »flutete«.[320] Der Streit mit Trotzki drehte sich um eine auf den ersten Blick banale ideologische Frage, die aber weitreichende strategische Konsequenzen hatte: Konnte es den Sozialismus in einem Land allein geben, oder musste die Etablierung des Sozialismus immer als Teil der Weltrevolution bzw. der permanenten Revolution betrachtet werden?

> »In seiner Argumentation gegen Trotzki wandte sich Stalin unmittelbar an die Furcht vor neuen Wagnissen und neuen Ungewissheiten, die so viele Bolschewisten ergriffen hatte. Er schilderte Trotzki als einen Abenteurer, der immer und gewohnheitsmäßig mit dem Gedanken einer Revolution spielt.«[321]

Doch das Volk war müde. Es war die dauernde Ungewissheit der Revolution, des Bürgerkriegs und all der gesellschaftlichen Unruhen und Umstrukturierungen leid. So wurde die These vom »Sozialismus in einem Land« zur Möglichkeit, die kollektive Aufmerksamkeit zu fokussieren, die Verantwortung für einen eingegrenzten Bereich der Welt zu übernehmen und nicht mehr auf die Revolutionen in anderen, westlichen Ländern zu warten. Es waren Hoffnungen (z. B. auf eine Revolution in Deutschland), die sich in den letzten Jahren zerschlagen hatten. Anlässlich dieses Konfliktes, der zugunsten Stalins ausging, formierten sich in den Folgejahren die Macht-Konstellationen in ZK und Politbüro neu. »Die Opposition beklagte die Tyrannei der Apparate und die metastasierende Bürokratie.« Sie warf Stalin vor,

> »er benutze die Parteieinheit als Instrument des ideologischen Terrors. Er ersetze die alte Garde der Bolschewiki durch junge, unerfahrene Apparatschiki. Lenin habe nicht grundlos gewarnt, dass Stalin zum Generalsekretär nicht tauge, und gefordert, ihn abzulösen«[322].

Auch Sinowjew und Kamenew, die früheren Mitglieder der Troika, gehörten nun zu den Gegnern Stalins und wurden zunehmend entmach-

319 Chlewnjuk 2015, S. 139.
320 Vgl. Altrichter 2018, S. 149.
321 Deutscher 1946/1966, S. 378.
322 Altrichter 2018, S. 152 f.; vgl. Conquest 1991, S. 196 f.

tet. Ihnen wurden die Posten genommen, die mit einer Hausmacht verbunden waren. Im November 1926 wurden, wie im Juli schon Sinowjew, auch Trotzki und Kamenew aus dem Politbüro »geworfen«.[323]

Der Prozess, durch den Stalin sich all seiner alten Kampfgefährten wie auch Trotzkis – d. h. seiner innerparteilichen Gegner – entledigte, ging weiter. Er kulminierte Ende 1927:

> »Das Zentralkomitee wies am 11. November alle Parteiorganisationen an, ›Oppositionelle, die in nichtparteilichen Versammlungen gegen die Politik der Partei auftreten‹, sofort auszuschließen. Am 14. November verfügten Zentralkomitee und Zentrale Kontrollkommission den Parteiausschluss von Trotzki und Sinowjew. Der vom 2. bis zum 19. Dezember in Moskau tagende 15. Parteitag schloss 75 weitere prominente Anhänger des ›trotzkistisch-sinowjetistischen Blocks‹ aus der Partei aus. Die Mehrheitsverhältnisse waren eindeutig. Stalin erntete Ovationen. Knapp vier Jahre nach dem Tod Lenins hatte er sich als dessen Nachfolger endgültig durchgesetzt.«[324]

Trotzki wurde 1928 nach Alma-Ata verbannt und 1929 in die Türkei ausgewiesen.

Die Partei war nun streng hierarchisch organisiert, Widerspruch nicht mehr möglich. Wer zur Partei gehörte, konnte mit Privilegien rechnen, aber er durfte und konnte die bestehenden Verhältnisse nicht infrage stellen. Seine Einwendungen wären nie an der Spitze der Hierarchie ankommen, da sie vorher versackt, gefiltert, ausgesiebt worden wären:

> »Nach Stalin zählen die organischen Kader der Partei nicht weniger als 100.000 Personen im Jahre 1927, die etwa auf 1.200.000 Parteimitglieder und -anwärter kommen. Außerdem setzt sich ungefähr die Hälfte der Gesamtstärke, die also an Kadern etwa 500.000 beträgt, aus Funktionären des Staates, der Gewerkschafts- und Genossenschaftsverwaltungen oder der der Partei angegliederten Institutionen zusammen. Die andere Hälfte, die in der Produktion beschäftigt ist, erfreut sich einer schätzenswerten materiellen Sicherheit und strebt nur danach, sie im Apparat zu festigen. In solchen Verhältnissen hat der durchschnittliche Kommunist die Wahl zwischen bequemer Rechtgläubigkeit und auswegloser Arbeitslosigkeit. Die Helden, die bereit sind, den Prinzipien ihren Minimalstandard an Wohlstand, manchmal auch das Brot ihrer Kinder, zu opfern, können sich so im Kongress über sechs übergeord-

---

323 Altrichter 2018, S. 154; vgl. Chlewnjuk 2015, S. 147.
324 Altrichter 2018, S. 157.

> nete Instanzen hinweg Gehör verschaffen; diese Instanzen sieben die Meinung der Basis und schwächen sie von Stufe zu Stufe weiter ab, bis sie sie abgewürgt haben.«[325]

Für die Zeit nach dem Bürgerkrieg beschreibt Baschanow die Organisation der Verwaltung, d. h. auch die Beziehung von Partei und Staat, folgendermaßen: Die Partei sei schnell gewachsen, da »die Massen« im Lande »politisch jungfräulich« gewesen seien und sie aufgrund der Propaganda zu »politisch unerfahrenen Gläubigen« wurden. Alle Alternativen, jede Opposition wurde als »konterrevolutionär« disqualifiziert und verboten. Mit diesen Gläubigen wurden

> »alle Organe des vielfältigen, bürgerlichen, militärischen, wirtschaftlichen, gewerkschaftlichen Machtapparats gefüllt. Im Zentrum stand die leninistische Gruppe an der Spitze der zahlreichen Ämter und Organisationen. Formal regierte sie durch Machtorgane, die für das Publikum als Räte bezeichnet wurden, die Volkskommissariate, Vollzugskomitees sowie deren Abteilungen und Zweige. Es gab deren sehr viele. Das Zentrum musste nicht nur diese ganze Skala dirigieren, sondern auch alles, was nicht zu diesen gehörte, also Komintern und Profintern, die Armee, die Zeitungen und Gewerkschaften, den Propagandaapparat, die Wirtschaft und vieles andere mehr. Das war nur im ZK der Partei möglich, dem alle wichtigen Leiter und Führer des Ganzen angehörten. Doch war das ZK eine sperrige, umfangreiche, mächtige Organisation, man brauchte eine kleine Führungsgruppe. Für diese wurde das Politbüro geschaffen [...] Das Politbüro, im März 1919 gewählt, entwickelte sich schnell zur eigentlichen Regierung«[326].

Die Macht des Generalsekretariats

Stalins Weg zur totalen/totalitären Macht war erfolgreich, weil (!) er – um es zugespitzt zu formulieren – nicht so brillant wie Trotzki oder andere Mitglieder des Zentralkomitees war. Seine von Trotzki immer wieder betonte »Mittelmäßigkeit«[327] war eines seiner Erfolgsrezepte (nicht das einzige, muss hinzugefügt werden). Stalin war der bessere Politiker, wenn man deren Qualitäten am politischen (und im Falle Trotzkis auch physischen) Überleben und ihrer faktischen Macht misst. Oder, um es auf eine Formel zu bringen: Seine Inkom-

325 Souvarine 1935, S. 423.
326 Baschanow 1977, S. 183 f.
327 Deutscher 1946/1966, S. 324.

petenz war die Wurzel seines Erfolgs – und dies, weil sie bekannt war. Er stellte für diejenigen, die von ihren persönlichen Qualitäten und Qualifikationen her besser als er für eine Führungsrolle geeignet waren, scheinbar keine Konkurrenz dar. Ein Irrtum, wie sie spätestens dann erkennen sollten, als sie die Pistole für den Genickschuss auf der Haut spürten.

Das ist ein Muster, das in vielen Organisationen zu finden ist, in denen ehrgeizige Individuen in einem offenen oder verdeckten Wettbewerb um Einfluss oder Karriereschritte (und die damit verbundene Macht) stehen – auch wenn sie dabei nur selten eine Pistole im Genick spüren. Stalin schien kein ernst zu nehmender Konkurrent, weil die Kompetenzen aller anderen, die im Spiel waren, offensichtlich größer waren. Allerdings lagen die defizitären Kompetenzen, die da beobachtet wurden, auf der Sachebene. Was nicht beachtet wurde – aber in der Politik von größerer Bedeutung ist –, war die soziale Kompetenz. Stalins Fähigkeit bestand darin, komplexe soziale Gemengelagen zu erfassen und ihre Spielregeln zu nutzen. Was Stalin offenbar – intelligent, vielleicht auch nur streetwise, wie er war – eher als seine Genossen erkannte, war die Relevanz von Organisationsprozessen, ganz unabhängig von sachlichen Inhalten. Er kontrollierte die Kommunikation von Partei und Regierung, und da soziale Systeme Kommunikationssysteme sind, gewann er so die Macht.

Aber das war ein längerer Prozess, ehe er dies endlich erreicht hatte. Um die Prinzipien seines Aufstiegs zu erkennen, lohnt sich noch einmal ein Blick von der theoretischen Metaebene auf die Entwicklung der organisatorischen Muster der Partei von der Gründung bis zur Konsolidierung der Macht.

Solange die Bolschewiki lediglich ein Netzwerk lose miteinander gekoppelter Gruppen und Einzelkämpfer bildeten (bis zur Oktoberrevolution), waren ihre Mitglieder untereinander durch geteilte ideologische Positionen und Erfahrungen sowie durch freundschaftliche Beziehungen verbunden. Außerdem hatten die gemeinsamen Außenfeinde eine integrierende Funktion. Zu diesen Feinden gehörten nicht nur die staatlichen Organe, speziell die Geheimpolizei Ochrana, sondern auch die anderen sozialistischen Parteien und Fraktionen wie die Menschewiki oder die Sozialrevolutionäre.

Es gab auch sporadisch gemeinsame Parteitage, aber all dies konnte nicht als eine funktionsfähige Organisation bewertet werden. Es blieb beim Netzwerk lose gekoppelter Gruppen, deren Aktivität in den Jahren seit 1905 mehr oder weniger eingeschlafen war und erst durch die revolutionäre Dynamik des Jahres 1917 reanimiert wurde.

Gruppen sind keine Organisationen. Die Kommunikationsmuster in ihnen sind selbst dann, wenn Sachfragen verhandelt werden, *personenorientiert*. Die begrenzte Zahl der Teilnehmer ermöglichte es jedem Einzelnen, die Beziehungskonstellationen zu beobachten und gegebenenfalls schnell zu intervenieren. Dadurch gewinnt die Sozialform der Gruppe hohe Wertschätzung immer dann, wenn Gleichheit der Menschen als Ideal proklamiert wird. Das war unter den Parteimitgliedern nicht anders. Innerhalb einer Gruppe wird eine Hierarchie unter den Mitgliedern generell nicht dauerhaft toleriert.[328] Deshalb passte die Differenzierung in Gruppen von Beginn an zur sozialistischen Bewegung und ihren ideologischen Zielen. Und deshalb wurde Stalin, der in seiner offensichtlichen Mittelmäßigkeit keine Sonderstellung zu beanspruchen schien, auch von den Mitgliedern des ZK als Generalsekretär akzeptiert.

Die isoliert agierenden, über das Land verteilten Gruppen wurden durch die parteieigene Presse ideologisch auf Linie gehalten, aber erst nach dem Bürgerkrieg zentralistisch durch das Generalsekretariat koordiniert und gesteuert.

Aus einer heutigen organisationstheoretischen Sicht war die Bereitschaft der ZK- und Politbüromitglieder, Stalin das Generalsekretariat zu überlassen, ein Ausdruck ihrer schlichten Unkenntnis der Funktionslogik von Organisationen – also ihrer Naivität. Sie dürfte – wie die Dynamik innerhalb ihrer Gruppe – der Personenorientierung ihrer Kommunikation zuzurechnen sein. Die Eigendynamik von Organisationen blieb dabei unberücksichtigt.

Auch von der Größe funktionsfähiger Gruppen (ca. zwölf Personen), bei der jeder mit jedem noch in direkten Kontakt kommen und in Face-to-Face-Sitzungen Gehör finden kann, hatten sie keine Ahnung. So ist es – aus gruppendynamischer Sicht – nicht verwunderlich, dass die Kommunikation unter den Mitgliedern des immer größer werdenden ZK gemanagt werden musste, um Entscheidungen herbeiführen zu können. Daher wurde die Bildung eines neuen Gremiums beschlossen, das diese Aufgabe übernehmen sollte. – Eine Funktion, die Stalin und das Generalsekretariat – scheinbar nur »Dienstleister« der Genossen – gern übernahmen.

328 Wimmer 2007.

Auch wenn formal eine andere hierarchische Struktur zwischen Parteitag, ZK, Politbüro und Generalsekretariat bestand, so führten die alltäglich praktizierten Kommunikationsprozesse zu einer sternförmigen Zentrum-Peripherie-Kommunikationsstruktur. Das Generalsekretariat als Zentrum versorgte das ZK und das Politbüro mit Informationen, filterte sie und wählte sie nach ihren eigenen Relevanzkriterien aus. Es bereitete Entscheidungen vor und lenkte sie durch die Fokussierung der Aufmerksamkeit auf von ihm gewählte, spezielle Themen und Sachverhalte. In der anderen Richtung teilte es den Gruppen und Untereinheiten in der Peripherie, am Rand des Landes, die Entscheidungen des ZK und des Politbüros mit, wobei es große Freiheit in der Art und Weise genoss, wie es das machte und was es auswählte.

Hinzu kam ein weiterer Machtfaktor, der im Generalsekretariat verortet war. Als Herr über die Personalpolitik besetzte Stalin alle einflussreichen Stellen mit seinen Gefolgsleuten.[329]

Personen sind für die Dynamik in Organisationen als Entscheidungsprämissen zwar relevant, aber in Gruppen sind sie das weit mehr.[330]

Die Spaltung der Partei trotz innerparteilicher Konflikte war dadurch verhindert worden, dass mit den Oppositionellen auch jeder Widerspruch ausgegrenzt wurde. Dies führte innerparteilich zu einem *ambiguitätsintoleranten* Kommunikationsmuster. Es ließ nur noch zwei Möglichkeiten, sich zu beteiligen offen: der offiziellen Parteilinie zuzustimmen, d. h. bekennender Parteigänger für Stalin zu werden, oder, falls es Themen oder Entscheidungen gab, wo man als Individuum einen Widerspruch zur offiziellen Parteilinie erlebte, diese Gedanken und Gefühle für sich zu behalten. Ein Muster, das zur Charakterisierung der Kommunikationsmuster anderer sozialer Systeme (Familien, Gruppen, Organisationen) als »Pseudo-Konsens-Muster« bezeichnet werden kann.[331] Die dazu passende Ideologie konstruiert eine klare Innen-außen-Unterscheidung zwischen Freunden *innen* und Feinden *außen*. Wer aus der Partei ausgeschlossen wird, ist damit als Feind identifiziert.

Die Folge solch einer hierarchischen, jeden Widerspruch ausgrenzenden Organisationsform ist generell, dass die Spitze der Hierarchie

---

329 Vgl. Deutscher 1946/1966, S. 310.
330 Luhmann 2000a, S. 225; Wimmer 2007.
331 Vgl. Simon 2018, S. 236; 2022, S. 1126 ff.

nicht mehr die geringste Ahnung hat, was an der Basis gedacht oder gefühlt, wahrgenommen oder gewünscht wird. Aber das hatte offenbar keine Bedeutung und Folgen für Stalin. Die Definition aller, die nicht mit den Verhältnissen einverstanden waren, als »Volksfeinde«, führte zu einer klaren Innen-außen-Unterscheidung zwischen denen, die dazugehörten, und den Feinden. Wenn Abweichler entdeckt wurden, so wurden sie beiseitegeschafft, und zwar meist in der radikalst möglichen Art, indem sie liquidiert wurden. Der Apparat wurde auf diese Weise ständig »gesäubert«.

Im Politbüro

Was in den Augen der meisten Biografen keine große Rolle zu spielen scheint, ist die Frage, wie Stalin seine Arbeit als Generalsekretär des ZK und Sekretär des Politbüros konkret organisiert hatte. Doch angesichts der für die Machtergreifung Stalins zentralen Funktion des »Parteiapparats« ist die Analyse der konkreten Kommunikationsmuster und der informellen Strukturen von – im wörtlichen Sinne – entscheidender Bedeutung.

Boris Baschanow liefert hier Insiderinformationen. Er wurde im zarten Alter von 23 Jahren einer der Sekretäre Stalins. In dieser Funktion nahm er an allen Sitzungen der Sekretäre des ZK, des ZKK sowie an allen Politbürositzungen teil und protokollierte sie. Nach und nach übernahm er auch die Aufgabe, die Beschlüsse zu formulieren. De facto war er ein – wahrscheinlich unangemessen mächtiger – Sekretär all dieser Gremien, auch wenn er dem Titel nach nur der »Gehilfe« des Generalsekretärs des ZK und des Sekretärs des Politbüros war.

Wie Baschanow erläutert, traf sich das Politbüro Mitte der 20er-Jahre (später, als Stalin die totale Macht usurpiert hatte, änderte sich das) zwei- bis dreimal in der Woche und entschied »alle wichtigen Fragen der Landesverwaltung und der Weltrevolution«. Es standen jeweils 100 bis 150 Themen auf der Tagesordnung, wenn es sich nicht um Sondersitzungen mit besonderer Dringlichkeit handelte, wo über eine einzelne Frage zu entscheiden war. Ämter und Behörden, die zentrale Entscheidungen brauchten, schickten die jeweiligen Anfragen an das Sekretariat des Politbüros; Baschanow sichtete sie und erstellte eine Tagesordnung der ordentlichen Sitzung. Er schreibt dazu:

> »Aber die Sitzungsordnung bestimmte ich nicht. Das erledigte die Troika. Dabei entdeckte ich ganz unerwartet den eigentlichen Machtmechanismus der Troika.

Am Vortag einer Sitzung versammelten sich Sinowjew, Kamenew und Stalin, anfänglich häufiger in Sinowjews Wohnung, dann gewöhnlich in Stalins Arbeitszimmer im ZK. Offiziell zur Bestätigung der Tagesordnung des Politbüros, obwohl von einer solchen Pflicht oder Befugnis kein Wort in irgendeinem Statut zu finden war. Die Tagesordnung konnte ich oder Stalin bestätigen. Aber es bestätigte sie die Troika auf ihren Sitzungen, die tatsächlich Sitzungen einer geheimen Regierung waren, auf denen alle wichtigen Fragen entschieden oder – richtiger – vorwegentschieden wurden. Es waren nur vier Mann anwesend, nämlich außer der Troika noch ich.«[332]

Insgesamt arbeiteten in Stalins Sekretariat vier »Gehilfen«: Mechlis, Kanner, Towstucha und Baschanow. Sie hatten unterschiedliche Aufgaben:

»Wenn wir in unseren Gesprächen den Bereich unserer Dienstobliegenheiten umrissen, taten wir es so: ›Baschanow ist Stalins Sekretär in Angelegenheiten des Politbüros, Mechlis ist Stalins persönlicher Sekretär, Grischa Kanner ist Stalins Sekretär für dunkle Angelegenheiten. Towstucha Sekretär für halbdunkle.‹

Das bedarf einiger Erklärungen. Relativ klar war alles, was mich und Mechlis betraf, in unserer Arbeit war nichts Dunkles. Im allgemeinen kam alles, was ans Politbüro adressiert war, an mich. Alles, was namentlich an Stalin gerichtet war, ging an Mechlis, der Stalin darüber berichtete. Ich bediente also das Politbüro, Mechlis bediente Stalin. Grischa Kanners Funktionen waren offiziell von unbestimmt allgemeiner Art. Er beschäftigte sich mit Sicherheit, Quartierfragen, Autos, Urlauben, Kuraufenthalten und der Parteizelle des ZK, auf den ersten Blick also mit lauter Kleinigkeiten. Aber das war nur der sichtbare Teil seiner Tätigkeit, über den unsichtbaren konnte man nur Vermutungen anstellen.«[333]

Im weiteren Verlauf der Zusammenarbeit wurde aber klar, dass Kanner der Verbindungsmann zur Geheimpolizei war und, zum Beispiel, für die Beseitigung von Zeitgenossen sorgte, die Stalin störten oder ihm lästig wurden. Auch kümmerte er sich um verdeckte Aktionen, mit denen Stalins Macht gefördert und gesichert wurde.

Towstuchas Rolle war etwas weniger durchsichtig. Er »sammelte für Studienzwecke« die Unterlagen der Teilnehmer von Parteikongressen. Mithilfe eines zur Geheimpolizei gehörenden Graphologen war es

332 Baschanow 1977, S. 44.
333 Ebd., S. 48.

ihm dann möglich, aus den handschriftlich ausgefüllten Wahlzetteln für die unterschiedlichen Kommissionen (ZK usw.) die Namen derjenigen Delegierten herauszufischen, die gegen Stalin gestimmt oder ihm auch nur die Stimme verweigert hatten.

> »Es kam die Zeit (und sei es zehn Jahre später), da alle ihren Genickschuss erhielten. Towstucha fertigte die Verzeichnisse für künftige Abrechnungen an, denn Genosse Stalin vergaß und verzieh nie etwas.«[334]

Für Sachfragen interessierte sich Stalin nicht, was zur Folge hatte, dass er die meisten Sachentscheidungen seinen Sekretären überließ. »In seinem Sekretariat erklärte man mir, dass Stalin kein einziges Papier lese und sich für keinerlei Geschäfte interessierte.«[335]

Baschanow realisierte relativ schnell, dass Stalin allein an der Machtfrage interessiert war. Ein besonderes Mittel zum Machtgewinn und -erhalt war für ihn, dass er dank spezieller technischer Vorrichtungen, von denen niemand außer seinen Sekretären wusste, die Telefongespräche aller anderen Mitglieder des ZK abhören konnte. Da er das ausgiebig tat, hatte er immer einen Informationsvorsprung vor seinen Genossen und konnte auf alle sich andeutenden Koalitionen oder Bündnisse unter ihnen zeitnah bzw. vorbeugend reagieren. Er kannte die Pläne seiner Gegner:

> »Ein kolossales Machtinstrument! Stalin war der einzig Sehende unter ihnen, alle anderen waren blind. Und sie ahnten nichts, ahnten jahrelang nichts ... Darin bestand für ihn eine der wichtigsten Voraussetzungen für seinen Sieg im Machtkampf.«[336]

Baschanow betont, dass die Mitglieder der Partei zu dieser Zeit – Mitte der 20er-Jahre – noch den Eindruck haben konnten, frei und demokratisch zur innerparteilichen Meinungsbildung und Entscheidungsfindung beizutragen. Dies sei aber nur eine Fiktion gewesen, da die Parteiführung bzw. Stalin dies nicht wirklich zuließ. Er schildert als Beispiel eine Diskussion der Troika über eine künftige Abstimmung, für die sich eine innerparteiliche Opposition zur Position der Troika formiert hatte. Stalin, der von Sinowjew und Kamenew zu der Zeit nicht sonderlich wichtig genommen wurde, wurde nach seiner Meinung gefragt, wie die Mehrheit in der Partei zu erringen sei:

334 Ebd., S. 108.
335 Ebd., S. 50.
336 Ebd., S. 51.

»›Wisst ihr Genossen‹, sagte Stalin, ›was ich über diese Frage denke? Ich meine, dass es völlig unwichtig ist, wer und wie man in der Partei abstimmen wird; überaus wichtig ist nur das eine, nämlich wer und wie man die Stimmen zählt.‹ [...]

Am folgenden Tag ließ Stalin seinen Duzfreund Nasaretjan zu sich ins Arbeitszimmer kommen und beriet sich lange mit ihm. Nasaretjan kam ziemlich sauer heraus. Er war aber ein gehorsamer Mann. Noch am selben Tag wurde er durch Verfügung des Organisationsbüros zum Leiter der Parteiabteilung in der Prawda ernannt und machte sich an die Arbeit.

In der *Prawda* erschienen Berichte über die Versammlungen der Parteiorganisationen und der Abstimmungsergebnisse, besonders in Moskau. [...] Auf der Versammlung irgendeiner Parteizelle stimmten für das ZK – sagen wir – 300 Genossen, gegen das ZK 600; Nasaretjan korrigierte: dafür 600, dagegen 300. So wurde es auch in der *Prawda* gedruckt. Und so ging es mit allen Organisationen. Natürlich riefen die betreffenden Parteizellen in der Prawda an, als sie die falschen Abstimmungsergebnisse lasen, und fragten sich zur Abteilung des Parteilebens durch. Nasaretjan antwortete höflich und versprach, der Sache unverzüglich nachzugehen. ›Sie haben völlig recht‹, antwortete ihnen nach der ›Kontrolle‹ Nasaretjan, ›es ist ein ärgerlicher Fehler passiert, eine Verwechslung in der Druckerei. Wissen Sie, die Leute sind überlastet. Die Redaktion wird eine Berichtigung bringen.‹ Jede Parteizelle meinte, dass dieser Fehler der einzige und nur ihr widerfahren sei, ohne zu ahnen, dass es dem größten Teil aller Zellen so erging. Mittlerweile schälte sich langsam das allgemeine Bild heraus, dass das ZK auf der ganzen Linie am Gewinnen sei. Die Provinz wurde vorsichtiger und schloss sich wieder Moskau (d. h. dem ZK) an.«[337]

Die spezifische Intelligenz Stalins bestand in seinem Verständnis von Kommunikationssystemen. Sein Wissen – oder besser: seine Schlauheit – betraf nicht nur die Kommunikation in kleineren sozialen Systemen wie etwa dem Politbüro und, etwas größer, dem Zentralkomitee, sondern auch die Massenkommunikation.

Seine politische Führungsrolle gewann er innerhalb des Politbüros, indem er Entscheidungen vorbereitete. Die Dreiergruppe Sinowjew, Kamenew und Stalin plante informell, wie sie in den Sitzungen, in denen nach formalen Regeln entschieden werden sollte, agieren würde. Zu dritt hatten sie ein erhebliches Gewicht und konnten so – scheinbar spontan – einen Gruppenkonsens oder

337 Ebd., S. 68 f.

zumindest ihnen genehme Mehrheiten herbeiführen. Die Gruppendynamik war also nicht primär durch das Abwägen sachlicher Argumente bestimmt (Sachdimension der Kommunikation), sondern durch den Zusammenhalt einer starken Fraktion (Sozialdimension der Kommunikation). Da Stalin eher als Sekretär – wie ja auch sein Titel lautete – denn als Führungsperson wahrgenommen wurde, blieb seine steuernde Funktion in diesen Prozessen undurchsichtig. Sie wurde von den anderen Mitgliedern des Politbüros schlicht und einfach nicht wahrgenommen.

Das Beispiel mit der Falschmeldung in der Prawda zeigt, wie perfekt Stalin das Klavier der Massenmedien zu spielen wusste. Nichts ist so uninteressant wie die Zeitung von gestern. Und wenn in der Zeitung von heute eine Falschmeldung steht, die später nicht einmal revidiert wird, dann bleibt sie als vermeintlich »wahre« Information haften. Diejenigen, die sie als Fake News erkennen und sich beschweren, werden durch eine plausible Erklärung (menschliches Versagen/Einzelfall) beruhigt, und da sie sich nicht mit allen anderen, denen es ähnlich wie ihnen ergangen ist, kurzschließen können, bleibt ihnen die Tatsache verborgen, dass sie Opfer einer zielgerichteten Strategie geworden sind. – Ein Beispiel für die Wirkung einer sternförmigen oder Zentrum-Peripherie-Kommunikation, bei der die »Strahlen« bzw. peripheren Einheiten keine Kommunikation untereinander pflegen (können).

GPU/OGPU

Mit dem Ende des Bürgerkriegs wurde die Rote Armee von 5,5 Millionen Soldaten (1921) auf 562.000 (1924) geschrumpft. Auch die militärischen Aufgaben der Tscheka reduzierten sich. Im Jahre 1922 wurde die Tscheka offiziell aufgelöst und an ihrer Stelle mit ähnlichen Funktionen die GPU[338] gegründet. Die Protagonisten blieben dieselben. Dserschinski blieb weiterhin der Chef, und der Sitz der Behörde blieb weiterhin die berüchtigte Lubjanka.

Die Aufgaben der GPU bestanden weiterhin in der Repression aller oppositioneller Strebungen wie auch im Schutz der staatlichen Infrastrukturen. Allerdings wurden ihre Rechte ein wenig beschnitten. Sie konnte weiterhin beliebig Durchsuchungen und Verhaftungen

338 »Gossudarstwennoje polititscheskoje uprawlenije« (Staatliche politische Verwaltung).

vornehmen, aber die Verhafteten mussten nun nach zwei Monaten wieder auf freien Fuß gesetzt werden.

Die Funktion der Geheimpolizei für den Staat und die Macht seiner Organe verringerte sich im Vergleich zur Bürgerkriegszeit zwar, blieb aber dennoch ein wichtiger Faktor.[339]

Im Jahre 1923 wurde sie in »OGPU« (Vereinigte politische Staatsverwaltung) umbenannt und der Generalstaatsanwaltschaft unterstellt. Dies kann als Versuch gewertet werden, sie nach den Jahren willkürlicher Gewaltexzesse im Bürgerkrieg zu »zivilisieren« (wenn man darunter ihre Einordnung in ein Rechtssystem versteht).

Dserschinski kooperierte eng mit Stalin, und er sprach für ihn auf dem 13. Parteikongress 1924, als das Publikwerden des Lenin'schen »Testaments« Stalin in Schwierigkeiten zu bringen drohte. Er half ihm in dieser Angelegenheit auch direkt durch die Aktionen seiner Behörde:

> »1924 zogen Agenten der GPU alle Kopien von Lenins Testament, das Kritik an Stalin enthielt, aus dem Verkehr. In den folgenden drei Jahren überwachte und schikanierte die GPU die linke Opposition ohne Unterbrechung, was dazu führte, dass sich 1927 keinerlei Zeichen von Opposition mehr zeigten.«[340]

Die Kontrolle der Geheimpolizei durch die Partei und ihre Organe wurde im Verlauf dieser Jahre immer geringer. Sie setzte Stalins Machtergreifung nichts entgegen.

Die wichtigste Funktion der GPU war in den 20er-Jahren die Überwachung der Bevölkerung, vor allem von Gruppen, die gefährlich für die Macht der Partei werden konnten:

> »Jetzt, in Friedenszeiten, konnte die Geheimpolizei systematisch in jeden Winkel der Sowjetgesellschaft vordringen. Auf diese Weise war die GPU nicht nur in der Lage, irgendwelche aktiven Umsturzversuche verhindern, sondern auch eine Menge an Informationen von großem Wert für die politische Führung zu sammeln.«[341]

Alles in allem war aber die Repression in den 20er-Jahren relativ gering, wenn man sie mit der in Zeiten des Bürgerkriegs oder später in den 30er-Jahren vergleicht.

339 Vgl. Adelman 1984, S. 90 f.
340 Ebd., S. 90 (Übers. v. F. B. S.).
341 Ebd., S. 92 (Übers. v. F. B. S.).

In der Großfamilie

Aus dem jungen Paar Nadeschda und Jossep wurde schnell eine junge Familie. 1921 wurde Wassilij geboren. Die Dshugaschwilis wohnten wie die meisten hohen Parteifunktionäre und Kommissare im Kreml. Aber die Familie verfügte noch über mehrere Datschen. »Subalowo« (benannt nach der ursprünglichen Eignerfamilie) war der Ort, wo die Familie die meiste und, wie Stalins Tochter Swetlana berichtet, die glücklichste Zeit verbrachte.

Wassilij war nicht das einzige Kind der Familie, da Stalin auch seinen Sohn aus erster Ehe, Jakow, in die Familie aufgenommen hatte. Außerdem hatte er noch den ebenfalls 1921 geborenen Arkem Sergejew, Sohn eines guten, bei einem Unfall ums Leben gekommenen Freundes, adoptiert (eine Form der Adoption, die nicht unbedingt der heute im Westen üblichen entspricht, da Arkems Mutter lebte und ihr Kind die meiste Zeit bei ihr verbrachte). Swetlana, die sechs Jahre jünger war als die beiden Jungs, spricht von Arkem stets als Freund des Bruders, das heißt, er war nur sporadisch in der Familie. Montefiore weist darauf hin, dass es unter Bolschewiken zu der Zeit üblich war, dass man »sowohl Kinder gefallener Helden als auch gewöhnliche Waisen adoptierte«, und er führt etliche Beispiele dafür an.[342]

In Subalowo versammelte sich ein weitgespanntes Netz von Verwandten und Freunden der Familie. Die Geschwister der Mutter (zwei Brüder und eine Schwester mit ihren Partnern), ihre Eltern (die Allilujews), die Eltern von Stalins erster Frau (die Janidses), Genossen aus der Parteiführung (die Mikojans, die Woroschilows, die Molotows usw.), die mit Stalin befreundet waren und deren Frauen eine enge Beziehung zu Nadja, Stalins Frau, hatten. Die Kinder wurden von Kinderfrauen betreut, denn wie die Ehefrauen der anderen Spitzenfunktionäre arbeitete auch Nadja. Ihre Aufmerksamkeit galt mehr dem Mann als den Kindern, bemerkt Swetlana. Aber insgesamt scheint das Leben in der Großfamilie und dem Freundeskreis, sei es im Kreml, sei es in Subalowo, sehr harmonisch gewesen zu sein. Swetlana, die 1926 geboren wurde und ihre Kindheit idealisiert haben dürfte, schildert das Zusammensein all dieser Personen als das reine Glück:

> »Es gab keine Streitigkeiten, keine kleinlichen Intrigen, keine Spur von Spießertum.

342 Montefiore 2003, S. 21.

Rings um den Vater hatte sich in jenen Jahren ein Kreis ihm nahestehender Menschen gebildet, die das Leben kannten, wie es ist, und auf den verschiedensten Gebieten gearbeitet hatten; jeder von ihnen brachte seine Erfahrungen und Ansichten vor. Damals, in jenen Jahren, konnte von einer Isolierung des Vaters nicht die Rede sein. Dazu kam es erst später, zugleich mit der Trennung von allen aufrichtigen, ehrlichen, wohlmeinenden, ihm ebenbürtigen und nahestehenden Menschen.«[343]

An der Stelle ist vorwegzunehmen, dass fast alle Mitglieder dieses engen Kreises von Verwandten und Freunden während der großen Säuberungen der Jahre 1937/1938 erschossen oder, wenn sie Glück hatten, nur ins Gefängnis geworfen oder verbannt wurden – ohne jede Rücksichtnahme auf die gemeinsame Geschichte, die gute Zeit zusammen, geteilte Erlebnisse oder Bindungen (aber, das ist noch zu diskutieren, vielleicht ja auch gerade wegen der gemeinsamen Geschichte usw.).

Subalowo steht, wenn man Swetlana glaubt, für das glückliche Zusammenleben eines Netzwerks von Verwandten, wobei sich die Definition von Verwandtschaft auch auf die politische »Familie« erstreckte. Im Alltag war die Unterscheidung zwischen politischen Genossen und Kampfgefährten, biologischen und adoptierten Kindern, aktuellen und früheren Schwiegereltern, Schwägern/Schwägerinnen usw. aufgehoben. Aus der Außenperspektive erscheint es, dass die voneinander abweichenden Spielregeln unterschiedlicher sozialer Systeme und Sphären den Beteiligten nicht ins Bewusstsein getreten sind oder auch bewusst geleugnet wurden. Das aus kindlicher Sicht offensichtliche Glück bestand darin, dass alle so taten, als ob die Beziehungen zwischen politischen Rollen bzw. Rollenträgern sich nicht von denen zwischen familiären Rollen bzw. Familienmitgliedern unterscheiden würden. Es spricht vieles dafür, dass die Beteiligten nicht nur *so taten, als ob* ..., sondern an die Idylle glaubten und ihr vertrauten.

Aus systemtheoretischer Perspektive steht Subalowo für die Vermischung sozialer Kontexte. Dass dies offenbar längere Zeit zur Zufriedenheit aller Beteiligter funktionierte, lässt sich dadurch erklären, dass es Stalin – der sich der Problematik wahrscheinlich bewusst war – nützlich erschien. Er konnte so persönliche Beziehungen zu vielen seiner politischen Gefährten und Kollegen im Politbüro und ZK pflegen, die ihm später irgendwann von Nutzen sein würden.

343 Allilujewa 1967, S. 59 f.

Auf privater Ebene sind Großfamilien generell ein gutes Mittel, seine Kinder großzuziehen, ohne allzu sehr in all den »Kinderkram« und ihre Alltagsprobleme involviert zu werden. Ob das Neben- oder Haupteffekt von Subalowo war, lässt sich schwer einschätzen. Die physische Versorgung und die Erziehung der Kinder lag sowieso in der Hand von dienstbaren Geistern wie Kinderfrauen und Hauslehrern.

7 Willkürherrschaft / Terror (1928–1941)

Entkulakisierung

Mit der noch von Lenin initiierten Vergrößerung des Zentralkomitees von 85 Mitgliedern 1924 auf 121 Mitglieder 1921 schwand – anders als von Lenin intendiert, der davon eine Verteilung der Macht erhoffte – die Bedeutung jedes einzelnen Mitglieds für die Entscheidungsfindung. Da – ebenfalls auf Empfehlung Lenins – ZK und ZKK gemeinsam tagten, betrug die gesamte Führungsmannschaft, die sich in Plenarversammlungen bei Parteikongressen traf, zwischen 250 und 300 Personen. Das Politbüro wuchs von sieben auf neun Vollmitglieder und vier bis acht Kandidaten.[344]

Durch die zunehmende Zahl der Mitglieder des ZK wuchs die Bedeutung und Macht des Generalsekretariats. Stalin nutzte dessen Funktion strategisch clever und gewann so als Generalsekretär den Machtkampf um Lenins Nachfolge.

> »Er reüssierte als Lenins Ziehsohn, der ihn 1922 für dieses Amt vorgeschlagen hatte, und er setzte auch bei den Nachfolgekämpfen auf dessen uneingeschränkte Autorität. Er versprach, als Lordsiegelbewahrer des ›Leninismus‹ dessen theoretisches Vermächtnis zu wahren und dessen praktische Politik, die NEP, ohne Abstriche fortzusetzen.«[345]

Doch dies gelang ihm nicht ohne Machtkämpfe innerhalb des Politbüros. Sie waren mit der Ende der 20er-Jahren entstehenden Wirtschaftskrise und den Versuchen ihrer Bewältigung verbunden.

Aufgrund der Enteignung vieler Großbauern (Kulaken) nach der Oktoberrevolution waren eine große Zahl von Klein- und Mittelbauern zu Land gekommen. Die Prinzipien der NEP (Neue Ökonomische Politik) erlaubten ihnen in großem Maße eigenständig (und in Maßen auch in die eigene Tasche) zu wirtschaften. Doch die Allokation der Güter funktionierte nur begrenzt nach Marktprinzipien, sodass die Bauern nicht die für ihre Arbeit nötigen Maschinen kaufen konnten, auch wenn sie ihre Ernte verkauften. Daher horteten sie zum Teil das

344 Vgl. Bullok 1991, S. 173.
345 Altrichter 2018, S. 159.

Getreide, statt es der Stadtbevölkerung zur Verfügung zu stellen.[346] Dies war der aktuelle Hintergrund für Stalin, seine Meinung zu ändern und nicht länger auf Freiwilligkeit zu setzen, sondern die Zwangskollektivierung der Landwirtschaft zum Programm zu erheben. Das Stichwort, unter dem diese Kampagne firmierte, lautete »Entkulakisierung«. Dabei wurde der Begriff Kulake formal definiert:

> »Einnahmen von über 300 Rubel pro Esser im Jahr (mindestens 1500 Rubel pro Familie), Betreiben von Handel, Vermietung von Gerät, Maschinen, Gebäuden, Besitz einer Mühle, einer Ölpresse und so weiter. Wenn eines dieser Kriterien zutraf, wurde aus einem Bauern ein Kulak. Ohne Berücksichtigung der sozialen Realität wurden große Gruppen von Bauern willkürlich dem Projekt ›Liquidierung des Kulakentums als Klasse‹ unterworfen.
>
> Die Gewalt bereitete sich ein Festmahl. Es traf die Fleißigsten, Fähigsten, Sparsamsten und Ideenreichsten.«[347]

Mit dem Kampf gegen das Kulakentum begann eine der gewalttätigsten Epochen der russischen Geschichte. In vielen Gebieten der Sowjetunion (z. B. in der Ukraine, in Transkaukasien, im Wolgagebiet usw.) kam es zu Hungersnöten, in deren Verlauf Millionen Menschen ums Leben kamen. Wie viele es waren, ist nicht bekannt. Wolkogonow schreibt dazu, dass nach seinen Berechnungen die Entkulakisierung 8,5 bis 9 Millionen Personen betraf, die enteignet, aus ihrer Heimat vertrieben, der Gewalt zum Opfer gefallen, erschossen worden sind.[348]

Doch Stalin konnte diese Gewaltaktionen nicht ohne Widerstand seiner Genossen im Politbüro durchsetzen. Sein Hauptwidersacher war Anfang 1928 sein alter Freund Nikolai Iwanowitsch Bucharin, ein brillanter Theoretiker. Bucharin wurde von Rykow und Tomski unterstützt, die für eine maßvolle Politik plädierten und eher auf ein evolutives Vorgehen setzten. Auf Stalins Seite stand zunächst nur Molotow. Kujbyschew, Kalinin, Mikojan und Radsutak zeigten sich unentschieden. Hier nutzte Stalin seine institutionelle Macht. Er ließ die Plenen von ZK und ZKK, in denen er über die Zeit eine große Zahl Loyalisten untergebracht hatte, in den folgenden Monat in seinem Sinne entscheiden.[349]

346 Vgl. Wolkogonow 1989, S. 244.
347 Ebd., S. 248.
348 Vgl. ebd., S. 249 f.
349 Vgl. ebd., S. 253, 256.

Politisch vernichtete Stalin seinen ehemaligen Freund (und theoretischen Mentor) Bucharin sowie dessen Unterstützer 1929 mit einer dreistündigen Rede in Plenarsitzungen des ZK und des ZKK. Es gelang ihm, Bucharin als Theoretiker und Marxist zu disqualifizieren. Wolkogonow, der aus der Sicht des Stalin-kritischen Kommunisten schreibt und noch mit Zeitzeugen sprechen konnte, betont, dass Stalin dabei nicht mit Unflätigkeiten sparte.

> »[...] das Ganze war durchsetzt mit Worten wie ›Blödsinn‹, ›Unsinn‹, ›die Büchelchen Bucharins‹, ›unmarxistische Herangehensweise‹, ›Kurpfuscherei‹, ›falscher Marxist‹, ›Schwätzerei‹, ›halbanarchistische Pfütze Bucharins‹ und so weiter.«[350]

Der politischen Vernichtung folgte mit erheblicher zeitlicher Verzögerung die Erschießung Bucharins im Rahmen der »Säuberungen« nach einem der großen Schauprozesse 1937.

Dass Stalin vollkommen gnaden- und rücksichtslos seine Pläne der Kollektivierung der Landwirtschaft durchzog, belegt die von Churchill berichtete Antwort Stalins auf dessen Frage, ob ihm die Kollektivierung oder die Kriegführung mehr Sorge und Mühe bereitet habe,

> »[...] und Stalin befand sich in gelöster Stimmung.
>
> ›Ja‹, sagte er, ›die Kollektivierung der Bauerngüter war ein furchtbarer Kampf.‹
>
> ›Ich dachte mir, dass es schwer gewesen sein muss‹, erwiderte Churchill, ›weil Sie nicht mit einigen Zehntausend Aristokraten oder Großgrundbesitzern, sondern mit Millionen von kleinen Leuten zu tun hatten.‹
>
> ›Zehn Millionen‹, sagte Stalin.
>
> Er hob die Hände hoch, so dass Churchill die gespreizten Finger zählen konnte, doch trotzdem schien es unglaublich. Ebenso unglaublich klang Stalins Erklärung, die er im Ton eines Menschen äußerte, der hilflos einer Naturkatastrophe, einem Erdbeben oder Vulkanausbruch zugesehen hat.
>
> ›Es war fürchterlich. Vier Jahre hat es gedauert. Um periodisch wiederkehrende Hungersnöte zu vermeiden, war es absolut notwendig, den Boden Russlands mit Traktoren zu bearbeiten. Wir mussten unsere Landwirtschaft mechanisieren. [...]‹.«[351]

---

350 Ebd., S. 270.
351 Payne 1965, S. 338.

Er fuhr fort und lieferte eine Menge vermeintlich rationaler Gründe, warum diese Art der Modernisierung der Landwirtschaft unvermeidbar war. Der Rückblick auf die statistischen Daten zeigt, dass dies alles nicht stimmte, sondern – ganz im Gegenteil – die Landwirtschaft durch die Kollektivierung zugrunde gerichtet wurde. Die Zahl des Viehbestandes halbierte sich, und auch die Ernten brachten nicht den proklamierten Erfolg. Es kam tatsächlich, aber de facto durch die Entkulakisierung verschuldet, zu den befürchteten landesweiten Hungersnöten.[352]

Eine der Hypothesen, wieso Stalin diese radikale Kollektivierung vorgenommen hat, besagt, dass er bzw. die Sowjetökonomen Marx falsch verstanden hatten. Marx hatte analysiert, dass die Enteignung der Landbevölkerung die Voraussetzung »zur Schaffung der größtmöglichen Masse von ›unmittelbaren Produzenten‹, das heißt von Lohnarbeitern, modernen Proletariern« war.

> »Stalin handelte so, als seien die von Marx beschriebenen barbarischen Methoden zum Zweck der ›ursprünglichen‹ Kapitalakkumulation in Westeuropa und in den Kolonien die geeignetsten, um die Sowjetrepublik zu ›zivilisieren‹, das heißt ein Agrarland in ein Industrieland zu verwandeln.«

Und da sich dieser Prozess in Westeuropa zum Teil mithilfe brutaler Gewalt vollzogen hatte, meinte er offenbar, dass Gewalt das Mittel der Wahl sei, um diesen Prozess zum Erfolg zu führen.[353]

Weder Hungersnöte noch Rückgänge in der Produktion konnten die Einschätzung der Entkulakisierung als großen Erfolg Stalins beeinträchtigen. Ganz im Gegenteil: Der XVII. Parteitag in Moskau 1934 wurde als »Parteitag des Sieges« gefeiert. Stalin hielt eine Rede; es sollte ein Rechenschaftsbericht sein, war aber Selbstbeweihräucherung:

> »Musste man aus dem XV. Parteitag noch die Richtigkeit der Linie der Partei beweisen und einen Kampf gegen bestimmte antileninistische Gruppierungen führen, auf dem XVI. Parteitag aber mit den letzten Anhängern dieser Gruppierungen aufräumen, so braucht man auf diesem Parteitag nichts zu beweisen, und es gibt wohl auch niemand, der geschlagen werden musste.«[354]

Und auch alle seine Gegner stimmten in die Begeisterung über den »Sieg« ein; keine Rede von den Millionen verhungerter sowjetischer

352 Conquest 1991, S. 232.
353 Rubel 1975, S. 68.
354 Conquest 1991, S. 232.

Bürger. Allein in der Ukraine sind nach unterschiedlichen Schätzungen im Rahmen des sogenannten »Holodomor« zwischen drei und fünf Millionen Menschen verhungert, und offen ist lediglich die Frage, ob diese Hungerkatastrophe bewusst und zielgerichtet der Ausrottung der Ukrainer galt oder eine auch in anderen Landesteilen zu beobachtende Folge der Kollektivierung war.[355]

Doch hinter den Kulissen gab es Widerstand. Man wollte Stalin eine repräsentative Rolle geben, und Kirow sollte an seiner Stelle Generalsekretär werden.[356]

Die Macht des Funktionärs

Da sich mit der zunehmenden Mitgliederzahl der Führungsgremien zwangsläufig die Komplexität der Entscheidungsprozesse potenzierte, stieg auch deren Abhängigkeit von der koordinierenden Funktion und damit Macht des Politbüros. Faktisch wurde die Entscheidungsgewalt über die Politik der Partei also einer kleineren Gruppe übertragen. Und über die Macht jedes einzelnen Mitglieds entschied die Gruppendynamik. Hier kamen Stalins Intrigen, bei denen vorab Entscheidungen abgesprochen wurden, ins Spiel. Seine persönliche Macht wuchs mit jeder Vergrößerung jedes Führungsgremiums. Die Entscheidungsprämissen hatten sich geändert: von der Personenorientierung in der direkten Face-to-Face-Interaktion hin zu Prozeduren, also Entscheidungsprogrammen, und schließlich zu Kommunikationswegen, d.h. formalen und informellen Strukturen. Auf diese Weise wurden zwangsläufig die Informationen, die einzelnen Personen zugänglich waren, selektiert, und diese Selektion konnte zielgerichtet von dem- oder denjenigen, die sie organisierten, gesteuert werden.

Stalin und seine Helfer konnten so verhindern, dass sich jemals im Politbüro eine Einheitsfront gegen ihn bildete. Und in den sechs Jahren, nachdem Lenin in seinem »Testament« vor der Macht Stalins gewarnt hatte, blieb das auch so. Alan Bullock schreibt dies der Tatsache zu, dass man Stalin und seinen Ehrgeiz stets unterschätzt habe.[357]

Er wie beispielsweise auch Isaac Deutscher betonen das strategische Verhalten Stalins und die spezifische Gruppendynamik während

355 Naimark 2010, S. 85 ff.
356 Conquest 1991, S. 233.
357 Bullok 1991, S. 177.

der Sitzungen des Politbüros. Stalin hielt sich inhaltlich zurück, rauchte, ging hin und her, und wenn die Diskussion ein Ergebnis erreicht zu haben schien, dann redete auch er und fasste die Mehrheitsmeinung zusammen.[358] Dieses Verhalten vermittelte den Teilnehmern der Diskussionen offenbar, Stalin habe keine eigene Meinung und keine eigenen Ziele. Das dürfte im Blick auf Sachentscheidungen sogar richtig gewesen sein, da ihn die Inhalte meist nicht interessierten (Sachdimension der Kommunikation), aber die Sozialdimension hatte er genau im Blick: Es ging ihm um seine Machtstellung. Indem er in aller Ruhe rauchend das Auf und Ab der Meinungsbewegung beobachtete, hatte er die Möglichkeit, sich die gewinnende Meinung zu eigen zu machen.

Als Generalsekretär der Partei verfügte Stalin faktisch über mehr Macht als die anderen Mitglieder des Politbüros, auch wenn es denen lange Zeit nicht bewusst wurde. Diese Macht manifestierte sich während seines Aufstiegs zur absoluten Macht nicht offen, schon gar nicht in irgendwelchen offen formulierten Machtansprüchen gegenüber den anderen Mitgliedern des Politbüros. Sie blieb implizit in den Mechanismen des Parteiapparats. Stalin stützte sich auf das Netzwerk der Parteisekretäre, die von ihm auf ihre Stellen gesetzt worden waren. Aus organisationstheoretischer Sicht entschied Stalin damit auf der Metaebene über eine für die Funktionäre der Partei in der ganzen Sowjetunion zentrale *Entscheidungsprämisse: das Personal,* d. h. die Funktionäre, die Apparatschiki.

Er bzw. die von ihm benannten und ihm gegenüber loyalen Parteisekretäre bestimmten, wer zu den Parteikongressen als Delegierter gesandt wurde. Auf diese Weise konnte Stalin sich stets auf eine loyale Partei (Apparat/Organisation) und in der Folge einen ebenso loyalen Parteikongress stützen. Dass der Apparat seine Macht stützte, lag daran, dass er streng hierarchisch organisiert war. Insofern konnte Stalin als dessen oberster Hierarch eine weitere zentrale *Entscheidungsprämisse* zum Aufbau und Erhalt seiner persönlichen Macht nutzen: die *formale Struktur* bzw. die *formalen Kommunikationswege* der Organisation.

Dies wurde ideologisch dadurch gestützt, dass er sich – was immer er tat – als Bewahrer Lenin'scher Orthodoxie, d. h. seiner Dogmen und Ziele, präsentierte. So wie manche religiösen Menschen bei jeder passenden oder unpassenden Gelegenheit mit Bibelzitaten aufwarten,

358 Vgl. ebd., S. 178; Deutscher 1946/1966, S. 274.

hatte Stalin stets die passenden, seine Sicht stützenden Lenin-Zitate parat. Er beanspruchte, nur er habe Lenin wirklich verstanden, nur er sei der »Beschützer des Leninismus«.[359]

Stalin entschied mit der ihn umgebenden Clique von Loyalisten, wann ein Parteikongress veranstaltet wurde (Zeitdimension der Kommunikation) und welche Fragen (Sachdimension der Kommunikation) dort diskutiert und zur Abstimmung gebracht wurden. In beidem lag eine Steuerungsmöglichkeit, über die Stalin als Generalsekretär verfügte, denn er konnte über den für seine Ziele günstigen Zeitpunkt von Plenarveranstaltungen und deren Inhalte entscheiden. Er nutzte auch hier die den formalen Strukturen einer hierarchischen Organisation, wie es die Kommunistische Partei nun war, immanenten Machtmechanismen zur Steuerung der Kommunikation und zur Fokussierung der kollektiven Aufmerksamkeit.

Über die parteiinternen Machtmechanismen hinaus hatte Stalin – und das ist für jede Diktatur unverzichtbar – Zugriff auf die Geheimpolizei. Hier kam nun ganz unverhüllt Gewalt ins Spiel, denn die Methoden des Machterwerbs und -erhalts sind begrenzt. Aus systemtheoretischer Perspektive ist klar, dass jeder Mensch, also auch jeder Bauer, jeder Kulake, ein autonomer, sich *innengesteuert* (»strukturdeterminiert«) verhaltender Akteur ist. Daher war vorauszusehen – und offenbar auch dem im Juli 1928 tagenden ZK-Plenum bewusst –, dass diese Verwandlung eines autonomen Wesens in das »Schräubchen« einer Maschine nur unter Anwendung von Gewalt durchzusetzen und aufrechtzuerhalten ist: »Die Partei erklärte sich damit einverstanden, die Gewalt zum festen Bestandteil des Systems zu machen.«[360]

Das Maschinen- und Kontrollmodell, das auf Befehlen und Verboten beruhte, führte auch außerhalb der Landwirtschaft zur Militarisierung der Wirtschaft, die Gesellschaft war zurück in den »Kriegskommunismus« geworfen, die NEP beendet.

Das Maschinenmodell der Gesellschaft

Die Auseinandersetzung zwischen Stalin und Bucharin zeigte exemplarisch, wie Stalin die Gremien der Partei für seine Ziele nutzte. Sie zeigte aber auch, welche unterschiedlichen Denkstile und Konzepte

359 Wolkogonow 1989, S. 278.
360 Ebd., S. 246.

des Wandels beide hatten. Während Bucharin an einem Modell hing, dass von einer kontinuierlichen, *organischen* Entwicklung im Sinne der Evolution gesellschaftlicher Strukturen ausging, folgte Stalin offenbar einem Maschinenmodell von Gesellschaft. Er hatte – das zeigte sich auch später noch – Steuerungs- und Kontrollideen, die aus mechanistischen Vorstellungen resultierten: »Die utopisch-dogmatische Sichtweise Stalins zeigte sich vor allem in der Absicht, den Bauer in ein ›Schräubchen‹ zu verwandeln in der gesellschaftlichen Agrarmaschine.«[361]

Der Fall Bucharins ist auch in einer anderen Hinsicht signifikant: Stalin nahm keinerlei Rücksicht auf eventuell in einer gemeinsamen Geschichte entstandene Bindung oder Emotionen – sei es zu Freunden, Kampfgenossen oder Verwandten –, wenn sie ihm im Wege standen, sich zu potenziellen Konkurrenten entwickelten oder er sich ihrer Loyalität nicht sicher sein konnte (oder auch, wenn es ihm, warum auch immer, in den Sinn kam, denn viele seiner Entscheidungen waren von blanker Willkür bestimmt).

Allerdings scheint er sein Handeln rationalisiert zu haben. Wie er zu Churchill über die zehn Millionen Leidtragende der Kollektivierung sprach, erinnert an die Weise, wie in der Wannseekonferenz über die »Endlösung der Judenfrage« gesprochen wurde, als man sich dafür beglückwünschte, »anständig geblieben zu sein«. Solch ein Handeln setzt nicht nur ein hohes Maß an Rationalisierung voraus, die Legitimierung des eigenen Handelns durch Berufung auf vermeintlich höhere Werte, sondern auch die Fähigkeit zur Abspaltung von Gefühlen. Dies gelingt wahrscheinlich nur dann, wenn man die Personen oder Personengruppen, die man so behandelt, verdinglicht oder als Feinde oder Nicht-Menschen (»Schädlinge«, »Ungeziefer« usw.) definiert, die vernichtet werden müssen.

Industrialisierung

Die Entkulakisierung war nicht nur, und wahrscheinlich nicht einmal primär, dem Ziel geschuldet, eine gesellschaftliche Klasse im Kampf gegen die Ausbeutung zu vernichten, sondern sie diente im Rahmen des *Fünfjahresplans 1928–1933* als Mittel zu einem ganz anderen Zweck: dem Wandel der sowjetischen Agrargesellschaft zur Industriegesell-

361 Ebd., S. 245 f.

schaft. Die Industrialisierung wurde als Voraussetzung für die Etablierung des Sozialismus angesehen. Um sie zu erreichen, mussten Know-how und Maschinen aus dem Westen eingeführt (d. h. gekauft und bezahlt) werden. Die Finanzen dafür waren zu erhalten, wenn der Staat einen höheren Anteil an den jährlichen Getreideernten erhielt, die ans Ausland verkauft werden konnten, um die nötigen Devisen zu erhalten.

Die Steigerung des staatlichen Anteils wurde durch die Kollektivierung der Landwirtschaft zwar erreicht, die geplante Strategie bzw. ihre Durchführung muss rückblickend aber dennoch als gescheitert bewertet werden. Und zwar nicht nur wegen der mit ihr verbundenen Hungersnöte im Land, sondern auch hinsichtlich der Planerfüllung in der Industrie. Stalin, der ökonomische Dilettant, der offenbar auch beratungsresistent und aus eigener Machtvollkommenheit entschied, bilanzierte seine Kampagnen zwar öffentlich als große Erfolge, wenn er z. B. verkündete, dass sich die Industrieproduktion gegenüber der Vorkriegszeit verdreifacht und gegenüber der Zeit vor Aufstellung des Plans verdoppelt habe. Boris Souvarine kommentiert dies jedoch kritisch:

> »Er sagt nicht, worauf sich die Berechnung erstreckt, um glauben zu machen, es handle sich um in Zahlen festlegbare Mengen, nach Gewicht oder Volumen, während seine Zahlenangaben einfach einen willkürlichen Wert in mehr oder weniger fiktiven Rubeln enthält. Tatsächlich, wenn man die Schlüsselindustrien betrachtet, stellt sich das Bild ganz anders dar: 1932 sind 6,2 Millionen Tonnen Roheisen anstelle von 10 im Plan berechneten und von 17 von Stalin auf dem sechzehnten Kongress vorgesehenen hergestellt worden; 62,4 Millionen Tonnen Steinkohle sind anstelle von 75 (im Plan), 90 (Kontrollzahl) und 140 vom Zentralkomitee festgesetzten (Beschluss vom 15. August 1931) gefördert worden; bei Erdöl sind es 22,2 Millionen Tonnen statt 45 vom Zentralkomitee angestrebten (Anordnung vom 15. November 1930); die elektro-energetische Kapazität wurde nach der Theorie auf 13,5 Milliarden kWh anstatt auf 22 (Plan) gebracht, was nicht die Nutzungsmittel vorausbestimmt. Die Ergebnisse sind noch niedriger bei den chemischen Produkten, bei Kupfer und anderen Metallen für den Guss, bei Zement und Baumaterialien. So ist der erreichte Prozentsatz in den wichtigsten Industriezweigen sehr weit davon entfernt, sich der globalen Zahl Stalins zu nähern, und es muss dabei noch ein beträchtlicher Teil an fehlerhafter Produktion abgezogen werden.«[362]

362 Souvarine 1935, S. 497.

Souvarine setzt die Liste fort und zeigt in seiner Bilanzierung, welch ökonomisches Desaster – ganz abgesehen von den menschlichen Kosten – durch diese »Revolution von oben« angerichtet wurde. Denn auch in der Landwirtschaft ist die Produktion gefallen. Boris Souvarine vergleicht ihr Resultat mit dem eines »großen Krieges«:

> »Die Ernte des Jahres 1932 beträgt nur 7 Zentner pro Hektar und 69,9 Millionen Tonnen insgesamt (gegenüber 96,6 im Jahre 1913), was ausreicht, um bei den anormalen Verlusten und der normalen Geburtenziffer eine Hungersnot zu prädeterminieren.«[363]

Die objektiv katastrophalen Auswirkungen der Stalin'schen Planwirtschaft konnten ihn nicht davon abhalten, im Jahre 1934 einen »Parteitag der Sieger« abzuhalten. Er selbst nannte die Erfolge »groß und außergewöhnlich«. Dimitri Wolkogonow, als Mitglied der KdSU keineswegs ein vollkommen neutraler Biograf, bestätigt aus der zeitlichen Distanz von mehr als 50 Jahren diese Bewertung:

> »Unbestreitbar hatte das Land bis zum Jahr 1934 einen gewaltigen Ruck nach vorn in seiner Entwicklung gemacht. Ich habe mir den von Stalin bearbeiteten Entwurf des Berichts betrachtet. An seinen Korrekturen wird sichtbar, dass der Generalsekretär sich bemühte, die Erfolge noch stärker zu betonen. Er glaubte, dass die gewaltigen Opfer, die das Volk gebracht hatte, ein Ergebnis haben mussten. Ganze Seiten dieses Berichts hatte Stalin neu geschrieben. Er wollte dem Volk und der Partei zeigen: Seine Führung ist fruchtbar, erfolgreich und siegbringend.«[364]

Doch diese Erfolgsmeldungen entsprachen offenbar nicht der Wahrnehmung aller 1.225 Delegierten (was ja nicht verwundert, wenn man die von Souvarine referierten, Stalins Darstellung kontrastierenden Zahlen dagegensetzt). Anastas Mikojan war von 1926 bis 1966 Kandidat und ZK-Mitglied sowie in der Ära Breschnew von 1964 bis 1965 Staatsoberhaupt der Sowjetunion. Wie er berichtet, stimmten von den 1.225 Delegierten 300 gegen die Wiederwahl Stalins als Generalsekretär. Dieses Wahlergebnis wurde allerdings nicht verkündet, sondern die Zahl der Gegenstimmen wurde offiziell auf drei reduziert.[365]

Außerdem hatte der Parteitag gezeigt, dass Kirow ein potenzieller Konkurrent für Stalin war. Er wurde am 29. November 1934 erschos-

363 Ebd., S. 499; vgl. auch Antonow-Owssejenko 1980, S. 85 ff.
364 Wolkogonow 1989, S. 290.
365 Zit. n. ebd., S. 298.

sen. Ein Tschekist, der als sein Leibwächter fungierte und Zeuge (vielleicht aber nicht nur das) der Tat war, wurde am 2. Dezember bei einem »Verkehrsunfall« getötet.[366]

Der Verdacht lag nahe, dass dieser Mord auf Veranlassung Stalins vollzogen wurde. Welche Rolle Stalin bei der Ermordung Kirows spielte, ist umstritten. Conquest schreibt: »Stalin beschloss, Kirow töten zu lassen. Wie Chruschtschow später in einem erst 1989 veröffentlichten Abschnitt seiner Erinnerungen schrieb, erteilte Stalin offenbar mündliche Anweisungen an Jagoda, den Chef des NKWD.«[367] Dem widerspricht aus der Distanz von ca. 80 Jahren der russische, »nachsowjetische« Historiker Oleg Chlewnjuk:

> »Der Gedanke, Stalin habe hinter dem Mord an Kirow gesteckt, weist alle Merkmale einer Verschwörungstheorie auf. [...] Der Idee, Stalin sei an der Ermordung Kirows beteiligt gewesen, wurde viel zu viel Aufmerksamkeit geschenkt. Denn selbst wenn er die Finger im Spiel gehabt hatte, spielt das für unser Verständnis seiner Person und seiner Zeit keine große Rolle. In der Chronik der Verbrechen, die der Diktator beging, wäre der Mord an Kirow eine seiner harmlosesten Taten gewesen.«[368]

Doch Antonow-Owssejenko schildert die Vorbereitungen auf den Mord an Kirow sehr detailgenau als wohlorganisiert und im Einverständnis mit dem ZK.[369] Montefiore hingegen beschreibt Stalin als wegen Kirows Tod sehr niedergeschlagen, was den Eindruck vermittelt, er sei von der Tat überrascht worden.[370] Und auch Swetlana Allilujewa, Stalins Tochter, bezweifelt, dass ihr Vater bei der Erschießung Kirows die Finger im Spiel gehabt haben könnte, da er ein enger Freund Stalins und der Familie gewesen sei: »Aber Kirow *wohnte* bei uns im Haus, er gehörte dazu, er war ein Freund, ein alter Kamerad. Vater liebte ihn und war ihm wirklich zugetan.«[371] Kirow war jedenfalls nicht mehr im Spiel, wer auch immer für seinen Tod verantwortlich gewesen sein mag, und Stalin hatte freie Bahn.

Das Wahlergebnis beim XVII. Parteitag, bei dem etwa ein Viertel der Delegierten Stalin die erwartete Loyalität verweigerte, gab den Startschuss – so kann, leider nur wenig metaphorisch, formuliert

366 Vgl. ebd., S. 309.
367 Conquest 1991, S. 235; vgl. auch Ulam 1973, S. 446.
368 Chlewnjuk 2015, S. 221.
369 Antonow-Owssejenko 1980, S. 116 ff.
370 Montefiore 2003, S. 180 ff.
371 Allilujewa 1967, S. 202 f.

werden – zu den grausamen »Säuberungen« von »Schädlingen«. Stalin war nachtragend, und er vergaß nie, wenn er »verraten« wurde:

»Damals konnte sich kaum jemand vorstellen, dass von 1225 Delegierten bald 1108 verhaftet würden und dass ein großer Teil von ihnen in Lagern und in den Kellern des NKWD umkommen würde. Von den 139 Mitgliedern und Kandidaten des ZK der Partei, die auf diesem Parteitag gewählt worden waren, sollten 98 verhaftet und erschossen werden. Die meisten dieser Menschen waren die aktivsten Teilnehmer der Oktoberrevolution gewesen, sie waren diejenigen, die das Land nach der Erschütterung durch Krieg und Bürgerkrieg wiederaufgebaut hatten. Sie hatten den historischen Sprung vom Hakenpflug zum Industriestaat vollbracht.«[372]

Die Geheimpolizei als Machtmittel

Weder Entkulakisierung noch Industrialisierung konnten ohne die Anwendung oder Androhung von Gewalt durchgesetzt werden. Dazu ließ sich – wie in Bürgerkriegszeiten – die Geheimpolizei nutzen. Die relativ zivilisierten Zeiten der 20er-Jahre waren vorbei. Dserschinski, der neben seiner Rolle als Gründer und Chef der Tscheka auch eine eigenständige Position als Kandidat des Politbüros und zeitweise als Volkskommissar des Inneren eingenommen hatte, war 1926 gestorben. Seine Nachfolger waren politisch weniger einflussreich als er, sodass für sie die Zusammenarbeit mit Stalin noch wichtiger wurde als für Dserschinski. Ohne sie und ihren Repressionsapparat hätte Stalin seine Revolution »von oben« nicht durchsetzen können. Für die Zeit zwischen 1930 und 1936 war die Allianz zwischen Stalin und dem zunächst nur als Vizechef, ab 1934 dann als Chef der Geheimpolizei dienenden Genrik Jagoda einer der Faktoren, die Stalins absolute Herrschaft herbeiführten. Denn die gewaltsame Kollektivierung der Landwirtschaft traf auf erbitterten Widerstand.

»In diesem Kontext fand es Stalin wichtig, die Geheimpolizei zu fördern.

Die Allianz zwischen Stalin und Yagoda wurde durch eine Zahl von Faktoren zementiert: Stalin war der einzige der wichtigeren Bewerber im Kampf um die Nachfolge Lenins, der sich stark für die Geheimpolizei einsetzte. Beide Führer waren stark von ihren Erfahrungen im Bürgerkrieg beeinflusst. Ihr heroischer Lenin war der Lenin der Bürgerkriegs-

372 Wolkogonow 1989, S. 316.

zeit, ein durch und durch staatsorientierter, zentralistischer Radikaler, der entschlossen Gewalt nutzte, um alle Feinde zu brechen.«[373]

Die Funktion der Geheimpolizei ergab sich aus dem Staatsverständnis Stalins, und die Funktion des Staats ergab sich aus der Erfahrung im Bürgerkrieg, wo es galt, gegen einen Feind zu kämpfen.

Die klare und eindeutige Freund-Feind-Unterscheidung legitimierte die Anwendung brutaler Gewalt. Allerdings funktionierte das nur, wenn die internen Gegner der Entkulakisierung und Industrialisierung, die möglicherweise gute und rationale Gründe gegen diese Pläne gehabt hatten, wie externe Feinde behandelt wurden.

Die Koalition mit Jagoda wurde von Stalin gepflegt, indem er mit ihm täglich Gespräche führte, ihm eine Wohnung im Kreml zuweisen ließ und ihm einen Platz im Politbüro versprach. 1934 wurde Yagoda dann auch tatsächlich als Vollmitglied ins Politbüro aufgenommen; mit ihm wurden drei andere führende Vertreter der Geheimpolizei zu Kandidaten des Politbüros ernannt. Nach einer Reorganisation wurde 1934 auch der Name geändert: Aus der OGPU wurde nun das NKWD (Volkskommissariat für Innere Angelegenheiten). Verbunden war dies mit einer Aufstockung des Personals und weitreichenden neuen Befugnissen.[374]

Stalin ließ darüber hinaus eine Art Metageheimpolizei bilden, nämlich einen speziellen Zweig der Geheimpolizei, dessen Aufgabe darin bestand, die Geheimpolizei zu überwachen. Er platzierte seine Mitarbeiter in allen Abteilungen und auf allen Ebenen des NKWD. Schließlich schuf er noch eine Spezialabteilung von mehreren Tausend persönlichen Leibwächtern für sich selbst. Adelman weist darauf hin, dass Lenin zwei Leibwächter hatte (bevor das Attentat auf ihn verübt wurde), und im Kontrast dazu Stalin die 35 Kilometer vom Kreml zu seiner Datsche durch drei Schichten von jeweils 1.200 NKWD-Agenten absichern ließ, die Häuser am Straßenrand enteignen und von Geheimpolizei besetzen ließ und einen gepanzerten Zug zu seiner Verfügung hatte.[375]

Die Bedeutung der Geheimpolizei wuchs bis 1936 deswegen so stark, weil ihre Agenten in allen gesellschaftlichen Bereichen postiert wurden. Ob in Fabriken oder der Armee, überall fanden sich ihre In-

373 Adelman 1984, S. 95 (Übers. v. F. B. S.).
374 Vgl. ebd., S. 95 f.
375 Ebd., S. 97.

formanten. Darüber hinaus gründete die Geheimpolizei ihre eigenen militärischen Einheiten, die mit Panzern, Flugzeugen, Artillerie usw. ausgerüstet wurden.[376]

Die gesamte Bevölkerung wurde überwacht, denn sie bestand potenziell aus »Schädlingen«. Die Stalin zugeschriebene Paranoia wurde von ihm externalisiert und fand in der Organisation der Geheimpolizei ihre Gestalt. Dazu diente unter anderem seine Definition des »Schädlings«:

> »›Ein ‚wirklicher Schädling' muss von Zeit zu Zeit die Erfolge seiner Arbeit vorweisen, das ist das einzige Mittel, das ihn als Schädling schützt, und es ihm ermöglicht, sich Vertrauen zu erschleichen und seine Schädlingstätigkeit fortzusetzen.‹
>
> Unlogisch? Möglicherweise. Dafür aber genial! Von jetzt an kann man, ja muss man alle schnappen – sowohl die, die ihr Soll nicht erfüllen, als auch die, die es übererfüllen.«[377]

Aus psychiatrischer Sicht kann aber nicht diagnostiziert werden, Stalins Verfolgungsideen seien ein Wahnsystem gewesen (denn die Möglichkeit, dass man jemandem in seiner Position an den Kragen will, ist ja nur realistisch). Dennoch entsprechen die Prämissen, nach denen sich die Geheimpolizei in totalitären Systemen generell – also nicht nur in der Sowjetunion der 30er-Jahre – organisiert, den logischen Prinzipien von Wahnsystemen. Ein Wahn ist dadurch charakterisiert, dass seine Vorannahmen so konstruiert sind, dass sie nicht falsifiziert werden können.[378] Was immer passiert oder nicht passiert: Es dient zur Bestätigung der Vorannahmen. Dies ist ein – von außen gesehen – Konstruktionsfehler aller sozialer Kontrollsysteme: Totale Kontrolle ist unmöglich, und wenn sie dennoch angestrebt wird, so führt das zur Eskalation der Kontrollbemühungen, ohne je ein Ende erreichen zu können. Denn es kann nicht erreicht werden, weil es kein Merkmal gibt, an dem das Erreichen der totalen Kontrolle vom noch nicht erreichten Zustand unterschieden werden könnte.

Ganz ähnlich argumentiert Hannah Arendt, wenn sie über die Stalin'schen Schauprozesse bzw. die zugrunde liegende Überzeugung, dass die Angeklagten schuldig seien, schreibt:

---

376 Ebd., S. 98.
377 Antonow-Owssejenko 1980, S. 152.
378 Bleuler 1916/1972, S. 46.

> »An den die Außenwelt so vielfach verwirrenden Moskauer Prozessen wurde zum ersten Mal klar, dass die für die totale Herrschaft zentrale, wichtige Annahme, dass jeder aus bestimmten Gesetzen logisch einwandfrei errechneten Möglichkeit auch eine Realität entsprechen müsse, zu der absurd-furchtbaren Konsequenz führt, dass jedes von den jeweiligen logischen Rechenkünsten der Machthaber deduzierte mögliche Vergehen in diesem System auch bestraft werden muss – als hätte die Geschichte, in der es tatsächlich nicht begangen wurde, sich eines Fehlers schuldig gemacht, der von denen, die mit der Exekution geschichtlicher Gesetze betraut zu sein wähnen, korrigiert werden müsse.«[379]

Unter diesen Voraussetzungen ist die Zahl der potenziellen Feinde nahezu unbegrenzt, daher musste der Staat auch die notwendigen Infrastrukturen schaffen, um diese Menge von Menschen unschädlich machen zu können.

Seit 1930 wurde mit dem Gulag[380] wieder ein System von Lagern errichtet:

> »Die Zahl der Gefangenen in Arbeitslagern steigerte sich von 0,6 Millionen im Jahr 1930 auf 5 Millionen im Jahr 1934. 60 % bis 70 % aller Zwangsarbeiter waren Bauern [...] Zwangsarbeit half den Überschuss an landwirtschaftlichen Arbeitskräften zu liquidieren, den Flaschenhals der Nahrungsmittelversorgung zu entlasten, und die Nachfrage nach knappen Konsumgütern zu verringern. Es wurden Arbeitskräfte für die Industrieentwicklung in abgelegenen Gegenden zur Verfügung gestellt, und vor allem: billige Arbeitskräfte.«[381]

Die Geheimpolizei übernahm auch wieder, wie in Bürgerkriegszeiten, originäre staatliche Funktionen, z. B. den Aufbau und Schutz von Infrastrukturen wie Verkehrswegen, aber auch Verwaltungsaufgaben wie die Registrierung von Geburten, Eheschließungen, Scheidungen, Todesfällen etc. Bleibt noch anzumerken, dass dies alles dem übergeordneten Ziel der totalen Überwachung und Kontrolle der Bevölkerung diente. Ohne den Apparat der Geheimpolizei hätte kein totalitärer Staat entstehen und bestehen können.[382]

---

379 Arendt 1951, S. 886 f.
380 Für einen genaueren Einblick in die Wirklichkeit des Gulag, siehe Solschenizyn: *Der Archipel Gulag* (1973–1976).
381 Adelman 1984, S. 99 f. (Übers. v. F. B. S.).
382 Vgl. ebd., S. 101 ff.

Der Personenkult

Wenn heute auf die Herrschaft Stalins zurückgeblickt wird, so scheint der Kult, der um seine Person betrieben wurde, ein charakteristisches Merkmal seiner Epoche gewesen zu sein. Dieser Personenkult wurde erst im Jahre 1929 gestartet, als der 50. Geburtstag Stalins großartig gefeiert wurde (so zumindest datiert Robert Payne den Beginn):[383]

> »Die Feierlichkeiten waren dazu angetan, alle Huldigungen, die man einst den Zaren dargebracht hatte, ärmlich und schäbig erscheinen zu lassen. Überall in Russland gab es Paraden und Umzüge, Ansprachen und Galavorstellungen, um den Geburtstag des Mannes zu feiern, der so hoch über allen Sterblichen stand, dass man nur in Hyperbeln von ihm sprechen konnte. Er war jetzt nicht mehr Stalin, sondern der große Stalin, der Führer, der unvergleichliche Baumeister des Kommunismus, der Vater des Volkes.«[384]

Begleitet wurden diese Festlichkeiten durch Publikationen zunächst in der Prawda, dann auch andernorts, in denen viele angesehene Persönlichkeiten die Geschichte der Revolution neu schrieben. Obwohl alle Dokumente zeigen, dass Stalins Rolle ganz unbedeutend war (der »graue Fleck« in der Arena)[385], wurde er nun als Person stilisiert – und das von Leuten, die an entscheidender Stelle die Revolution zum Erfolg geführt hatten. Auch seine Bedeutung im Bürgerkrieg wurde neu definiert und ins Unerkennbare aufgebläht. Die Führung Lenins wurde zwar nie infrage gestellt, aber Stalin wurde nicht nur als dessen würdiger und ebenbürtiger Nachfolger gewürdigt, sondern als Bewahrer der Lehren Lenins, ja, als *einziger* richtiger Leninist bejubelt.

Um die Augenhöhe mit Lenin zu erreichen, war es auch nötig, Stalin als genialen Theoretiker zu preisen, dessen Werk auf einer Stufe mit den Schriften von Marx, Engels und Lenin stand.[386]

Die Lobeshymnen in der Prawda, die danach immer wieder abgedruckt wurden, malten ein heroisierendes Stalinbild, das nur wenig mit den Erfahrungen ihrer Autoren mit Stalin zu tun haben konnte. Allesamt reihten sie sich in den Chor der Lobhudelei ein, obwohl sie (wie sicher auch Stalin) es besser wussten. Über ihre Motive kann man nur spekulieren. Dass es die Angst vor der Geheimpolizei war, ist eine

383 Tucker 1973, S. 463 ff.
384 Payne 1965, S. 341.
385 Trotzki 1940, S. 248.
386 Vgl. Tucker 1973, S. 462–487.

ganz plausible Hypothese. Vielleicht dachten sie aber auch, es sei nützlich für die weitere Entwicklung des Sozialismus in der Sowjetunion.

Der Kult um Stalin war nicht auf die Sowjetunion beschränkt. Es gab ihn auch im Westen. In einer viel gelesenen, französischen Stalin-Biografie verklärt der Autor, Henri Barbusse (ein Name, der wahrscheinlich für eine Autorengruppe steht), den Mann »aus Eisen und Stahl«. Er verfüge über einen gewaltigen praktischen Verstand, besitze »die Weisheit und Vorsicht eines Löwen«, habe Bücher geschrieben, deren Bedeutung die der Werke Lenins übertreffe, habe eine »schreckliche Geduld«, sei einer der bescheidensten Menschen, handle nie aus persönlicher Eitelkeit, glaube an die Massen, »überrage in seiner Größe Europa und Asien, das Gestern und das Heute gleichzeitig«. Die Biografie schließt mit den Worten:

> »Hier ist der väterliche Bruder. Er wacht über jedermann. Obwohl du ihn nicht kennst, kennt er doch dich und denkt an dich. Wer du auch bist, du brauchst diesen Wohltäter. Wer du auch bist, der edelste Teil deines Schicksals liegt in der Hand dieses Mannes. Er wacht über dich und arbeitet für dich – dieser Mann mit dem Geist eines Gelehrten, dem Gesicht eines Arbeiters und der Kleidung eines einfachen Soldaten.«[387]

Diese Formulierungen gemahnen eher an Gebete im Kindergottesdienst als an Beurteilungen eines Biografen.

Der Kult um Stalin sollte bis zu seinem Tod nicht mehr abklingen. Der große Stalin wurde in Gedichten besungen, zum Held von Theaterstücken, in Gebäuden der Verwaltung hing sein Bild, und es wurden Filme über ihn gedreht, in denen er gnadenlos heroisiert wurde.

Narzisstische Bedürftigkeit?

In den meisten Stalin-Biografien werden Hypothesen über seine Psychodynamik aufgestellt. Meistens wird die narzisstische Bedürftigkeit des »kleinen Soso« unterstellt (Stalin scheint dabei meist, angesichts seiner Taten, unangemessen infantilisiert oder zumindest – sehr normativ – als nicht »gereift« in seiner psychischen Entwicklung dargestellt).

Dass Menschen (meist Männer), die an der Spitze einer sozialen Hierarchie, z. B. einer Organisation, stehen, sehr viel narzisstische

387 Barbusse (1935) zit. n. Laqueur 1990, S. 30.

Zufuhr erhalten (und eine gewisse narzisstische Bedürftigkeit manchmal eine Voraussetzung dafür ist, solch eine Karriere anzustreben), ist ja sicher richtig. Das rechtfertigt aber nicht die Annahme, dass der Wunsch danach die Aktionen der Mächtigen im Allgemeinen und Stalins im Speziellen motiviert hat. Auch wenn die Narzissmus-Hypothese nicht falsch sein dürfte, so scheint sie doch zu undifferenziert, um die gezielte Organisation des Stalin-Kults zu erklären. Denn solch ein Kult erfordert ja nicht nur ein Idol oder einen idealisierten Helden, der es genießt oder braucht, verehrt zu werden, sondern er bedarf auch der Anhänger, der Mitglieder des Kults, für welche diese Idealisierung und Vergötterung eines Führers eine psychische oder soziale Funktion erfüllt. Insofern ist es wahrscheinlich relevanter, Hypothesen über die Nützlichkeit des idealisierten Stalin für die russische Bevölkerung aufzustellen.

Doch zunächst noch ein Blick auf die Hypothesen von Robert Tucker, der sich von allen vorliegenden Biografen am meisten[388] um eine psychologische Deutung der Handlungsweisen Stalins bemüht. Er orientiert sich dabei an den Konzepten der Neo-Freudianerin Karen Horney[389], die den Fokus der Aufmerksamkeit auf die Funktion sozialer Beziehungen für die Persönlichkeitsentwicklung legt.

Bezogen auf die Feier zu Stalins 50. Geburtstag sieht Tucker zwar die narzisstische Funktion, aber er sieht für diese Geburtstagsfeier wie für den sich anschließenden Personenkult auch ein anderes Motiv: Stalin will auf einer Stufe stehen mit Lenin, dem unangefochtenen Helden der Revolution:

> »Im Verständnis der Bolschewiken symbolisierte, wie wir wissen, Lenin vor allem den revolutionären Helden. Lenins höchster Dienst für die Partei und die Geschichte war die Oktoberrevolution selbst, sein entscheidender Beitrag zu ihrem Erfolg. […] Um Stalin als zeitgenössische Verkörperung Lenins zu verstehen […], muss man sich klarmachen, dass er jetzt dabei war, ein Unternehmen wahrhaft revolutionären Ausmaßes und Charakters zu beginnen. Als derjenige, der die Landwirtschaft kultiviert und die Industrialisierung vorantreibt, versucht er sich selbst als ein anderer Lenin zu beweisen. Stalin sieht die kommende revolutionäre Transformation Russlands als seinen Oktober.«[390]

388 Nur von Rancour-Lafferiere (1988) übertroffen, soweit ich das überblicke.
389 Horney 1937.
390 Tucker 1973, S. 487 (Übers. v. F. B. S.).

Ohne diese These für unsinnig erklären zu wollen, lässt sich auch eine weniger auf die Beziehung zu Lenin zielende Hypothese formulieren: Die zur Zeit des 50. Geburtstags Stalins gerade beginnende Entkulakisierungskampagne war in der kommunistischen Führungsschicht umstritten, auch wenn Stalin zu der Zeit eine große, aber eben noch nicht die absolute Macht innehatte. Der Geburtstag war eine gute Chance, sich als unersetzbarer Held, als Vater des Volkes usw. zu etablieren. Das heißt, es ging – dieser These zufolge – nicht primär um psychische (narzisstische) Bedürfnisse Stalins oder die Gleichstellung mit Lenin in der Geschichte, sondern um ein kühles Machtkalkül. Dies umso mehr, als es ja nicht bei einer pompösen Geburtstagsfeier blieb, sondern ein dauerhafter Stalin-Kult etabliert und durch entsprechende Propaganda aufrechterhalten wurde.

Dass Stalin selbst der Idealisierung seiner Person geglaubt haben soll, scheint unwahrscheinlich. Er musste nur in den Spiegel schauen. Milovan Djilas, zweiter Mann der *Jugoslawischen Kommunistischen Partei* nach Tito, schildert 15 Jahre nach dem Start des Personenkults anlässlich des Besuchs einer von ihm geleiteten Delegation das überhaupt nicht beeindruckende und zum Kult einladende Äußere Stalins:

> »Ich war noch von etwas Anderem überrascht: Er war von sehr kleiner Statur und unvorteilhaft gebaut. Sein Oberkörper war kurz und schmal, während Beine und Arme zu lang waren. Sein linker Arm und seine linke Schulter schienen ziemlich steif zu sein. Er hatte einen beträchtlichen Bauch, und sein Haar war dünn, obwohl er nicht völlig kahl war. Sein Gesicht war weiß, mit geröteten Wangen. […] Seine Zähne waren schwarz und unregelmäßig, schief nach innen gerichtet. Nicht einmal sein Schnurrbart war dicht oder fest. Dennoch war das kein schlechter Kopf; er hatte was vom einfachen Volk an sich, der Bauernschaft, dem pater familias – mit diesen gelben Augen und einer Mischung aus Strenge und Schalkhaftigkeit.«[391]

Die These von Stalins grandiosem Selbstbild scheint eher unwahrscheinlich. Näher liegt die Annahme, dass er sich seiner Schwächen durchaus bewusst war – und mit einer Mischung aus Ironie und Zynismus darauf reagierte, indem er all den Leuten, die ihn und seine Kompetenzen überragten, zeigte, dass er absolute Macht über sie hatte. Denn Stalin hatte einen sadistischen, rachsüchtigen Humor, wenn er z. B. einen Genossen in ein hohes Amt beförderte und zur selben

391 Djilas 1962, S. 44 (Übers. v. F. B. S.).

Zeit seine Frau verhaften ließ, um ihn dann, wenige Tage nach seinem vermeintlichen Aufstieg und seinen Dankbarkeits- und Demutsbezeugungen, ebenfalls verhaften zu lassen.

»Eine Sache überraschte mich nicht: Stalin hatte einen Sinn für Humor – einen rauen Humor, selbstbewusst, aber nicht völlig ohne Finesse und Tiefe.«[392]

Er hatte seinen sadistischen Spaß an der Hilflosigkeit derer, die seiner Macht ausgesetzt waren. So gab es ein Haus in der Nähe des Kremls, in dem Minister und hohe Funktionäre der Partei wohnten. Nachts konnte man vom Kreml aus sehen, wie die Lichter in den Wohnungen derer ausgingen, die vom NKWD abgeholt wurden.

> »Und er schien es zu genießen, Herr über Leben und Tod zu sein. Manchmal rief er seine Opfer an, sprach ihnen Mut zu, obgleich er bereits die Anweisung erteilt hatte, sie verhaften zu lassen.«[393]

Seine Handlungen deuten auf jeden Fall nicht darauf hin, dass es ihm wirklich darum ging, Schmeicheleien seiner von ihm selbst vermuteten Großartigkeit wegen einzusammeln. Dass die Unterwürfigkeit seiner Genossen Ausdruck des Opportunismus oder ihrer Angst war, dürfte ihm kaum verborgen geblieben sein. Er inszenierte Situationen, in denen er sich über seine alten, ihn lange Zeit aufgrund persönlicher Qualitäten überragenden Genossen still genießend erhob:

> »Die Szenen freundschaftlicher Teilnahme mit den Todeskandidaten spielte er geschmäcklerisch, wobei er sich an jedem Detail weidete. Und er schuf sich eine Legende für die Zukunft. Wie ein waschechter Schauspieler verstand er es, seine Bewegungen auf der Bühne zu kontrollieren, und niemals ließ er die Reaktion des Publikums aus dem Auge.
>
> Der andere, der Schande verfallene Mitspieler, gestern noch sein Mitarbeiter, soll zur Folterbank gehen mit dem Bild des guten, gerechten und fröhlichen Koba vor Augen.«[394]

Das Narrativ des geliebten Führers

Stalin war nicht der Erfinder des Personenkults. Es gab dieses Phänomen bereits im Altertum (z. B. den Cäsar-Kult), und es gab und gibt den Personenkult auch heute noch, lange Zeit nach Stalins Tod.[395] Das

---

392 Ebd., S. 44 (Übers. v. F. B. S.).
393 Baberowski 2012, S. 307.
394 Antonow-Owssejenko 1980, S. 210.
395 Katalogisiert und beschrieben von Kunze u. Kunze (2013).

stellt die Erklärungen, die in der Psyche des Helden die Ursache sehen, radikal infrage. Stattdessen gerät die – bewusst angezielte – soziale Funktion des Personenkults innerhalb des Kommunikationssystems »Staat«, »Nation« oder einer anderen sozialen Einheit in den Fokus der Aufmerksamkeit. Bezogen auf Stalin ist das strategische Ziel deutlich:

> »Das Bild, das Stalin der Welt zu zeigen beliebte, war mit peinlicher Sorgfalt ausgeklügelt und den Umständen angepasst. Es lag Kunst darin und nicht geringe Schlauheit. Zuweilen imitierte er Napoleon: dann stand er, zwei Finger zwischen den Knöpfen seines Mantels geschoben, mit vorgerecktem Unterkiefer breitbeinig in der Haltung des Eroberers da – doch dies war eine Pose, die er sich nur zulegte, wenn er von der Höhe des Lenin-Mausoleums aus die Truppenparade auf dem Roten Platz abnahm; sie lag ihm nicht und war nicht charakteristisch für ihn. Die offizielle Pose, an der er den längsten Teil seines Lebens, nachdem er die Macht errungen hatte, festhielt, war bescheidener. Er nannte sich gern einen ganz gewöhnlichen Revolutionär, dessen einziger Verdienst es wäre, treu und bescheiden in Lenins Fußstapfen zu folgen, und pflegte sehr bewusst diesen Anschein von Einfachheit und Bescheidenheit.«[396]

Das angestrebte Image widersprach den üblichen Erwartungen an einen grandiosen Herrscher. Denn zum einen ließ sich Stalin als genial feiern, zum anderen aber als bescheiden darstellen. Üblicherweise erwartet man, dass großartige Menschen unbescheiden und von der einfachen Bevölkerung getrennt und abgehoben sind. Stalin nun demonstrierte seine vermeintliche Bescheidenheit (seine Wohn- und Lebensverhältnisse waren es tatsächlich), aber er ließ ohne ernst zu nehmenden Widerspruch seine Großartigkeit und Genialität plakatieren und bejubeln. Auf diese Weise lädt er die »einfache Bevölkerung« zur Identifikation mit ihm ein: Der Zar, der nicht durch Geburt, sondern aufgrund seiner eigenen revolutionären Leistungen und Anstrengungen zum Zaren wurde, ist »einer von uns«.

Menschen denken in Geschichten, und Kulturen erhalten ihre Identität durch die Geschichten, die von Generation zu Generation weitererzählt werden. Dass Stalin sich dessen bewusst war, hat er durch die Wahl seines Pseudonyms »Koba«, des georgischen Helden, gezeigt. Nun inszenierte er eine Heldengeschichte, aber nicht allein für sich und sein Selbstbild oder Selbstideal, sondern um seines öffentlichen

396 Payne 1965, S. 345.

Images willen. Adressat ist die breite Masse der Bevölkerung. Denn dass seine langjährigen Mitstreiter in der Partei dieses Bild teilten oder auch nur im Ansatz für realistisch hielten, ist auszuschließen.

Howard Gardner hat die Funktion der Kommunikation von Geschichten als Führungsinstrument genauer untersucht und ist zu folgenden Schlüssen gekommen:

> »Für den Einfluss eines Führers ist letzten Endes am bedeutungsvollsten, welche Geschichte er oder sie vermittelt oder verkörpert, und die Aufnahme dieser Geschichte auf Seiten des Publikums (oder der Mitarbeiter oder der Gefolgschaft).
>
> [...]
>
> Ich wähle bewusst die Begriffe *Story* oder *Narrativ* statt *Botschaft* oder *Thema*. Wenn ich von Geschichten spreche, so will ich die Aufmerksamkeit auf die Tatsache lenken, dass Führer ihrer Gefolgschaft eine dynamische Perspektive anbieten; nicht nur eine Schlagzeile oder eine Momentaufnahme, sondern ein Drama, das sich über die Zeit entfaltet, in dem sie – Führer wie Gefolgschaft – die Hauptpersonen und Helden sind. Zusammen haben sie sich auf eine Reise begeben, um bestimmte Ziele zu erreichen; auf dem Weg und in der Zukunft können sie erwarten, bestimmten Hindernissen und Widerständen zu begegnen, die sie zu bewältigen haben. Führer und ihr Publikum handeln mit vielen Geschichten, aber die grundlegendste Geschichte hat mit Fragen der *Identität* zu tun. Und so wird wahrscheinlich der Führer, der irgendeiner Gruppe erfolgreich eine neue Version ihrer Geschichte vermittelt, wirksam sein. Wirksamkeit hat hier mit Passung zu tun – die Geschichte muss für die Mitglieder des Publikums in diesem speziellen Augenblick der Geschichte Sinn stiften, sowohl in Bezug darauf, wo sie gewesen sind, als auch darauf, wohin sie gern gehen würden.«[397]

Die Geschichte, die Stalin den Völkern der Sowjetunion verkünden ließ, war die des Revolutionärs, der – genial, aber volksverbunden – stets aus väterlicher Liebe zur Bevölkerung gekämpft hat. Und er hat nicht nur gekämpft, sondern er war trotz aller Anfeindungen und Herausforderungen, die man nun einmal als Held, wie er in Mythen geschildert wird, zu ertragen und zu bewältigen hat, erfolgreich.[398] Und da er zur Identifikation einlud, war es das Volk, das den Heldenstatus erlangte, und Stalin war das Volk.

397 Gardner 1995, S. 14 (Übers. v. F. B. S.).

398 Zur Logik und Dramaturgie von Heldenmythen und Heldenreisen bzw. den vom Helden zu bewältigenden Aufgaben usw. siehe Campbell (1949).

Dass Heldensagen eine große Bedeutung in der Sowjetpropaganda genossen, das sei nebenbei angemerkt, zeigt sich u. a. darin, dass »Held der Sowjetunion«, »Held der sozialistischen Arbeit« usw. Titel waren, mit denen verdiente Aktivisten geehrt wurden (den Lenin-Orden gab es obendrein). Offenbar war dies ein Versuch, an volkstümliche Mythen anzuschließen und die Kontinuität der Muster von Narrativen zu nutzen.[399]

Ziel der Inszenierung der Stalin'schen Heldenrolle dürfte gewesen sein, eine Machtbasis jenseits der formalen und informellen Hierarchien von Partei und Staat sowie deren Bürokratien zu erlangen. Wenn die Bevölkerung hinter ihm stünde, dann hätten die innerparteilichen Konkurrenten und Widersacher – und es gab ja noch viele Genossen, die sich an Lenins »Testament« erinnerten – keine Chance mehr, ihn zu entmachten. Langfristig war die »Liebe« des Volkes eine bessere Absicherung der Macht als die Wahl zum Generalsekretär des ZK oder irgendein formal definierter Posten innerhalb der Hierarchie des Apparats. Langfristig war solch eine populistische Strategie erfolgversprechender als jede politische Intrige.

Aus einer organisationstheoretischen Perspektive konnte es Stalin so gelingen, seine Person zur Entscheidungsprämisse zu machen, die allen anderen Entscheidungsprämissen der Organisationen – Kommunikationswegen / formalen und informellen Strukturen, Konditional- und Zweckprogrammen – von Partei und Staat hierarchisch übergeordnet war.[400] Dabei nutzte er – bewusst oder unbewusst – die tradierten kulturellen Muster mit ihren Heldensagen als Identität stiftende Geschichten, an denen teilzuhaben attraktiv und zur historischen Situation passend erschienen.

Stalins Herrschaft entsprach damit dem Idealtyp, der in der soziologischen Theorie von Max Weber als »charismatische Führung« bezeichnet wurde. Er definiert Charisma folgendermaßen:

> »[…] die ›natürlichen‹ Leiter in psychischer, physischer, ökonomischer, ethischer, religiöser, politischerb N o t waren weder angestellte Amts-

---

399 Verfügbar unter https://de.wikipedia.org/wiki/Held_der_sozialistischen_Arbeit [30.10.2022]. Vgl. auch Tucker 1990, S. 551 ff., 568 ff.

400 Dass solch eine Strategie erfolgreich sein kann, hat – ganz analog – 2016 und in den Jahren danach Donald Trump in den USA demonstriert. Er hatte sich durch die Nutzung der Medien (die heute eine viel größere Reichweite als zu Stalins Zeiten besitzen) eine Basis im Wahlvolk geschaffen, durch welche die formale Struktur der Republikanischen Partei und ihre Rollenträger entmachtet wurden, sodass er de facto die Macht über die Partei unter Umgehung aller vorgegebenen Spielregeln übernehmen konnte.

personen, noch Inhaber eines als Fachwissen erlernten und gegen Entgelt geübten ›Berufs‹ im heutigen Sinn dieses Wortes, sondern Träger spezifischer, als übernatürlich (im Sinne von: nicht jedermann zugänglich) gedachter Gaben des Körpers und des Geistes.«[401]

Stalins Beispiel macht deutlich, dass Weber bei der Betonung, dass die Gaben »gedacht« sind, im Recht ist, denn sie sind in diesem Fall ganz offensichtlich in der Kommunikation zielgerichtet konstruiert worden.[402]

Stalins Selbstglorifizierung zielte sicher nicht darauf, seine Genossen im Zentralkomitee zu beeindrucken, sondern er wollte die Massen zu bestimmten, gleichgeschalteten Emotionen verführen,[403] die eine die Bevölkerung integrierende und seine eigene Position absichernde Wirkung haben sollten. Da das Repertoire an Gefühlen, über das Menschen verfügen, begrenzt ist, gelingt die Herstellung eines *Einheitserlebens* über *geteilte Gefühle* immer leichter als über Ideen oder gar Theorien.[404]

Die Inszenierungen, die später in regelmäßigen Abständen auf dem Roten Platz durchgeführt wurden, dienten dazu, die Einheit von Volk und Staat zu demonstrieren und damit – qua selbsterfüllender Prophezeiung – zu fördern. Die Glorifizierung Stalins und damit die Glorifizierung der Sowjetunion diente u. a. dazu, die Schmerzen der Entkulakisierung vergessen zu lassen. Der Effekt auf Stalins Narzissmus, den die meisten Biografen als Motiv für den Personenkult anführen, war bestenfalls eine Nebenwirkung, die von Stalin wahrscheinlich gern in Kauf genommen wurde. Denn er war ein zweckrational planender und eiskalt kalkulierender Akteur und nicht nur – vielleicht nicht einmal in erster Linie – der narzisstische Psychopath, als der er meist gezeichnet wird.

Die »Säuberungen«

Eine Bedrohung für Stalins Macht ging von den alten Kampfgefährten im Politbüro aus, die sich noch an Lenins »Testament« erinnerten und

---

401 Weber 1922, S. 654.

402 Das entspricht der Konzeptualisierung der »Person« durch Luhmann, der damit das Bild eines Menschen meint, das in der Kommunikation konstruiert wird. Vgl. Luhmann 2000a, S. 89 f.

403 Vgl. Canetti 1960, S. 268; vgl. Weber 1922, S. 667.

404 Vgl. Simon 2018, S. 123 ff.; 2022, S. 543 ff.

andere Vorstellungen davon hatten, wie der von ihnen erstrebte Sozialismus aussehen sollte. Eine weit geringere, aber doch nicht ganz zu vernachlässigende Gefahr stellten die Reste der alten Opposition dar.[405]

Das führte zunächst zu einer Umdefinition aller potenziellen Opponenten Stalins in »Feinde« – »interne Feinde«, »Volksfeinde«. Sie loszuwerden, erforderte vielfach die Neubesetzung von Ämtern. Mit der Ablösung der »Alten« wurde die Partei de facto enthauptet:

> »Zwei Jahre vor seinem Tode schrieb Lenin besorgt: ›Die proletarische Politik wird nicht durch die Zusammensetzung der Partei bestimmt, sondern durch die gewaltige unteilbare Autorität jener *hauchdünnen Schicht,* die man als die Alte Garde der Partei bezeichnen kann. Es genügt ein kleiner Kampf innerhalb dieser Schicht, und ihre Autorität wird, wenn nicht verloren, so doch auf jeden Fall so weit erschüttert sein, dass eine Entscheidung nicht mehr von ihr abhängig ist.‹
>
> Stalin tat alles *in seiner Macht* Stehende, damit Lenins Befürchtungen Wirklichkeit wurden. Die folgenden Jahre sind eine Geschichte unaufhörlicher politischer Streitigkeiten und Intrigen, die Koba mit beneidenswertem Erfindergeist anzettelte. Und als die mörderischen Kämpfe innerhalb des ZK endgültig die Autorität jener ›hauchdünnen Schicht‹ geschwächt hatten, begann er alle miteinander zu vernichten – die Oppositionellen und die Orthodoxen.«[406]

Die Alte Garde wurde durch junge Parteimitglieder ersetzt, die keine gemeinsame Geschichte mit Stalin hatten und – das dürfte einer der wichtigsten Aspekte sein – sich auch nicht an das erinnerten, was Lenin über Stalin gesagt hatte. Mit dem »Neustart« wurden nicht nur die »Alten«, sondern es wurde auch das Gedächtnis von Partei- und Staatsapparat »ausgelöscht«.

In seiner Vollversammlung im Juni 1937 ermächtigte das ZK das NKWD zu erweiterten Notstandsmaßnahmen und ordnete es Stalin direkt unter.[407] Spätestens ab da wurde der Sitz des NKWD, das Haus in der Lubjanka-Straße 2, zum Symbol des Terrors und der Repression:

> »Dieses Haus, das zum Brennpunkt von Stalins Bosheit wurde, hat das ganze Grauen seiner unmenschlichen Herrschaft in sich aufgenommen. Die ganze Macht über den Staat, die Partei, das Volk konzentrierte Stalin in den Händen der NKWD-Organe.«[408]

---

405 Vgl. Chlewnjuk 2015, S. 226 ff.
406 Antonow-Owssejenko 1980, S. 172.
407 Vgl. Medvedev 2003, S. 303.
408 Antonow-Owssejenko 1980, S. 186.

Nikolai Jeschow, einer der jüngeren Leute, wurde von Stalin zum Chef des NKWD ernannt, und er verschärfte die Säuberungen des Parteiapparats. Nach der Übernahme des NKWD durch Jeschow war dessen Vorgänger Jagoda, ein alter Bolschewik, einer der ersten der »Alten«, die aus dem Wege geräumt wurden.[409] Zunächst wurden die oberen Etagen der Partei- und Staatshierarchie sowie des Machtapparats (Militär, Sicherheitsdienste) »gesäubert«. Dies geschah teilweise durch die im Inland und Ausland großes Aufsehen erregenden Schauprozesse der Jahre 1936 bis 1938 gegen Kamenew, Sinowjew, Rykow, Bucharin und andere Spitzen der Nomenklatura. Die »Beweise« gegen sie waren dilettantisch gefälscht. So wurden beispielsweise konspiratorische Treffen in ausländischen Hotels angeführt, die schon längst abgerissen worden waren.[410] Die Angeklagten wurden gefoltert, und schließlich gestanden sie alle ihre vermeintlichen Verbrechen und wurden als Terroristen oder Spione erschossen.[411]

Erstaunlich ist, dass viele der Angeklagten Verbrechen gestanden, die sie nicht begangen hatten. Allerdings wurden auch noch nicht begangene, eventuell mal gedachte, aber nicht vollzogene Aktionen gestanden und bestraft. Antonow-Owssejenko, dessen Vater sich 1938 in der Haft das Leben genommen hatte, vergleicht die Methoden des NKWD mit der Inquisition:

> »Die Vorläufer und geistigen Väter der Untersuchungsbeamten der Lubjanka, die seinerzeit im mittelalterlichen Europa Hexenprozesse geführt hatten, erfanden die kollektive Methode von Verhör und Hinrichtung: Die Angeklagten wurden gemeinsam zu Dutzenden verhört. Im Chor gestanden sie, und im Chor gingen sie auf den Scheiterhaufen. [...] Es war der einzige Industriezweig, in dem Jossif der Erbauer unleugbar alle anderen ausstach. Die Lubjanka hätte jedoch die von oben gekommenen Aufträge nicht ohne die Hilfe des sogenannten Volkes ausführen können, nicht ohne seine sklavische Unterwürfigkeit.«[412]

Folgt man der Definition Hannah Arendts, dann wurde die Sowjetunion erst in den Jahren der großen Säuberungen zum totalitären System. Denn dass Diktatoren auf dem Weg zur Macht Terror nutzen,

---

409 Chlewnjuk 2015, S. 230 f.; Tucker 1990, S. 376.
410 Vgl. Tucker 1990, S. 372.
411 Was diese führenden Kommunisten, alte Kämpfer, zu ihren Geständnissen bewogen haben mag, ist von Arthur Koestler in seinem Roman *Sonnenfinsternis* (1940) nachgezeichnet worden und wird so für den Leser in gewissem Maße verstehbar.
412 Antonow-Owssejenko 1980, S. 187.

scheint ihr unvermeidlich. Aber das macht ihr System lediglich zur Diktatur.

> »Wesentlich und im eigentlichen Sinne ›totalitär‹ sind nicht diese Anfangsstadien, da die Polizei und die Eliteverbände noch die wirklichen Gegner des Regimes terrorisieren. Der spezifisch totalitäre Terror und die eigentliche Herrschaft der Geheimpolizei beginnen erst, wenn eine solche Opposition nicht mehr vorhanden ist. Nach dem Zeitpunkt – und dank der technischen Vervollkommnung und moralischen Skrupellosigkeit moderner Polizeimethoden kommt dieser Zeitpunkt meist früher, als irgendeiner zu fürchten oder zu hoffen wagt – wird politische Opposition nur noch als Vorwand benutzt, um die eigentlichen Absichten des ständig sich erweiternden Polizeiapparats zu tarnen.«[413]

Es gab keine sachlichen Gründe mehr für Verhaftungen oder andere terroristische Maßnahmen, denn es gab keine sichtbaren Gegner mehr. Das Problem in sozialen Systemen, in denen jeder Widerspruch zur offiziellen Weltsicht sanktioniert wird, besteht darin, dass man nie sicher sein kann, was die vermeintliche Harmonie und Übereinstimmung aller zu bedeuten hat. Es handelt sich um das bereits beschriebene Pseudo-Konsens-Muster, in dem die Angst aller dafür sorgt, dass niemand eine abweichende Meinung oder Überzeugung in die Kommunikation bringt. Die Kommunikation kann man zwar kontrollieren, aber nur im negativen Sinn, das heißt, man kann verhindern, dass abweichende Meinungen geäußert werden. Aber man kann nicht sicherstellen, dass positive, das Regime stützende Meinungen allgemein geteilt werden. Es mögen genügend Unterstützer zu finden sein, durch Propaganda, Gehirnwäsche, Indoktrination, aber die Tatsache bleibt bestehen, dass die psychischen Systeme der Teilnehmer an der Kommunikation autonom sind und nicht von außen im Sinne geradliniger Ursache-Wirkungs-Beziehungen gesteuert werden können. Daher können alle, auch wenn sie nichts Oppositionelles äußern, als potenzielle Gegner des Systems beobachtet werden. Und daher können/müssen sie auch unterschiedslos überwacht und verfolgt werden. (Das war übrigens auch das Problem der Inquisition und der Hexenprozesse: Die Hypothese, dass jemand nicht glaubt, ist nicht falsifizierbar.)

---

413 Arendt 1951, S. 872.

> »Die Lage in den Jahren der Stalinschen Diktatur war vollkommen irreal.
>
> Stalin ging nach dem Grundsatz vor: ›Macht nichts, die fressen alles!‹ Und er irrte sich nicht.«[414]

Ob alles gefressen wurde, mag dahingestellt sein, aber es wurde zumindest die Appetitlosigkeit, die Übelkeit oder gar das Erbrechen nach dem Fressen nicht öffentlich demonstriert.

Das Recht, über Leben und Tod seiner über lange Zeit engsten Genossen zu entscheiden, behielt Stalin sich vor:

> »Es haben sich ausführliche Proskriptionslisten mit Bemerkungen über ihr Schicksal in Stalins Handschrift wie auch in jenen Molotows und Kaganowitschs erhalten.
>
> Von Natur aus träge, bewies Stalin bei der Organisation des Terrors, bei der Ausarbeitung von Technologie und Methoden beneidenswerten Arbeitseifer und Ausdauer. Ihm gebührt die Ehre, jene dynamische Formel erfunden zu haben: verhaften – brandmarken – foltern – ›Geständnisse‹ erzielen – verurteilen – töten (das heißt, in Vernichtungslager schicken).«[415]

Die Öffentlichkeit wurde lediglich Zeuge der Brandmarkung der vermeintlichen »Volksfeinde«, vom Rest dieses Verfahrens bekam sie nicht mehr viel mit.

Nachdem die oberen Ränge der Nomenklatura abgeräumt waren, wurden die Repressionsmaßnahmen auf die breite Bevölkerung ausgedehnt. »Hunderttausende unschuldiger Menschen zahlten den Preis.«[416]

Das Schema, das bereits den Fünfjahresplan der Entkulakisierung und der Industrialisierung bestimmt hatte, wurde auch beim sogenannten »Großen Terror« angewandt: Es wurden *Quoten* an zu internierenden und zu liquidierenden Personen vorgegeben. Befremdlich und hervorzuheben ist dabei, dass – und das ist sicher ein relevanter Unterschied zur Forderung, eine bestimmten Menge Getreide oder Stahl zu produzierenden – es nicht um inhaltliche Verfehlungen oder Abweichungen von einer wie auch immer definierten Norm ging, sondern um *Quantitäten* zu vernichtender Existenzen, unabhängig davon, was die *Qualität* dieser Existenzen ausmachte. Ein Beispiel für

---

414 Antonow-Owssejenko 1980, S. 130.
415 Ebd., S. 163; vgl. Conquest 1991, S. 262.
416 Chlewnjuk 2015, S. 232.

die Quotierung ist die Zahl der zu denunzierenden Personen in den unter Folter ablaufenden Verhören des NKWD:

> »Das Opfer hatte den Namen von mindestens einer Person zu nennen, die sie für die Verschwörung geworben hatte, und so viele wie möglich, die er hineingezogen hatte. Manche NKWD-Gefängnisse hatten Normen für solche Denunziationen, zum Beispiel, ein Minimum von zwanzig Denunziationen, wenn ein Verhafteter Zweiter Sekretär eines regionalen Parteikomitees war, und mindestens vierzig, wenn er Erster Sekretär war, während ein einfaches Mitglied mit der Denunziation von nur einem halben Dutzend Unschuldiger davon kam.«[417]

Der Quotenlogik folgend, konnten sich Funktionsträger durch die Übererfüllung dieser Vorgaben besondere Verdienste erwerben (und nebenbei auf diese Weise alte Rechnungen mit Personen, die ihnen nicht genehm waren, begleichen). Auch ihnen war die Etablierung einer allein von ihrer Willkür geleiteten Macht erlaubt. Das System von Stalins persönlicher Willkür und Unberechenbarkeit fand auf allen Ebenen des Staats und in allen Regionen des Landes sein Abbild.[418]

Die Vernichtung von Spitzengenossen wurde von Stalin persönlich gesteuert, und er hatte offenbar seine Freude daran. Im NKWD wurde eine signifikante Geschichte kolportiert. Bei einem feuchtfröhlichen Abend spielte K. W. Pauker, der als Leiter der Operativen Abteilung an der Hinrichtung Sinowjews teilgenommen hatte, die letzten Momente im Leben Sinowjews nach. Er wurde von zwei Offizieren hereingeschleppt:

> »Jammernd rief er: ›Bitte, um Himmels willen, Genossen, lassen Sie Jossif Wissarioniwitsch rufen!‹ Stalin lachte aus vollem Hals, und als Pauker die Szene wiederholte und von sich aus die Worte hinzufügte: ›Höre Israel, unser Gott ist der einzige Gott!‹ konnte Stalin sich vor Lachen kaum noch halten und bedeutete Pauker, er solle aufhören.«[419]

Dennoch war es Stalin offenbar wichtig, dass die Verantwortung für den Terror in der Öffentlichkeit nicht ihm zugeschrieben wurde. So trat er kaum öffentlich in Erscheinung, sondern ließ andere die Reden zu den 20-jährigen Jubiläen der Oktoberrevolution wie auch der

417 Tucker 1990, S. 472 (Übers. v. F. B. S.).
418 Während Verwaltungshandeln im Prinzip losgelöst von den persönlichen Motiven der jeweiligen Funktionsträger zu erfolgen hat (Luhmann 2021, S. 119 f./S. 166 ff.), wurde hier die aus der Rolle resultierende Aufgabe für persönliche Motive missbrauchbar.
419 Conquest 1991, S. 263.

Gründung der Tscheka halten. Molotow musste 1937 und 1938 zum Gedenken an die Revolution die Rede halten, und Mikojan fiel die Aufgabe zu, das NKWD zu »glorifizieren«. Stalin nahm nicht einmal an den Festlichkeiten teil und erschien auch nicht auf den anschließend publizierten Gruppenfotos.[420]

Die Öffentlichkeit rätselte also darüber, wie dieser gnadenlose Terror zu erklären sei bzw. wer daran schuld sei. Verschwörungstheorien waren im Umlauf, da Stalin selbst für die Menschen in seiner Umgebung undurchschaubar war:

> »Stalins Denken und Motive, daher auch seine Handlungen, waren ein verschlossenes Buch auch für Leute, die ansonsten den Durchblick hatten. Sie verstanden ihn nicht, sie konnten den Sinn seines Terrors nicht verstehen. Ihr Unverständnis spielte ihm in die Hand.«[421]

Die formalen Strukturen von Partei und Staat verloren zunehmend ihre Funktion. An die Stelle des Politbüros trat Anfang 1938 ein informelles Gremium, das Stalin um sich versammelt hatte: die sogenannten »Geheimen Fünf« (Stalin, Molotow, Woroschilow, Mikojan und Kaganowitsch).[422] Dass in diesem Gremium kontrovers diskutiert worden sein könnte, ist eher unwahrscheinlich. Stalin führte diese Gruppe unter anderem auch, indem er mit jedem der Beteiligten Einzelgespräche abhielt. Damit etablierte er ein klassisches, Hierarchie absicherndes, sternförmiges Kommunikationsmuster. Es ist unwahrscheinlich, dass dort – schon aufgrund der totalen Abhängigkeit der Beteiligten von Stalin – eine Form der Kommunikation, die Innovation oder Kreativität fördert (»Mehr-Hirn-Denken«, »Brainstorming« usw.), zustande gekommen sein könnte. Denn die Säuberungen im unmittelbaren Umkreis von Stalin fungierten auch als ultimativer Loyalitätstest für alle, mit denen Stalin zusammenarbeitete:

> »Die Menschen, die ihn umgaben und die er schätzte – Molotow, Kaganowitsch, Schdanow, Woroschilow, Andrejew, Chrustschow, Poskrebyschew, Mechlis –, hatten außer ihrer absoluten Ergebenheit ihm gegenüber auch noch einen großen Willen, ihm diese zu demonstrieren. Wie erwähnt, ließ Stalin einen näheren Verwandten von fast jedem aus seiner näheren Umgebung verhaften. Hätten etwa Kalinin, Molotow, Kaganowitsch, Poskrebyschew oder andere, die sich im Schatten des

420 Vgl. Tucker 1990.
421 Ebd., S. 446 (Übers. v. F. B. S.).
422 Vgl. Chlewnjuk 2015, S. 286.

> Führers befanden, versucht, ihre Verwandten zu verteidigen, so hätte dies bedeutet, dass es ihnen an der politischen Willensstärke fehlte. Nach seinem Verständnis bedeutete Willensstärke die Bereitschaft, dem ›Führer‹ alles zu opfern. Stalin, ein willensstarker und grausamer Mensch, konnte es nicht zulassen, dass sich um ihn herum ›Tollpatsche‹ betätigen.«[423]

Auch wenn die Schauprozesse 1938 ein Ende fanden, so wurde die Repression im ganzen Land zunächst fortgesetzt. Sie wurde erst heruntergefahren, als Stalin begann, deren internationale Wirkung in Rechnung zu stellen. Offiziell distanzierte sich Stalin nun von den in seinem Namen und auf seine Initiative hin vollführten Gräueltaten. Als Sündenbock wählte er den aktuellen Chef des NKWD, Jeschow, der schließlich wie sein Vorgänger im Amt, Jagoda, liquidiert wurde. Aber ungeachtet der Tatsache, dass die Schauprozesse endeten, »kümmerte« sich Stalin, nachtragend und mit einem guten Gedächtnis versehen, um seine alten Feinde. Trotzki, der in Mexiko im Exil lebte und eine Stalin-Biografie verfertigte, schaffte es nicht mehr, deren Vorwort zu beenden. Es schließt folgendermaßen – ziemlich abrupt:

> »Während sich der Apparat der Partei aus geistigen Ideen heraus entwickelt hatte, erbrachte Stalin den ersten Beweis seiner Befähigung in der Verachtung von Ideen überhaupt. Es waren jene geistigen Ideen«

– hier endet das Vorwort mitten im Satz, und der Herausgeber der Biografie erklärt stattdessen:

> »Am 20. August 1940 traf Trotzki der tödliche Schlag mit einer Spitzhacke auf den Hinterkopf, als er mit der Durchsicht eines Manuskriptes beschäftigt war, das ihm der Mörder soeben überreicht hatte. Das Verbrechen ist bis heute ungesühnt, aber es ist nicht vergessen. […].«[424]

Doch auch davon nahm die Öffentlichkeit in der Sowjetunion nicht weiter Kenntnis. Denn die internationale Lage spitzte sich zu: In Spanien wütete seit 1936 der Bürgerkrieg, in dem die Sowjetunion die republikanische Regierung unterstützte, während Nazi-Deutschland mit seinen faschistischen Verbündeten in Italien auf Seiten Francos aktiv in die Kämpfe eingriff. Das Szenario eines drohenden Krieges wurde immer deutlicher, sodass sich die Frage stellte, welche Bündnisse geschlossen werden und aufeinanderprallen würden.

---

423 Wolkogonow 1989, S. 433.
424 Trotzki 1940, S. 12 f.

Die Verhandlungen mit England und Frankreich zerschlugen sich. 1938 sorgte das »Münchner Abkommen« vorübergehend für Appeasement, auch wenn Hitlers Bereitschaft zum Krieg offensichtlich war. In dieser Gemengelage versuchte Stalin pragmatisch zwischen den Westmächten und Deutschland zu balancieren. So wurde es möglich, dass im August 1939 – angesichts der seit Jahren bestehenden, propagandistischen Konfrontation zwischen der Kommunistischen Internationale und dem »Hitlerfaschismus« – der »Hitler-Stalin-Pakt«, ein Nichtangriffsvertrag, abgeschlossen wurde. Eine Woche später, am 1. September 1939, marschierten deutsche Truppen in Polen ein. Der Zweite Weltkrieg hatte begonnen.

NKWD oder: Die Organisation des Terrors

Ohne die Nutzung des Apparats der Geheimpolizei hätte Stalin seine Diktatur nicht errichten und erhalten können. Doch bevor er 1937 die Verfügungsgewalt über die Geheimpolizei erlangte, hatte er dafür gesorgt, dass sich unterschiedliche Fraktionen innerhalb der Partei – speziell der »Alten Garde« – miteinander im Dauerkonflikt befanden. Damit war der Fokus der Aufmerksamkeit von ihm abgelenkt, und er sicherte sich als Dritter, der je nach Bedarf die Fronten wechselte, einen Sonderstatus. Das war auch, zusammen mit dem nunmehr schon fortgeschrittenen Kult um seine Person und seinem gestiegenen Rückhalt in der Bevölkerung, die Voraussetzung für seine vollständige Übernahme der Macht.

Sie beruhte auf dem willkürlich erscheinenden Terror des NKWD. Willkür ist generell ein Merkmal absoluter Macht, da sie sich keinerlei Regeln oder Gesetzen unterworfen zeigt. Wenn Regeln oder Gesetze und die Institutionen zu ihrer Durchsetzung akzeptiert werden, so fungieren sie als *höhere Mächte*, denen auch Hierarchen unterworfen sind, da sie gegebenenfalls angerufen werden können oder mit ihnen argumentiert werden kann.

Höhepunkt waren die Schauprozesse zwischen 1936 und 1938. Parallel zu den gesteigerten und ausgeweiteten Kompetenzen des NKWD verloren die anderen Organe (Partei, Militär, Bürokratie usw.) an Wichtigkeit. Die Macht der NKWD-Chefs überstieg die der Parteisekretäre.[425] Doch deren Macht war nicht absolut, sie blieb abhängig von Stalin.

425 Vgl. Adelman 1884, S. 104 f.

> »Zu keinem Zeitpunkt wurde die Geheimpolizei in dieser Ära eine wirklich autonome, von Stalin unabhängige Kraft. Vielmehr behielt Stalin die feste Kontrolle über diese potenziell gefährliche Institution und nutzte sie zur Erweiterung seiner persönlichen Herrschaft.«[426]

Bei den Säuberungen zwischen 1934 und 1940 wurden die Eliten in nahezu allen gesellschaftlichen Bereichen dezimiert: neun Politbüromitglieder (zu denen Kirow, Kuibyschew, Ordschonikidse, Rudzutak gehörten) und zehn ehemalige Politbüromitglieder (unter anderem Sinowjew, Kamenew, Trotzki und Bucharin). Von den Delegierten des XVIII. Parteikongresses 1939 hatten nur 2 % bereits am XVII. Parteikongress 1934 teilgenommen, nur drei von 102 Mitgliedern des ZK der Ukraine überlebten die Säuberungen; in der Armee wurden drei von fünf Marschällen, alle elf Vizekommissare für Verteidigung und insgesamt bis zu 10.000 Offiziere liquidiert.[427]

Der Auftrag Stalins an das NKWD war, Verschwörungen gegen ihn aufzudecken. Verschwörungen lieferten auch die Erklärung für das Scheitern vieler politischer Maßnahmen Stalins, sodass mit der Präsentation der Verschwörer, d. h. der »Schuldigen« für das Scheitern, bei den Schauprozessen nicht nur die Zahl potenzieller Konkurrenten um die Macht minimiert wurde, sondern auch die Exkulpation Stalins verbunden war. Es waren die internen Feinde – »Volksfeinde« –, die versuchten dem großartigen Sowjetstaat und seiner Bevölkerung zu schaden.

Das NKWD war Subjekt und Objekt der Säuberungen, das heißt, auch die Führungspersonen des NKWD wurden ausgetauscht und liquidiert. Zunächst Jagoda, dann Jeschow, der durch Lawrentij Beria ersetzt wurde.

Das Prinzip dieser Säuberungen innerhalb des NKWD bestand, wenn man das auf eine griffige Formel bringen will, aus der Umkehrung des Prinzips der Seilschaft. Man machte gemeinsame Karriere, weil jeder neue Chef der Geheimpolizei »seine Leute« mitbrachte, die dann auch – derselben personenorientierten und loyalitätsbezogenen Logik folgend – mit ihm zusammen liquidiert wurden.

Viele alte Genossen konnten nicht glauben, dass Stalin die Verantwortung für den Terror trägt. Sie vermuteten, dass dies das Werk der Geheimpolizei sei und Stalin keine Ahnung davon hatte. Stalins

426 Ebd., S. 104 (Übers. v. F. B. S.).
427 Vgl. ebd., S. 105 f.

Tochter Swetlana pflegte auch dieses Bild, dass an all den Gräueln Jeschow und Beria, die Chefs der Geheimpolizei, schuld seien. Die Verhaftung naher Verwandter kommentiert sie mit nach Sinn suchenden, den Vater entschuldigenden Worten:

> »Wie durfte das geschehen? Wie konnte Vater das tun? Ich weiß nur das eine: ihm selbst, ihm allein wäre derlei nie eingefallen. Doch wenn es ihm jemand schlau und fein eingab, wenn ein hinterlistiger Schmeichler, wie Berija es war, ihm eingeflüstert hatte, dass diese Menschen ›dagegen‹ seien, dass ›kompromittierendes Material‹ vorliege, dass gefährliche Verbindungen bestünden, Reisen ins Ausland und so weiter, dann war Vater imstande, es zu glauben.«[428]

Dies ist zweifellos die Rationalisierung einer Tochter, die sich ihr positives Vaterbild bewahren will. Die Frage bleibt aber trotzdem, wie es möglich wurde, dass so viele Leute sich zu Helfershelfern des Terrors machten:

> »Stalin hätte die monströse massenhafte Repression der Jahre 1937–38 nicht ausführen können, ohne eine Armee aktiver Helfer, von den Mitgliedern des Politbüros und anderen Offiziellen bis runter zu den Tausenden von Verhörspezialisten des NKWD in Gefängnissen im ganzen Land, Aufsehern und Wächtern der anschwellenden Zahl von Lagerinsassen, dem Personal der NKWD-Spezialabteilungen in Sowjetinstitutionen, geheimen Informanten in allen Schichten der Bevölkerung, Schreiber in der Presse, die gegen Feinde des Volks hetzten, reguläre Parteimitglieder und ›Nichtpartei Bolschewiki‹, die durch Denunziationen ihren Beitrag leisteten. Wie schaffte er es, diese Armee zu mobilisieren?«[429]

Tucker, der sich bemüht, die Motive nicht nur Stalins, sondern auch seiner Helfer zu verstehen, meint, es sei ihm gelungen, sie zu Mittätern zu machen. Das wäre – so könnte man sagen – die klassische Methode der Mafia. Wenn alle schuldig sind, dann sitzen sie auch alle im selben Boot und haben dasselbe Interesse.

Eine andere Hypothese ist – und die wird hier vertreten –, dass alle (wenn man mal von Denunzianten absieht) als Mitarbeiter von Organisationen das tun, was von ihnen verlangt wird. Wer seinen

---

428 Allilujewa 1967, S. 119.
429 Tucker 1990, S. 447 (Übers. v. F. B. S.).

Lebensunterhalt in einer »ganz normalen Organisation«[430] verdient, braucht für das, was er oder sie tut, keine eigene Motivation. Dies fällt in seine/ihre »Indifferenzzone«.[431] Wenn dann noch hinzu kommt, dass die eigenen Aktivitäten in einem kulturellen Milieu stattfinden, wo hierarchische Beziehungen seit Jahrhunderten als selbstverständlich und gottgegeben betrachtet werden und das Narrativ bzw. die Ideologie verbreitet wird, man handle im Dienste einer höheren/guten Sache (z. B. der Revolution, der Befreiung, des Widerstands, im Kampf gegen irgendwelche Feinde usw.), dann sind fast alle bereit, auch grausamste Akte zu rationalisieren und zu vollziehen (s. auch das Milgram-Experiment[432]).

Als weitere mögliche Motivation ist die Angst zu nennen, selbst Opfer der Repression zu werden. Aber auch die materiellen und sozialen Vorteile, die man als Mitglied der dem Herrscher loyalen Clique hatte, waren sicherlich motivierend. Die Mitglieder der NKWD-Netzwerke profitierten ökonomisch und in ihrer Lebensqualität beträchtlich (Konsumgüter aller Art, exzellente Wohnverhältnisse, Privilegien aller Art ...).

Aber dies war immer von Ambivalenz belastet, denn das luxuriöse und machtvolle Leben konnte jederzeit ein vorzeitiges Ende nehmen.

Aus einer systemtheoretischen Perspektive kann nüchtern konstatiert werden, dass Stalin das Prinzip der Austauschbarkeit der Mitarbeiter, das in jeder Organisation deren dauerhafte Funktionalität sichert, auch in Bezug auf die Mitarbeiter des NKWD bis zum Exzess praktiziert hat. Auf diese Weise konnte er, obwohl persönliche Beziehungen nutzend, verhindern, jemals in persönliche Abhängigkeit von einem der Genossen, insbesondere der ebenfalls von ihm willkürlich ausgetauschten Chefs der Geheimpolizei, zu geraten.

---

430 Kühl (2004) analysiert das analoge Verhalten der Mitglieder des Reserve-Polizeibatallions 101 aus Hamburg, das im Zweiten Weltkrieg für massenhafte Gräuel verantwortlich zu machen war; alles waren »normale« Männer, keiner Polizisten zeigte vor dem Krieg irgendwelche psychische Auffälligkeiten, jeder tat nur das, was von ihm als Mitglied der Organisation erwartet wurde, und keiner hätte dies tun müssen; er verhielt sich entsprechend der Entscheidungsprämissen der Organisation.

431 Barnard (1936, S. 167), beschreibt, dass Mitglieder einer Organisation innerhalb gewisser Bandbreiten das tun, was ihr Job (oder ihre Vorgesetzten) verlangen, denn das ist Teil ihres Arbeitskontraktes. Sie brauchen dafür keine eigene Motivation, es ist ihnen gleichgültig, ob sie dies oder jenes tun, das heißt, es fällt in ihre »Indifferenzzone«.

432 Vgl. Milgram 1974. Er ließ in einem (Schein-)Experiment Versuchspersonen unter Anleitung eines in einen weißen Kittel gekleideten Versuchsleiters Menschen in einem benachbarten Raum (aus einem vermeintlich rationalen Grund) schmerzhafte Stromstöße verpassen. Selbst als sie von dort kaum erträgliche Schmerzensschreie hörten, setzte die Mehrzahl der Versuchspersonen ihre vermeintlich grausame Tätigkeit fort, da der Versuchsleiter sie dazu aufforderte ...

Das Ende der Großfamilie

Die Schilderungen des idealen (bzw. idealisierten) Lebens der Stalin'schen Großfamilie endeten laut Swetlana Allilujewa abrupt im Jahre 1932. Nach einem banalen Streit während eines Empfangs fuhr Nadja, Stalins Frau/Swetlanas Mutter, nach Hause und erschoss sich. Swetlana war da gerade mal sechs Jahre, ihr Bruder Wassilij elf Jahre alt. Für die Kinder und den Rest der Familie wie auch den Freundeskreis fand mit Nadjas Tod das geliebte, großfamiliäre Zusammenleben in Subalowo ein Ende:

> »Mamas Tod äußerte sich für mich in dem sehr bald einsetzenden fortschreitenden Verfall alles dessen, was ich gewohnt war, meiner ganzen Lebensform. [...]
>
> Später, als ich bereits erwachsen war, erzählte man mir, dass Vater von dem, was sich ereignet hatte, tief getroffen gewesen sei. Er war erschüttert, weil er nicht begriff, *warum* es geschehen war. Warum hatte man ihm diesen entsetzlichen Schlag in den Rücken versetzt? Denn als einen solchen empfand er das alles. Er war viel zu klug, um nicht zu erfassen, dass jeder Selbstmörder mit dem, was er tut, irgend jemanden zu ›strafen‹ sucht: ›Na, da hast du's jetzt, du sollst es nur wissen!‹ Das begriff Vater sehr wohl, aber er vermochte nicht zu erkennen, warum das geschehen sei, – wofür man ihn denn so bestrafte.«[433]

Seine mehrere Tage dauernde, von vielen Zeugen berichtete Niedergeschlagenheit wechselte zu Wut und Zorn. Denn Nadja hatte einen Brief hinterlassen, den sie in der Nacht, in der sie sich umbrachte, geschrieben hatte. Niemand außer Stalin hat ihn gelesen, und er ist nicht erhalten. Nach allem, was Swetlana weiß oder vermutet, hatte er nicht nur einen privaten Inhalt, sondern bezog sich auch auf die politische Lage und die Rolle Stalins: »Und Vater musste, nachdem er den Brief gelesen hatte, annehmen, dass Mama nur zum Schein neben ihm gelebt, in Wirklichkeit aber auf Seiten der damaligen Opposition gestanden habe.« Er erschien dann auch nicht bei der Beerdigung seiner Frau. »Er brachte das einfach nicht über sich, und er hielt daran fest, dass Mama als seine persönliche Gegnerin von ihm gegangen war.«[434]

Dem widerspricht allerdings Montefiore, nach dessen Version Stalin nur am Zug mit dem Sarg zum Friedhof nicht teilgenommen habe, weil die Geheimpolizei ihn aus Sicherheitsgründen per Auto ans Grab fuhr. Dort habe er zusammen mit Wassilij und Artjom Erde

---

433 Allilujewa 1967, S. 168.
434 Ebd., S. 169.

auf ihren Sarg geworfen. Swetlana habe an der Beerdigung nicht teilgenommen, da sie als zu klein erachtet wurde.[435]

Es waren aber auch Gerüchte im Umlauf (und sind es immer noch), Stalin hätte seine Frau selbst erschossen. Auch wenn es psychoanalytische Deutungen der Beziehung von Stalin und Nadja gibt,[436] die einen Mord zu plausibilisieren scheinen, dürfte die Hypothese des Suizids stimmiger sein. Die unterschiedlichen Schilderungen von Stalins Reaktion auf Nadjas Tod deuten auch nicht darauf hin, dass er sie getötet haben könnte.

Dass Stalin in den Jahren nach Nadjas Tod sich immer mehr von den Leuten in seinem Familien- und Freundeskreis distanzierte, schreibt Swetlana dem Einfluss Lawrentij Berijas, des damaligen Chefs des NKWD, zu. Er ist für sie die Inkorporation des Bösen. Dadurch versucht sie ihren Vater von Schuld zu entlasten, was ihr allerdings nicht wirklich gelingt. Sie sieht aber auch Persönlichkeitsmerkmale des Vaters im Spiel, die in ihrer Konsequenz zu dieser unglaublichen Grausamkeit seinen Nächsten gegenüber geführt haben könnten:

> »Hatte Vater jemanden, der ihm gut bekannt war, fallengelassen, ihn aus seinem Herzen gestoßen und in seiner Seele bereits in die Kategorie der ›Feinde‹ eingereiht, dann war es unmöglich, die Rede auf diesen Menschen zu bringen. Eine ›Kehrtwendung‹ zu machen, den Betreffenden aus der Kategorie der Feinde, das heißt der angeblichen Feinde, zurückzuholen, dazu war er nicht imstande, und er geriet bei solchen Versuchen nur in Wut.«[437]

Wer versuchte, sich für diese vermeintlichen »Feinde« einzusetzen, wurde von Stalin ebenfalls als Feind kategorisiert. Und letztlich war dies auch mit dessen eigener Vernichtung verbunden, entweder im wörtlichen Sinne als Tod durch Erschießen – Hinrichtung oder Selbsttötung – oder aber als langdauernde soziale Vernichtung durch Verbannung oder Inhaftierung.

Stalin brach nicht nur die meisten Kontakte zu Verwandten und alten Freunden ab – wenn auch nicht immer durch Erschießen –, sondern er vermied auch die Orte, die mit Nadja assoziiert waren. Er wechselte im Kreml die Wohnung, und die Kinder wurden gleich nach dem Tod der Mutter in eine andere Datsche gebracht. Subalowo war ab nun für ihn tabu. Stalin ließ sich eine neue Datsche in Kunzewo bauen, in der er die meiste Zeit verbrachte. Auch das Personal wurde radikal

---

435 Montefiore 2003, S. 127f.
436 Vgl. Rancour-Lafferiere 1988, S. 101.
437 Allilujewa 1967, S. 91.

und ohne alle Rücksichtnahme oder Loyalität gegenüber altgedienten Mitarbeitern entlassen. Stalin schien auch in seinem Privatleben eine Art radikale Säuberung durchzuführen. Kaum jemand, der sich an das Familienleben vor Nadjas Tod erinnerte, war weiter in seiner Umgebung geduldet. Die alte (Groß-)Familie war nicht mehr existent.[438]

Swetlana deutet die Beseitigung der geliebten Freunde und Verwandten als Akt der »Vernichtung alles dessen, was Mama geschaffen hatte, einer zielbewussten Ausrottung ihres Geistes, damit nichts bliebe, was sie angeordnet hatte, damit alles anders würde ...«[439]

Dennoch entwickelte sich Swetlanas Beziehung zum Vater positiv nach dem Tod er Mutter. Er zeigte sich zärtlich und fürsorglich, konnte ihr kaum einen Wunsch abschlagen. Dass zwischen Vater und Tochter eine enge emotionale Beziehung entstand, belegen beispielhaft die vielen Briefe, die Swetlana seitenlang in ihrem autobiografischen Buch publiziert. Auffallend ist, dass Stalin sich spielerisch klein machte und in die untergeordnete Position gegenüber seiner Tochter (»Sctanka«) ging, indem er sie »Hausfrau« oder »Herrin« nannte und als »Sekretär« von ihr »Befehle« einforderte:

> »Vater pflegte alle seine Briefe in ein und derselben Weise zu unterschreiben: ›Der kleine Sekretär der Hausfrau Setanka, der arme I. Stalin.‹ [...] Auf seinen Ton eingehend, schickte ich ihm ›Befehle‹ wie die folgenden (ihre Form war ebenfalls vom Vater selbst ausgedacht):

»21. Oktober 1934	An den Genossen I. W. Stalin
	Sekretär Nr. 1
	Befehl Nr. 4
Ich befehle Dir, mich mitzunehmen.	
	Unterschrift: Herrin Setanka (Stempel)
Unterschrift des Sekretärs Nr. 1	Befehl ausgeführt. I. Stalin«

> [...] Vater unterzeichnete die Befehle mit. ›Zu Befehl‹ oder ›Befehl ausgeführt‹ oder ›Einverstanden‹ oder ›Wird ausgeführt‹.«[440]

438 Vgl. ebd., S. 185 f.
439 Ebd., S. 204.
440 Ebd., S. 219 f.

Wie auch immer: Stalin verwöhnte seine Tochter, und das nicht erst nach dem Tod seiner Frau. Während ihr Vater sich ihr zuwendete und Zeit mit ihr verbrachte, in der seine ganze Aufmerksamkeit allein ihr galt, wird ihre Mutter von Swetlana als streng und an ihren Kindern nicht sonderlich interessiert beschrieben. Stalins Verhalten seiner Tochter gegenüber stand in krassem Widerspruch zu der Weise, wie er seine Söhne behandelte. Zumindest Jakow und Wassilij, seine leiblichen Söhne, wurden gedemütigt und konnten dem Vater kaum etwas recht machen.

Innerfamiliäre Asymmetrien

Die Beziehungen Stalins zu seinen Frauen waren immer asymmetrisches, ein klassisches Oben-unten-Verhältnis. Er war stets der Große, die Frau die Abhängige und »Kleine«. Offenbar hatte dies für ihn psychisch eine stabilisierende Funktion. Mehr als ein Ort narzisstischer Zufuhr dürften Paarbeziehung und Familie Räume gewesen sein, in denen er nicht infrage gestellt wurde. Er musste mit niemandem konkurrieren, wurde bedingungslos akzeptiert und hatte unumstritten »das Sagen«. Dieses Beziehungsmuster war schon allein durch den Altersunterschied zwischen ihm und seinen Frauen (wobei die Geliebten in der Verbannung mitgemeint sind) bedingt. Doch Nadeschda war dies nach allem, was bekannt ist, nicht genug. Sie suchte eine Beziehung auf Augenhöhe – zumindest lässt sich so deuten, dass sie hart an sich und ihrer eigenen persönlichen und geistigen Entwicklung arbeitete.

Als sie merkte, dass dies keinen Einfluss auf den Charakter ihrer ehelichen Beziehung hatte und haben würde, zog sie – nach einer öffentlichen Demonstration dieser Ungleichheit – die Konsequenz. Und diese Konsequenz bestand in einer Aktion, mit der sie Stalin wirklich traf, weil sie ihn machtlos zurückließ. Ein Suizid ist zwar immer eine Aggression gegen sich selbst, aber er ist auch ein aggressiver Akt gegen diejenigen, die in der Verantwortung für solch einen Akt gesehen werden – von sich selbst oder anderen.

Der Suizid seiner Frau war für Stalin schwer zu verarbeiten. Es war eine Demonstration der Insubordination seiner Frau. Mit der Selbsttötung endete die Unterwerfung seiner Frau unter seine Autorität. Für solch einen Akt verfügte er offenbar über kein Verhaltensschema. Er war machtlos. Denn man kann niemandem mit Gewalt drohen oder ihn mit Gewalt sanktionieren, der sich selbst Gewalt antut.[441] Er hatte die Macht über seine Frau verloren und reagierte darauf zunächst depressiv; die Leute in seiner Umgebung machten sich Sorgen, er könne sich etwas antun. Seine Vorstellung, er könne seine Umwelt kontrollieren, war trotz all seiner Schlauheit an ihre Grenze gestoßen.

Offenbar war Stalin aber in der Lage, eventuell aufkommende Selbstzweifel schnell zu beschwichtigen. Den Suizid von Nadja ordnete er in sein Schwarz-Weiß-Weltbild ein: Sie hatte ihn verraten! Da er in seinen Loyalitätsforderungen einem Alles-oder-nichts-Schema folgte und keine Ambiguitäten und Ambivalenzen zuließ, übertrug er die negative Bewertung seiner Frau auf ihr »Werk«, d. h. das Großfamilien-Freundschafts-Netz, das bis dahin auch sein Privatleben zu einem großen Teil bestimmt hatte. Er beendete diese Idylle, die darauf beruhte und ihre Funktionalität daraus gewann, dass private und professionelle/politische Beziehungen miteinander vermischt waren. Diese Vermischung schuf bis dahin für alle Mitglieder dieses Kreises einen Nebel der Uneindeutigkeit, das heißt, es blieb unklar, ob man aus Freundschaft, verwandtschaftlicher Liebe oder politischen Opportunitätsüberlegungen und Zweckrationalität zusammen war. Jetzt sorgte Stalin für klare und eindeutige Verhältnisse, er lichtete den Nebel. Er zog sich – emotional wie zeitlich-räumlich – aus der Großfamilie zurück, und sie löste sich auf. Nadja erfüllte ihre integrierende und bindende Funktion nicht mehr, und niemand trat an ihre Stelle (oder hätte es tun können).

Stalin änderte seinen Fokus der Aufmerksamkeit, was seine privaten Beziehungen anging, und konzentrierte sich auf die Kinder, speziell Swetlana.

Interessant ist dabei das Spiel, das Swetlana berichtet, und das er oft mit ihr gespielt hat. Er ging dabei in die untergeordnete Position und wies ihr – spielerisch – die Rolle der Starken und Mächtigen zu, der er sich zu unterwerfen hatte. Auch hier ist also Asymmetrie das Beziehungsmuster, das Stalin seiner Tochter anbietet, wenn auch spielend und mit umgekehrten Rollen, wenn man es an der sozialen Realität misst. Der mächtigste Mann der Sowjetunion lässt sich von einem Kind Befehle erteilen (und fordert sie sogar ein).

Es war ein Spiel, das Swetlana nach einiger Zeit langweilte. Trotzdem scheint dieses asymmetrische Beziehungsangebot charakteris-

441 Vgl. Simon 2023.

tisch für die soziale Wahrnehmung Stalins bzw. seine Konstruktion zwischenmenschlicher oder generell sozialer Beziehungen. Die Hypothese liegt nahe, dass er in hierarchischen Beziehungen dachte und im Umgang mit seiner kleinen Tochter über keine alternativen Schemata verfügte, mit ihr emotional in Kontakt zu treten.

8 Der »Große Vaterländische Krieg« (1941–1945)

Der Kontrollverlust

In einem »Geheimen Zusatzprotokoll« zum Hitler-Stalin-Pakt war 1939 der Sowjetunion zugebilligt worden, dass große Teile des Territoriums des alten Zarenreichs ihrem Einflussbereich zugeschlagen würden.[442] So hatte Stalin freie Hand, wenige Wochen nachdem Deutschland in Polen einmarschiert war, den der Sowjetunion zugeordneten Ostteil Polens und die Westukraine zu besetzen. In den annektierten Teilen Polens wurden dieselben Säuberungen wie in den anderen Gebieten der Sowjetunion vollzogen:

> »Zu den prophylaktischen Repressionsmaßnahmen gehörte auch, dass auf Beschluss des Politbüros vom 6. März 1940 an die 25.000 in Sonderlagern einsitzende polnische Offiziere, ehemalige Fabrik- und Grundbesitzer, Justizangestellte, Beamte und andere Angehörige der polnischen ›bürgerlichen‹ Intelligenz erschossen und in Massengräbern beigesetzt wurden, von denen eines in der Nähe von Smolensk, im Wald von Katyn, lag.«[443]

Allein in Katyn waren es etwa 4.400 Personen, die abgeschlachtet wurden …

Die baltischen Staaten wurden gezwungen, Verträge über Truppenstationierungen abzuschließen, die ihre Souveränität beschnitten und die Vorstufe zur Annexion bildeten. Der Versuch, Finnland wieder ins Imperium zurückführen, traf auf erbitterten Widerstand. Es kam zum sogenannten »Winterkrieg« 1939/1940, der mit einer demütigenden Niederlage der zahlenmäßig zigfach überlegenen sowjetischen Truppen endete. Finnland musste in dem 1940 geschlossenen Friedensvertrag zwar Teile seines Territoriums an die Sowjetunion abtreten, aber der Versuch, Finnland als souveränen Staat auszulöschen, war gescheitert. Wahrscheinlich noch folgenreicher war, dass die sowjetische Armee ihre Schwächen gezeigt hatte. Dies dürfte – zumindest nach Ansicht mancher Historiker – Hitler veranlasst haben, am 22. Juni 1941 der Sowjetunion den Krieg zu erklären.

---

442 Vgl. Altrichter 2018, S. 238 ff.
443 Ebd., S. 241.

Stalin und die Mitglieder des Politbüros hatten zwar damit gerechnet, dass es zum Krieg mit Deutschland kommen könnte, aber Personen, die Stalin erlebten, als er die Nachricht erhielt, berichten, dass er schockiert war. Er war sich, so meint Molotow, der den Pakt mit Deutschland ausgehandelt hatte, sicher, dass Hitler keinen Zweifrontenkrieg riskieren würde. Dennoch hatte er sich in den Monaten zuvor bemüht, Hitler nicht zu provozieren. All diese Überlegungen hatten sich nun als Fehlkalkulationen erwiesen.

Stalin wurde durch die Ereignisse, wie es schien, aus der Bahn geworfen. Er ließ Molotow die Rede an das Volk halten, in der es über die neue Lage informiert wurde. Und

> »für einige Zeit verlor er die Selbstbeherrschung. Ihn lähmte eine tiefe Erschütterung. Zeitzeugen haben berichtet, dass Stalin zwischen den 28. und 30. Juni als ›Führer‹ phasenweise ausfiel. Die psychische Krise war schwer, aber sie dauerte nicht lange an«[444].

In dieser kritischen Situation zog sich Stalin in seine Datscha zurück. Anastas Mikojan berichtet in seinen Erinnerungen, dass eine Gruppe von Politbüromitgliedern, u. a. Molotow und Wosnessenski, beschloss, zu ihm nach Kunzewo zu fahren, um ihm die Gründung eines speziellen Gremiums vorzuschlagen, das die Entscheidungskompetenz in allen Fragen der Kriegsführung haben sollte.

> »Wir kamen in Stalins Datscha an. Wir fanden ihn im kleinen Esssaal, im Sessel sitzend. Er schaute uns an und fragte: ›Warum seid ihr gekommen?‹ Sein Blick war irgendwie sonderbar. Nicht weniger sonderbar war die von ihm gestellte Frage. Denn im Grunde hätte er uns zu sich rufen müssen.
>
> In unserem Namen sagte Molotow, dass es notwendig sei, die Macht zu konzentrieren, um alle Fragen schnell lösen zu können, um das Land so rasch wie möglich wieder auf die Beine zu stellen. An der Spitze eines solchen Organs solle Stalin sein. Stalin schaute verwundert zu uns und äußerte keinerlei Widerspruch.
>
> ›Gut‹, sagte er.«[445]

Die Biografen Stalins gehen davon aus, dass er damit rechnete, von seinen Besuchern verhaftet zu werden. Er erwartete demnach wohl,

---

444 Wolkogonow 1989, S. 560.
445 Ebd., S. 562.

dass das von ihm praktizierte Prinzip, für alle Arten des Scheiterns oder jede Abweichung von einem Plan einen Sündenbock zu finden, auf ihn angewandt würde.[446]

Montefiore stellt die Möglichkeit in den Raum, dass die vermeintliche depressive Episode Stalins ein politischer Schachzug war, wie er ihn schon mehrfach praktiziert hatte:

> »Hatte Stalin wirklich einen Nervenzusammenbruch erlitten, oder war das ganze Drama bloß inszeniert? Bei diesem gewieften Politiker lagen die Verhältnisse niemals so eindeutig. [...]
>
> Es ging auch um politische ›Effekthascherei‹. Der Rückzug aus dem Machtzentrum war eine wohlerprobte, von Achilles über Alexander den Großen bis zu Iwan dem Schrecklichen erfolgreich angewandte Pose, die es Stalin ermöglichte, sich faktisch vom Politbüro wiederwählen zu lassen, mit dem zusätzlichen Vorteil, einen Schlussstrich unter die bis dahin gemachten Schnitzer zu ziehen. Diese galten jetzt als vergeben.«[447]

Die Episode dauerte denn auch nicht lange. Am 29. Juni kam Stalin zweimal unerwartet ins Volkskommissariat für Verteidigung:

> »Ohne mit derben Flüchen zu geizen, beschuldigte er die Militärführer und machte sie für alles verantwortlich. Sein Gesicht war abgemagert, grau, Ringe unter den Augen, die von Schlaflosigkeit gerötet waren. Als er zusammen mit Molotow, Woroschilow, Schdanow und Berija aus dem Gebäude des Volkskommissariats für Verteidigung hinaustrat, sagte er im Zorn: ›Lenin hat unseren Staat geschaffen, und wir haben ihn verschissen!‹.«[448]

Der niedergeschlagene, vorübergehend apathische Eindruck, den Stalin machte, wie auch der zitierte Ausspruch werden sinngemäß von denjenigen, die dabei waren und später ihre Memoiren publizierten, bestätigt. So berichtet Simon Sebag Montefiore, dass Stalin sogar angeboten habe zurückzutreten:

> »Als sie draußen ihren Wagen bestiegen, sagte er erstmals seit Kriegsbeginn etwas Ehrliches: ›Alles ist hin. Ich gebe auf. Lenin hat unseren Staat gegründet, und wir haben alles versaut.‹ Auf der gesamten Fahrt nach Kunzewo fluchte Stalin in einer Tour weiter. ›Lenin hat uns ein

---

446 Vgl. ebd., S. 562 f.
447 Montefiore 2003, S. 427 f.
448 Wolkogonow 1989, S. 563; vgl. auch Montefiore 2003, S. 428.

großes Erbe hinterlassen, und wir, seine Nachfolger, haben alles verdorben ...‹.«[449]

Montefiore referiert die unterschiedlichen Erinnerungen von Zeitzeugen an Stalins Statement. Die oben zitierte Version stammt von Molotow, Berija erinnerte sich folgendermaßen (wie Chrustschow es weiterleitete): »Alles ist verloren. Ich gebe auf. Lenin hat uns einen proletarischen Staat hinterlassen, und wir setzen ihn in den Sand«; und nach Tschadaew lautete der Ausspruch: »Lenin hat unseren Staat gegründet, und wir haben ihn ruiniert.«[450] Wie auch immer die Formulierung gewesen sein mag, interessant ist, dass Stalin nicht sich die Schuld gab, sondern von »wir« sprach – das bedeutet, er hatte offenbar die kurze, depressiv anmutende Episode überwunden und kollektivierte die Verantwortung für das aktuelle Problem. Das widersprach der Art und Weise, wie im obersten sowjetischen Führungsgremium Entscheidungen getroffen wurden. Stalin entschied willkürlich, und letztlich ging auch die mangelnde organisatorische Vorbereitung auf den von allen erwarteten Krieg auf Stalins Konto.

Obwohl der hier zitierte Wolkogonow die Dauer des Ausfallens des »Woschd« (Führers) als nicht allzu lang bewertet, scheint die »psychische Krise« doch gravierender gewesen zu sein.

Mit seinen Vertrauten besprach er immerhin die Gründung der »Stawka«, des »Hauptquartiers des Obersten Befehlshabers« (was trotz aller erlebten Kriegsbedrohung erst jetzt und damit ziemlich spät erfolgte). Sie mussten aber in den nächsten Tagen nach Kriegsbeginn zur Kenntnis nehmen, dass die deutschen Truppen in einem enormen Tempo vorrückten, ohne auf nennenswerten Widerstand zu stoßen. Stalin hatte sich die Rolle des Oberbefehlshabers behalten – wozu er eigentlich in keiner Weise qualifiziert war. Alle in seiner Umgebung, auch die Mitglieder der Stawka, warteten auf Stalins Befehle und beobachteten ihn:

> »Alle sahen seine Niedergeschlagenheit, seine Fassungslosigkeit, die sich in gewisser Hinsicht auch auf den Generalstab übertrug. Manche Befehle der Stawka kann man lediglich als Akte der Verzweiflung deuten.«[451]

449 Montefiore 2003, S. 423.
450 Vgl. ebd., S. 424 f.
451 Wolkogonow 1989, S. 561.

Die Beziehung zu Hitler

Kaum zu glauben, aber Stalin vertraute Hitler offenbar. Dass er trotz des Paktes mit Stalin einen Krieg gegen die Sowjetunion beginnen könnte, schien ihm – obwohl dies von den militärischen Experten als wahrscheinlich angesehen wurde – keine reale Gefahr. Daher hatte er auch alle vorbeugenden Verteidigungsanstrengungen, zu denen die Militärs geraten hatten, vernachlässigt. Um dies zu erklären, dürfte es hilfreich sein, Stalins Beziehung zu Hitler (dem er nie persönlich begegnet war) genauer unter die Lupe zu nehmen.

Die Tatsache, dass es zum Hitler-Stalin-Pakt kommen konnte, obwohl die beiden Akteure ideologisch tiefe Gräben trennten, spricht dafür, dass Stalin in Hitler einen Geistesverwandten zu erkennen meinte.[452] Der Politikstil und die Etablierung eines totalitären Systems in ihrem jeweiligen Land spricht ja auch tatsächlich dafür, dass sie ähnlich dachten und agierten. Da Stalin in seinen persönlichen Strategien zweckrational handelte, konnte er sich nicht vorstellen, dass Hitler so irrational agieren könnte, einen Zwei-Fronten-Krieg zu beginnen.

Hinzu kam, dass Stalin eine große Kompetenz in der Manipulation sozialer Prozesse (soweit das möglich ist) besaß. Als er benachrichtigt wurde, dass deutsche Truppen die Grenzen des Sowjetreichs überschritten hatten, war er schockiert: Er reagierte depressiv, gelähmt, handlungsunfähig. Zwei Tage isolierte er sich, brach die Kommunikation mit seinen Mitarbeitern und Genossen, d. h. dem Apparat, ab und zeigte sich als nicht entscheidungsfähig.

Dieses Verhalten kann als Zeichen dafür interpretiert werden, dass seine narzisstische Selbstgewissheit, die Kontrolle über die politischen Prozesse zu besitzen, zerplatzt war. Innenpolitisch wurde dieses grandiose Selbstbild durch die Reaktionen aller ihn Umgebenden ja ständig bestätigt oder gar aufgebläht. Nun aber passierte das Unerwartete, die Kontrolle war verloren, die Grandiosität des eigenen Selbst schrumpfte, der Selbstwert tendierte gegen null – die depressive Selbstentwer-

---

452 Dies war übrigens ein Respekt unter Diktatoren, der gegenseitig war. So äußerte sich auch Hitler sehr positiv über Stalin: »Auch vor Stalin müsse man unbedingten Respekt haben. Er sei in seiner Art ein genialer Kerl! Seine Vorbilder wie Dschingis-Khan und weiter kenne er genau, und seine Wirtschaftsplanung sei so umfassend, dass sie wohl nur von unseren Vierjahresplänen übertroffen werde« (aus *Hitlers Tischgespräche im Führerhauptquartier*, Picker 1993, S. 649).

Die gegenseitige Bewunderung zwischen autoritären Führungsfiguren ist ein Phänomen, das auch heute noch zu beobachten ist, wenn z. B. Donald Trump einen Narren an Wladimir Putin oder Kim Jong-un gefressen zu haben scheint.

tung, d. h. die gegen sich selbst gerichtete Aggression, konnte er aus eigener Kraft nicht überwinden.

Wenn er meinte, die Genossen des Politbüros seien gekommen, um ihn zu verhaften (und zu erschießen, wahrscheinlich), wäre das ein Hinweis darauf, dass er die autoaggressiven Tendenzen nach außen, auf die Staatsorgane, die Genossen projizierte. Seine dauerhaft bestehende Paranoia, seine Angst, ausgeschaltet zu werden und auf der Strecke zu bleiben, konnte er bis dahin durch den Versuch totalitärer Kontrolle bewältigen. Ihr Scheitern als Mittel der Unsicherheitsbewältigung stürzte ihn, so lässt sich vermuten, in Vernichtungsängste.

Dass er sich nach bereits zwei oder drei Tagen fangen und wieder seine Rolle als Befehlshaber einnehmen konnte, dürfte Folge des Besuchs Molotows und der anderen gewesen sein. Sie bestätigten ihm, dass sich an seiner Rolle intern nichts geändert hatte und er immer noch uneingeschränkter Herrscher war. Angst um sein Leben war nicht nötig, denn die In-Group war intakt. Und, was wieder genau in die Wir-vs.-Feinde-Logik seines Weltbildes passte, es gab nun wieder einen klaren Außenfeind, den es zu bekämpfen galt und der intern für Zusammenstehen und Widerspruchsfreiheit sorgen konnte.

Wenn Stalin auf den Schock des Kontrollverlustes zunächst depressiv reagierte, so belebte und aktivierte ihn die Freund-Feind-Konstellation. Und er konnte nun wieder tun, was meist eine antidepressive Wirkung hat: die Aggressionen nach außen richten statt gegen sich selbst.

Die Beziehung zum Generalstab

Nach der kurzen Phase der Niedergeschlagenheit zeigte Stalin wieder die gewohnte und erwartete Entschlossenheit und Entscheidungsfreude. Er hielt nun auch eine Rede ans Volk und appellierte an dessen Patriotismus. »Zum ersten Mal wurde der Krieg ›vaterländisch‹ genannt.«[453]

Für die desaströse Kriegführung der ersten Wochen wurden, ganz im Sinne des bewährten Musters der Personalisierung von Problemen, Sündenböcke gebraucht:

453 Wolkogonow 1989, S. 566.

»Der Zusammenbruch der sowjetischen Verteidigungslinien wurde auf Fehler unter der Führung von General Dimitri Pawlow, dem Kommandeur der Westfront, zurückgeführt. Der General und viele seiner Untergebenen wurden vor ein Kriegsgericht gestellt und erschossen. Die von Stalin unterzeichneten Hinrichtungsbefehle wurden überall in der Armee verbreitet.«[454]

Stalins Entschlossenheit war ebenso groß wie seine militärische Inkompetenz. Was ihm an militärischer Erfahrung und Fähigkeit fehlte, ersetzte er durch Repression. Das führte in der ersten Phase des Krieges zu weiteren grandiosen Desastern, die Hunderttausenden sowjetischen Soldaten das Leben kosteten. Stalin verfügte nicht nur über keinerlei militärische und strategische Ausbildung, sondern er überschätzte auch noch seine eigene Kompetenz maßlos. Er traf einsame Entscheidungen, kümmerte sich mikromanagementmäßig um kleinste Details und verwarf den Rat seiner Militärs.

Diese Zentrierung der Entscheidungen auf eine inkompetente Person führte zu einer militärischen Katastrophe: »Innerhalb von kaum drei Kriegswochen hatte Russland bereits etwa zwei Millionen Mann, dreitausendfünfhundert Panzer und mehr als sechstausend Flugzeuge verloren.«[455]

Stalin fürchtete, dass man ihn absetzen und liquidieren könnte, wenn er weiterhin keinen Erfolg nachwiese. Er verließ sein Arbeitszimmer kaum, schlief nur zwei bis drei Stunden, traf »die übrige Zeit mit dem Generalstab und dem Politbüro fieberhaft Entscheidungen« und ließ »Leute zu sich rufen«. »Quasi persönlich verteilte er beinahe jeden Panzer, jede Waffe, jede Maschine. Am 1. Oktober 1941 verteilte er sogar Stacheldraht und andere Verteidigungsmittel.«[456]

Was Stalin nie zuließ – zumindest in der ersten Phase des Krieges –, waren taktischer Rückzug oder Umgruppierungen von Truppenverbänden während einer Schlacht. Immer dann, wenn die kommandierenden Generäle dazu rieten, um Einkesselungen zu verhindern, belegte er diese Pläne mit seinem Veto:

»Stalin bestand darauf, keinen Quadratzentimeter Boden preiszugeben, koste es, was es wolle. Rückzug war verboten, bis es zu spät war, mit dem Ergebnis, dass die sowjetischen Einheiten eingekesselt und eine nach der anderen vernichtet wurden.«[457]

454 Chlewnjuk 2015, S. 331.
455 Montefiore 2003, S. 429; vgl. auch Wolkogonow 1989, S. 570.
456 Wolkogonow 1989, S. 593.
457 Chlewnjuk 2015, S. 333 f.

Die Kosten für diesen Eigensinn waren enorm. So gerieten bei der Einkesselung von Kiew, die durchaus zu verhindern gewesen wäre, 452.720 Mann in Gefangenschaft.[458]

Unter den Soldaten, die den Anordnungen Stalins, keinen Zentimeter zurückzuweichen, zuwiderhandelten, richtete er ein Blutbad an: »Bis 10. Oktober 1941 wurden über 10.000 Mitglieder der Roten Armee erschossen, ein Drittel davon als warnendes Beispiel vor den Augen ihrer Kameraden.«[459]

Stalin meinte, mit derartigen gewalttätigen Strafmaßnahmen die Truppen zu besonderen Leistungen bringen zu können.

> »Im Sommer 1941 genehmigte Stalin die Verhaftung einer großen Gruppe von Kommandeuren. Ihr Schicksal war unterschiedlich. Einigen ist es gelungen, an die Front zurückzukehren, andere verschwanden für lange Jahre in den Lagern, andere wurden getötet. In der Mehrzahl der Fälle billigte Stalin die Verhaftung, aber manchmal ordnete er sie auch selbst an. Stalin konnte nicht mehr von seinen grausamen Gewohnheiten ablassen.«[460]

Aber der Einmarsch der Deutschen änderte auch die weltpolitische Gemengelage. Ende September 1941 fand in Moskau eine Konferenz mit Vertretern der Sowjetunion, Englands und der USA statt, bei der gemäß dem »Lend-Lease Act« die Belieferung der Sowjetunion mit Panzern, Flugzeugen, Fahrzeugen, Fernmeldeeinrichtungen, Lokomotiven usw. vereinbart wurde. Auf der Konferenz von Jalta bedankte sich Stalin später bei Roosevelt dafür, denn ohne dies »wäre ein Sieg viel schwieriger gewesen«[461].

Im Laufe der Jahre, die der Krieg dauerte, lernte Stalin dazu. Er überließ dem Generalstab nunmehr weitgehend die strategischen Entscheidungen. Auch wenn dessen Arbeit auf ihn hin zentriert war, was sich u. a. darin zeigte, dass alle sich seinem Arbeitsrhythmus anpassen mussten. Stalin begann mittags gegen 12 zu arbeiten, gönnte sich zwischendurch einen kleinen Schlaf und arbeitete dann bis morgens vier oder fünf. Das galt nun auch für die Stewka, den Generalstab, den Rat der Volkskommissare, das ZK und alle staatlichen Organe, die mit

458 Vgl. Montefiore 2003, S. 433.
459 Altrichter 2018, S. 260.
460 Wolkogonow 1989, S. 580.
461 Zit. n. Chlewnjuk 2015, S. 338.

ihm zu tun hatten.[462] Er ließ sich nun aber in seiner Meinungsbildung und seinen Urteilen beeinflussen. Dabei gewannen vier Personen eine besondere Bedeutung:

> »Auf Stalins Entwicklung als Oberster Befehlshaber den größten Einfluss hatten Schaposchnikow, Wassilewski, Antonow und Schukow. Ihnen war es zuzuschreiben, dass Stalin allmählich das Abc der Kriegführung erlernte.«[463]

Die vier hatten (wechselnd) die Posten des Generalstabschefs, des stellvertretenden Oberbefehlshabers und des Stellvertreters des Volkskommissars für Verteidigung inne, oder sie hatten Kommandos an der Front.

Wie sich Stalins Stil der Entscheidungsfindung und Teilnahme an der Kommunikation geändert hatte, schildert Schukow folgendermaßen:

> »Im Allgemeinen war Stalin in der zweiten Periode des Krieges gegen jede Übereilung bei der Entscheidungsfindung von Fragen, er hörte sich gewöhnlich die Vorträge bis zu Ende an, darunter auch die unangenehmen, ohne Nervosität zu zeigen, ohne zu unterbrechen, er ging rauchend auf und ab, setzte sich wieder und hörte zu.«[464]

Und weiter (an anderer Stelle):

> »Immer seltener zwang er Frontkommandeuren in Einzelfragen seine eigenen Lösungen auf: Greifen Sie so an und nicht so. Anfangs hatte er seinen Willen durchgesetzt, ihnen gesagt, in welcher Richtung und in welchem Abschnitt genau es besser wäre, anzugreifen oder Kräfte zu konzentrieren [...] Am Ende des Krieges gab es keine Spur mehr davon.«[465]

Wolkogonow, der alle vier Personen des inneren Kreises genauer charakterisiert, weist Boris Michajlowitsch Schaposchnikow, Professor und Marschall, eine besondere Rolle zu. Er sei der Einzige gewesen, der von Stalin mit Vornamen und Vatersnamen angeredet wurde, während alle anderen mit Genosse angesprochen wurden. »Schaposchnikow war in der Lage, Stalin geduldig zu überzeugen. Stalins Kompromisslosigkeit musste gegenüber dem Intellekt und der Kultur

462 Vgl. Wolkogonow 1989, S. 616.
463 Ebd., S. 630.
464 Zit. n. Chlewnjuk 2015, S. 379.
465 Zit. n. ebd., S. 379.

der alten russischen Militärschule passen.«[466] Und Schukow betont das besondere Verhältnis zwischen Stalin und Schaposchnikow, wenn er schreibt, dass Stalin mit ihm sprach, »ohne jemals die Stimme zu erheben, sogar dann, wenn er mit seinem Bericht nicht einverstanden war. B. M. Schaposchnikow war der einzige Mensch, dem J. W. Stalin erlaubte, in seinem Arbeitszimmer zu rauchen«[467].

Schukow spielte eine zentrale Rolle bei der Verteidigung von Leningrad und Moskau sowie beim Kampf um Stalingrad. Er war es auch, den Stalin schließlich bevollmächtigte, die deutsche Kapitulation entgegenzunehmen ...

Wassilewski, ebenfalls ein erfolgreicher militärischer Praktiker, teilte mit Stalin die Erfahrung, ein Priesterseminar besucht zu haben. Als Stalin ihn einmal fragte: »Hat Ihnen die geistliche Ausbildung irgend etwas gegeben? Haben Sie niemals darüber nachgedacht?«, soll Wassilewski trotz seiner Überraschung schnell geantwortet haben: »Nutzloses Wissen gibt es nicht. Einiges hat sich auch im militärischen Leben als nützlich erwiesen.« Stalin habe daraufhin zustimmend geantwortet: »Das Wichtigste, was einen die Popen lehren können, das ist, die Menschen zu verstehen.«[468]

Dieser kurze Dialog ist mehr als anekdotisch interessant, denn er bestätigt nicht nur die These, dass Stalin im Priesterseminar sein Menschenbild gewonnen hat, sondern ist auch ein Hinweis, dass es wahrscheinlich einem religiösen Schema und im Blick auf Organisationsprozesse einem kirchlichen Modell folgte.

Antonow, der vierte im Bunde, gewann in der zweiten Hälfte des Krieges eine besondere Funktion, als er berechenbare organisationale Abläufe in die gemeinsame Arbeit des Generalstabs und der Stawka einführte, denen sich schließlich sogar Stalin unterwarf.[469]

Der Rückgriff auf bewährte militärische Traditionen, die aus der Zarenzeit stammten, fand einen symbolischen Ausdruck darin, dass (während der Schlacht um Stalingrad) die unmittelbar nach der Oktoberrevolution von den Uniformen entfernten Schulterklappen und Rangabzeichen wieder an die Uniformen genäht wurden.

---

466 Wolkogonow 1989, S. 630.
467 Zit. n. ebd., S. 631.
468 Vgl. ebd., S. 637.
469 Vgl., ebd., S. 638.

> »Ihre Wiedereinführung spielte eine wichtige Rolle bei der Abschaffung des revolutionären Internationalismus zugunsten des traditionellen russischen Patriotismus durch Stalin.«[470]

Der Krieg wurde siegreich beendet, die Deutschen kapitulierten. Doch der Preis war hoch.

> »Stalin interessierte immer nur eins – das Ziel. Ihn quälten niemals Gewissensbisse, das Gefühl der Verbitterung und des Schmerzes angesichts der gewaltigen Verluste. [...] Mehr als 20 Millionen Menschenleben musste das sowjetische Volk auf den Altar des Siegs legen.«[471]

Entscheidungsfindung in der Gruppe

Nach einer Anfangsphase, in der Stalin offensichtlich seinem eigenen Mythos als Universalgenie bzw. seiner gegen Experten gerichteten Ideologie aufgesessen war und einsame Entscheidungen mit desaströsen Folgen getroffen hatte, erwies er sich lernfähig. Ab nun wurden in einem Gruppenprozess Entscheidungen getroffen. Und wie Stalin diese Gruppenprozesse zu Entscheidungen führte, zeugt davon, dass er herausgefunden hatte, wie die Intelligenz von Gruppen funktioniert. Ganz konkret: Er ließ jeden der Beteiligten seine spezielle Perspektive und Kompetenz nutzen, seine Sichtweise formulieren und so in die Kommunikation bringen. Dabei hielt er sich selbst zurück, nahm nicht gleich Stellung, sondern rauchte. Nun ist das Rauchen nicht der zentrale Aspekt dieses Verhaltens, aber mit einer Pfeife im Mund redet es sich schlecht. Und den Mund zu halten und seine eigene Position nicht sofort zu offenbaren, eröffnet jedem Hierarchen – also nicht nur in totalitären Systemen – die Chance, die unverfälschte Meinung der Mitarbeiter zu hören. Es ist ja generell ein Problem für Hierarchen, dass eine der Funktionen von Hierarchie darin besteht, die Kommunikation zu verkürzen – im Extremfall auf Befehl und Gehorsam reduziert – und potenziellen Widerstand zum Verstummen zu bringen (Sozialdimension der Kommunikation). Wer also als Hierarch eine Entscheidung treffen will, bei der unterschiedliche Kompetenzen, verschiedene Beobachterperspektiven und Wissensbestände usw. einbezogen werden, der muss sich den Widerspruch, d. h. den inhalt-

---

470 Vgl. Grossmann 1952/2019, S. 993, Fußnote (des Herausgebers Robert Chandler) Nr. 269.
471 Wolkogonow 1989, S. 642.

lichen Konflikt (Sachdimension der Kommunikation), die Diskussion und Kontroverse selbst organisieren, sonst wird er nichts Derartiges zu hören bekommen. Das Potenzial der Intelligenz der Gruppe bleibt dann ungenutzt, und ihre Intelligenz bleibt so beschränkt wie die des Hierarchen.

Dies scheint Stalin nach den katastrophalen Fehlschlägen zu Beginn des Kriegs realisiert zu haben, und er ließ einen funktionelleren Prozess der Entscheidungsfindung zu oder führte ihn sogar herbei. Dabei ging es – um keine Missverständnisse zu befördern – nicht um demokratische Entscheidungen, sondern um die Nutzung einer Form kollektiver Intelligenz, was in komplexen Situationen, falls Zeit genug ist (Zeitdimension der Kommunikation), generell die beste Form ist, um zu angemessenen (= rationalen) Entscheidungen zu gelangen.

Das NKWD im Krieg

Der Krieg brachte die Qualitäten des NKWD (und der nach einer erneuten Reorganisation aus ihm hervorgegangenen Untereinheiten) in voller Blüte zur Geltung. Die Macht des Apparats konnte in der Notsituation, in der es um Leben und Tod – nicht nur jedes Einzelnen, sondern auch des Staats – ging, voll ausgespielt werden. Um es auf eine zusammenfassende Formel zu bringen: Das NKWD übernahm die wesentlichen Funktionen des Staats. Das war tendenziell zwar auch vorher schon immer wieder der Fall, z. B. in den Phasen des Bürgerkriegs und der großen Säuberungen, aber jetzt wurden die originären staatlichen Stellen im Prinzip der Geheimpolizei untergeordnet.

Sein Apparat kümmerte sich um die Aufrechterhaltung der innerstaatlichen Kommunikationsstrukturen, das Funktionieren der Eisenbahn, er kontrollierte die Reisetätigkeit wie auch die Entlausung der Bevölkerung. Daneben kämpften die Truppen des NKWD an der Seite regulärer Soldaten an der Front, organisierten Partisanenverbände hinter der Front im von Deutschen besetzen Gebiet und organisierten großräumig die Deportation von 1,5 Millionen Angehörigen ethnischer Minderheiten wie z. B. Krimtataren und Wolgadeutschen nach Sibirien. Auch die Transferierung von Fabriken hinter den Ural, um sie vor den deutschen Truppen zu schützen und die Kriegsproduktion aufrechtzuerhalten, lag im Verantwortungsbereich der Geheimpolizei. Daneben war sie mit ihren Arbeitslagern ein wesentlicher Akteur im Bereich der Wirtschaft: 18 % aller Investitionen im Jahre 1941 erfolgten durch das NKWD, wovon wiederum 40 % in die Arbeitslager flossen.[472]

Allerdings waren die Lager (der GULAG) nur begrenzt ökonomisch rational. Denn dort wurden hoch qualifizierte Leute, die im Krieg andere nützliche Funktionen hätten übernehmen können, mit Tätigkeiten beschäftigt, die wenig produktiv waren. Außerdem waren die Todesraten aufgrund der harten physischen Bedingungen und der schlechten Behandlung und Ernährung der Insassen sehr hoch.

Eine für den Ausgang des Krieges kaum zu überschätzende Bedeutung gewann das NKWD durch seine Aktivitäten in der Spionage. So waren alle Entscheidungen des Oberkommandos der Wehrmacht innerhalb weniger Stunden den russischen Entscheidern bekannt. Für diese Aktivitäten stehen Namen wie Richard Sorge, die Rote Kapelle, das Lucy-Netzwerk, die nach dem Krieg Thema von Romanen, Sachbüchern wie auch Spielfilmen wurden.[473]

Die Geheimpolizei war unverzichtbar für das Funktionieren des Staats. Ob sie diese Funktion erhielt, weil die staatliche Verwaltung nicht funktionierte, oder die staatlichen Organe ihre Bedeutung verloren, weil das NKWD sie übernommen hatte, ist nicht wirklich zu entscheiden. Ein Grund mag sein, dass in Notzeiten, wo schnell auf wenig vorhersehbare und überraschende Umweltveränderungen reagiert werden muss, Organisationen, in denen autoritär »durchregiert« werden kann, einen funktionellen Vorteil gegenüber Verwaltungen haben, die sich an vorgegebene und oft starre prozedurale Vorschriften halten müssen.

Die Geheimpolizei war mehr als nur ein Staat im Staate, sie war die Organisation, der alle anderen staatlichen Organisationen untergeordnet waren. Sie war der Staat. Und da sie von Stalin abhängig war, war sie das ultimative Mittel seiner Machtausübung.

Das Prinzip der zentralistischen, hierarchischen Strukturierung des Staates und der beschränkten Autonomie aller anderen sozialen Einheiten wurde konsequent durchgesetzt. Der totalitäre Staat wurde nicht durch den Krieg infrage gestellt, sondern er war Grundlage der gesamten Politik. Dass solch ein System von der Bevölkerung leichter akzeptiert wird, wenn sie sich bzw. ihren Staat durch aggressive Außenfeinde bedroht sieht, gehört beim Erhalt totalitärer Systeme zum strategischen Arsenal.

---

472 Vgl. Adelman 1984, S. 114.
473 Vgl. ebd., S. 116 ff.

9 Vater und Söhne

Jakow

Der Krieg betonte noch einmal die problematischen Aspekte der Beziehung Stalins zu seinen beiden Söhnen, zu Wassilij, seinem jüngsten Sohn, wie auch zu Jakow, dem Erstgeborenen. Zu Jakow war das Verhältnis immer schwierig, die beiden fanden nie eine verbindende Ebene. Und Wassilij präsentierte sich öffentlich in peinlich-fordernder und arroganter Weise als Sohn Stalins, was seinem Vater nicht gefiel. Nur zu Artjom, dem Sohn des Freundes, den er nach dessen Unfalltod der Form nach adoptiert hatte, bestand durchgehend eine positive Beziehung.

Wie beschrieben, war Jakow Stalins Sohn aus dessen erster Ehe, geboren 1907. Seine Mutter war früh gestorben, und sein Vater konnte sich als Berufsrevolutionär, der die meiste Zeit im Untergrund lebte und wirkte oder verbannt war, nicht um ihn kümmern. Die Sorge um Jakow übernahmen daher die Swanidses, die Herkunftsfamilie der Mutter. Vor allem eine Schwester der Mutter, Stalins Schwägerin, sah sich in der Pflicht.

Die Biografen Stalins sind sich darin einig, soweit sie sich mit seiner Beziehung zu den Kindern beschäftigen, dass Jakow (genannt Jascha) in seiner frühen Kindheit und Jugend von seinem Vater vernachlässigt wurde. Dass Stalin Jakow 1921 zu sich und seiner neuen Familie in den Kreml holte, zeigt möglicherweise, dass er sich dieses Defizits bewusst war.

Stalins zweite Frau, Nadeschda (Nadja), war durch die Doppelbelastung als ehrgeizige, berufstätige Frau und Mutter sehr gefordert. Die Biografen sind unterschiedlicher Meinung, wie sie dies bewältigte: »Nadja kam mit ihrem Stiefsohn Jakow gut aus [...]«[474], »Jascha fühlte sich dem Vater gegenüber als Stiefsohn, aber durchaus nicht gegenüber der Mutter, die er sehr liebte.«[475] Dem steht die Beschreibung Nadjas entgegen: »In ihren Briefen [...] an ihre Schwiegermutter [...] klagt sie über das neue Familienmitglied.«[476] Diese widersprüchlichen

474 Altrichter 2018, S. 110.
475 Allilujewa 1967, S. 229.
476 Chlewnjuk 2015, S. 399.

Darstellungen dürften die Ambivalenz Nadeschdas widerspiegeln, mit der sie auf die familiäre Situation reagierte. Zwar wurden die Kinder aller hohen Funktionäre der Partei von Kinderfrauen, Hauslehrern und anderem Personal betreut (und erzogen), aber für Nadeschda war es nicht einfach, ihre Rolle in Bezug auf den nur sechs Jahre jüngeren Ziehsohn Jakow zu finden. Oleg Chlewnjuk, der als Historiker die Originaldokumente studieren konnte, zitiert aus Briefen Nadeschdas der Jahre 1922 und 1923 an ihre Schwiegermutter: »Jascha geht zur Schule, macht Blödsinn und raucht, und er hört nicht auf mich«; »Jascha ist [...] gesund, aber in der Schule strengt er sich nicht besonders an.«[477] Und einige Jahre später, wiederum von Chlewnjuk zitiert, schreibt sie: »Ich habe alle Hoffnung aufgegeben, dass er je zur Vernunft kommt. Er hat absolut keine Interessen und kein Ziel im Leben.«[478]

Seine Halbschwester Swetlana charakterisiert ihn, wohl auch um den Kontrast zum Vater zu betonen, folgendermaßen:

> »[...] er war weder ehrgeizig noch herrschsüchtig, weder grob noch schroff oder irgendwie voreingenommen. Es machten sich bei ihm auch nicht einander widersprechende Eigenschaften oder entgegengesetzte Tendenzen bemerkbar; er hatte allerdings auch keine besonders glänzenden Fähigkeiten; er war bescheiden, schlicht, sehr fleißig und tüchtig und von einer bezaubernden Ruhe.«[479]

Und sie betont, dass es für Jascha schwer war in der gemeinsamen Wohnung, denn in seiner Ziehfamilie, bei den Swanidses, sprach man Georgisch, und er hatte kein Russisch gelernt. Er musste sich also nicht nur in eine neue Familie einfügen, sondern auch noch in einen neuen Sprach- und Kulturraum.

Das Verhältnis zu seinem Vater wird von allen als gespannt beschrieben. Als Jakow – noch sehr jung – heiraten wollte, erlaubte ihm der Vater dies nicht. Als Reaktion darauf versuchte er ohne Erfolg, sich zu erschießen. Das brachte ihm den Hohn des Vaters ein: »Als Stalin seinen Sohn nach dem Selbstmordversuch aufsuchte, sagte er nur barsch: ›Ha, hast nicht getroffen!‹ Alle, und besonders Nadeschda Sergejewna, waren betroffen von der eiskalten Unbarmherzigkeit Stalins.«[480]

---

477 Ebd., S. 399.
478 Ebd., S. 399.
479 Allilujewa 1967, S. 228.
480 Wolkogonow 1989, S. 226.

Jakow heiratete eine andere Frau, zog nach Leningrad, wohnte beim Großvater und wurde schließlich selbst Vater. Er besuchte das Transport-Institut, wurde Elektroingenieur und arbeitete in einem Kraftwerk. 1935 zog er erneut nach Moskau und trat in die Artillerieakademie ein. Die erste Ehe war gescheitert und Jakow heiratete erneut:

»Julia war Jüdin, und das erregte abermals Vaters Unwillen.«[481] Später sollte sich Stalins Antisemitismus verstärken bzw. stärker zeigen. 1936 wurde eine Tochter geboren. Jascha war nach der Bewertung von Swetlana »ein guter Familienvater«. Und weiter schreibt sie:

> »Dass Vater unzufrieden war, kümmerte ihn wenig. Manchmal kam er zu uns, in unsere Wohnung im Kreml, spielte mit mir, sah mir beim Aufgabenmachen zu und wartete gespannt, ob Vater zum Essen kommen würde. Bei Tisch saß er gewöhnlich schweigend da, ohne ein Wort zu sagen.
>
> Jascha achtete den Vater und dessen Ansichten auch in militärischen Dingen. Doch die beiden waren zu verschiedene Menschen, als dass es ihnen möglich gewesen wäre, einander seelisch näherzukommen. (›Der Vater spricht immer in Thesen‹, sagte mir Jascha einmal.) Jaschas Ruhe und Sanftheit brachten den Vater, der auch noch im Alter aufbrausend und hitzig war, nur auf.«[482]

Als der Krieg begann, meldete sich Jascha sofort an die Front, wo er in deutsche Gefangenschaft geriet. Stalin vermutete, dass es kein Zufall sein konnte, dass es zur Gefangennahme seines Sohnes kam. Er verdächtigte seinen Sohn, sich ohne Not gefangen nehmen zu lassen, und er erwartete, dass sein Sohn zusammenbrechen würde. »Daher verfluchte Stalin Jakow schon zum zweiten Mal dafür, dass er nicht einmal in der Lage sei, sich anständig umzubringen.«[483]

Da er auch seine Schwiegertochter im Verdacht hatte, ihre Finger bei Jakows Gefangennahme im Spiel zu haben, ließ er sie verhaften.

Die Deutschen nutzten die Gefangennahme von Stalins Sohn zu Propagandazwecken und druckten sein Bild auf Flugblätter. Da er sich »ehrenhaft« verhielt und sich weigerte, mit den Deutschen zu kooperieren, wurde er in der Gefangenschaft »grausam behandelt«, meint seine Schwester.[484]

481 Allilujewa 1967, S. 229.
482 Ebd., S. 230.
483 Montefiore 2003, S. 431.
484 Allilujewa 1967, S. 232.

Stalin soll vorgeschlagen worden sein, seinen Sohn gegen General Paulus, Oberbefehlshaber der 6. Armee in der Schlacht um Stalingrad, auszutauschen. Er soll abgelehnt haben. Doch es ist umstritten, ob es solch ein Angebot tatsächlich gab, Dokumente darüber lassen sich in den Archiven heute nicht finden.[485] Doch Swetlana erklärt, ihr Vater habe zu ihr bei einer ihrer seltenen Begegnungen schroff und erregt gesagt: »Die Deutschen haben den Vorschlag gemacht, Jascha gegen irgendeinen der Ihrigen auszutauschen ... Soll ich mich auf einen solchen Handel mit ihnen einlassen? Nein – Krieg ist Krieg.«[486]

Jakow erwies sich als stärker als sein Vater ihm das zugetraut hätte: »Am 14. April 1943 warf Jakob Dschugaschwili sich gegen den Stacheldraht, der das Lager umzäunte, und wurde von einem Wachmann erschossen.«[487]

Wassilij

Als Wassilij geboren wurde, war sein Vater schon ein mächtiger Mann. Der Junge wuchs im Kreml auf, d. h. in einem Kontext, in dem er nie als x-beliebiges, anonymes Kind wahrgenommen wurde. Wer ihm begegnete, wusste, dass er oder sie es mit Stalins Sohn zu tun hatte. So wurde der Umgang mit ihm auch von der Angst vor (oder auch der Wertschätzung und Hochachtung für) den Vater bestimmt.

Dies war ein soziales Umfeld, das seine psychische Entwicklung zwangsläufig stark beeinflusste. Seine Mutter hatte sich ja das Leben genommen, als Wassilij elf Jahre alt war. Auch wenn sie im Alltag nicht sehr präsent gewesen sein mag, dürfte ihr Tod und die Trennung von ihr einen tiefen Eindruck auf den Jungen gemacht haben:

> »Als die Kinder draußen in Subalowo vom Tod Nadjas erfuhren – man tischte auch ihnen die Version der ›Blinddarmentzündung‹ auf –, war Artjom entsetzt, Wasili aber regelrecht am Boden zerstört und sollte sich nie mehr davon erholen.«[488]

Sein Vater, der unter ganz anderen – geradezu gegensätzlichen – Bedingungen aufgewachsen war, hatte keine besonders gute Meinung von Wassilij. Was ihm von seinen Gewährsleuten berichtet wurde,

485 Vgl. Chlewnjuk 2015, S. 407.
486 Allilujewa 1967, S. 232.
487 Wolkogonow 1989, S. 228.
488 Montefiore 2003, S. 125.

war nicht dazu angetan, dies zu ändern: »›Wassili hält sich für einen Erwachsenen. Er besteht darauf zu bekommen, was er will, und das ist oft töricht‹, berichtete der Kommandant der Subalowo-Datscha 1935 an Stalin, als Wassili vierzehn war.«[489]

Doch das Gefühl, dass die Regeln, die für andere Kinder und Jugendliche verbindlich sind, für ihn nicht gelten, wurde durch Wassilijs alltägliche Erfahrungen bestätigt. Schließlich war er ein Stalin. Doch das gefiel seinem Vater nicht.

> »Sein Adoptivsohn Artjom Sergeew erinnerte sich daran, dass er seinem Sohn Wasili lautstark vorwarf, den großen Namen auszunutzen. ›Aber ich bin doch auch ein Stalin‹, verteidigte sich Wassili.
>
> ›Nein bist du nicht‹, erwiderte der Vater. ›Du bist ebensowenig Stalin wie ich. Stalin ist die Sowjetmacht. Stalin ist sein Abbild in den Zeitungen und Porträts – nicht du, nicht einmal ich!‹.«[490]

Die Vorstellung, dass der Name Stalin nicht konkrete Menschen benennt, sondern als Symbol für die Macht des Staates steht, war dem Sohn offenbar nicht zu vermitteln, denn sie entsprach nicht seinem Erleben. Wassilij wurde wie der Sohn des Zaren behandelt. Auch wenn Stalin mit seinem Sohn nicht zufrieden war, weil der seine hohen Erwartungen enttäuschte, so sorgte er doch dafür, dass Wassilij sein überhöhtes Selbstbild nicht ändern musste. Chlewnjuk schildert, beispielhaft dafür, was geschah, als ein Lehrer sich bei Stalin über das Betragen Wassilijs beklagte:

> »Er berichtete, dass Wassili von der Schulverwaltung eine Spezialbehandlung erhalte, weil er manchmal mit Selbstmord drohe, um seinen Willen durchzusetzen. Stalin dankte dem Lehrer für seine Ehrlichkeit und beschrieb seinen Sohn extrem negativ. ›Er ist ein verwöhnter junger Mann mit durchschnittlichen Fähigkeiten, ein kleiner Wilder, ein echter Skythe. Er sagt nicht immer die Wahrheit, erpresst gerne schwache Autoritätsfiguren, ist häufig grob und hat einen schwachen oder eher keinen zielgerichteten Willen. Er ist von allen immer verwöhnt worden, wobei die ganze Zeit betont wurde, dass er der Sohn Stalins sei.‹ [...] Wie so oft war der Brief jedoch reines Theater, und die Sache wurde schließlich auf die für Stalin typische Weise gelöst: Die Schulleitung wurde entlassen, zusammen mit dem Lehrer, der es gewagt hatte, sich bei Stalin zu beschweren.«[491]

489 Chlewnjuk 2015, S. 406.
490 Montefiore 2003, S. 15.
491 Chlewnjuk 2015, S. 406.

Wassilij wurde weiter verwöhnt, wenn auch von jeweils anderen Leuten und in unterschiedlichen institutionellen Kontexten. Er besuchte eine Fliegerschule, wurde Pilot. Seine Karriere erhielt einige Knicke, da er immer mehr trank. Dennoch schaffte er es – sicherlich nicht aufgrund persönlicher Verdienste – in der Militärhierarchie bis zum Oberst aufzusteigen. Als er 1943 Kommandeur eines Luftwaffenregiments war, kam es zu einem Zwischenfall, der seiner Karriere einen weiteren Schlag versetzte:

> »Im April ging er mit einigen Untergebenen ›fischen‹. Man beschloss, die Fische durch Explosionen zu betäuben, doch eine der Granaten explodierte an Land und tötete einen Offizier des Regiments. Auch Wassili wurde verletzt und musste im Kreml-Hospital in Moskau behandelt werden. Stalin tobte.«[492]

Dieser Vorfall führte zunächst, wie frühere ähnliche Ereignisse, zu kurzfristigen Konsequenzen: Wassilij wurde seines Postens enthoben. Aber wenig später erhielt er die Berufung in eine neue, höhere Position.[493]

Seine Schwester Swetlana schreibt zum Einfluss ihres Vaters auf die Karriere des Bruders:

> »Als zwanzigjähriger Hauptmann war er in den Krieg gezogen – bei Kriegsende, vier Jahre später, hatte er es bis zum Generalleutnant gebracht.
>
> Man hatte ihn sozusagen an den Ohren in die Höhe gezogen, immer höher und höher, ohne seine Kräfte, Fähigkeiten und Mängel richtig abzuschätzen. Man gedachte Vater damit einen ›Gefallen‹ zu tun.«[494]

Er war demnach 24 Jahre alt, als er General wurde. Eine Blitzkarriere. Nach dem Krieg ging sein Aufstieg weiter, obwohl alle Welt von seinem Alkoholismus wusste. Swetlana berichtet Stalins Reaktion: »Vater allerdings nahm Wassilijs Zustand ernst; er beschimpfte ihn unbarmherzig, demütigte ihn vor allen Leuten und nannte ihn einen Lausbuben.«[495]

Einen General öffentlich einen Lausbuben zu nennen, ist zumindest unüblich. Aber es charakterisiert die Art und Weise, wie Stalin

492 Ebd., S. 408 f.
493 Vgl. Chlewnjuk 2015, S. 409 f.
494 Allilujewa 1967, S. 298.
495 Ebd., S. 298.

die Beziehung zu seinem Sohn wahrnahm. Wassilij änderte nichts an seinem Lebensstil. Die Männer in Stalins Umfeld bestätigten weiter Wassilijs Weltbild, etwas Besonderes zu sein. Sie überhäuften ihn mit Orden und Ehrenbezeugungen.

Nach Stalins Tod endete diese außergewöhnliche Karriere abrupt. Bei der Beerdigung seines Vaters

> »befand er sich in einem grauenhaften Zustand und benahm sich auch dementsprechend grässlich [...] Er hatte die Vorstellung von der realen Welt und seiner eigenen Stellung vollkommen eingebüßt; er fühlte sich als ›Erbprinz‹, als ›Thronfolger‹«[496].

Doch in der Rolle sah nur er sich, sonst niemand. Es dauerte nicht lange, dann ließen ihn auch die alten Speichellecker aus dem Gefolge seines Vaters fallen. Schließlich landete Wassilij im Gefängnis. Er hatte u. a. die neue Führung des Staates »im Suff« beleidigt. Er starb mit 40 Jahren.[497]

Artjom

Den Kontrast zur Beziehung zwischen Stalin und Wassilij findet man in der Beziehung zwischen Stalin und seinem Adoptivsohn Artjom Sergejew. Auch wenn Stalin Artjom adoptiert hatte, bedeutete das nicht, dass wirklich eine Vater-Sohn- oder Mutter-Sohn-Beziehung zwischen Artjom und dem Ehepaar Stalin zustande gekommen wäre, auch wenn dies formaljuristisch der Fall gewesen sein mag. Das lag auch daran, dass Artjom zwar seinen Vater verloren hatte, aber nicht seine Mutter und auch nicht das Netzwerk der Verwandten seiner biologischen Eltern. Aber er war sicher sehr oft und für lange Zeit im Hause Stalin, vor allem im Sommer in der Datscha, wo sich die Großfamilie mit der gesamten Kinderschar versammelte. Artjom nannte Stalin jedenfalls nicht »Vater«, sondern »Onkel«.

> »In der Beziehung zu Artjom zeigte Stalin, dass er gut mit Kindern umgehen konnte: ›Ich glaube‹, sagte Artjom, ›»Onkel Stalin« hat mich wirklich geliebt. Ich hatte Respekt, aber nie Furcht vor ihm. Er regte einen zum Denken an und er behandelte Kinder im Gespräch nie von oben herab, sondern stets wie Erwachsene.‹«[498]

496 Ebd., S. 300.
497 Vgl. Chlewnjuk 2015, S. 411.
498 Montefiore 2003, S. 85.

Auch die Mutter Artjoms verkehrte bei den Stalins, was nach dem Tod Nadeschdas zu einer Komplikation führte. Den Kindern war als deren Todesursache »Blinddarmentzündung« genannt worden, aber Artjoms Mutter, die nicht in die offizielle Sprachregelung eingeweiht war, plauderte aus, dass es sich um einen Suizid handelte.[499]

Als der »Vaterländische Krieg« begann, wurde auch Artjom zunächst an die Front geschickt. Und auch er wurde, wie Jakow, gefangen genommen. Doch ihm gelang es zu fliehen und sich nach Moskau durchzuschlagen.[500]

Bis 1945 diente er in der Sowjetarmee, wo er als Generalmajor ausschied. Er war wahrscheinlich das einzige von Stalins »Kindern«, die den Vater nicht enttäuschten. Allerdings hatte er in seiner Kindheit und Jugend eine sich um ihn sorgende Mutter, und es waren nicht allein Leibwächter und Haushälterinnen, die ihn erzogen (aber die waren es auch).

Auf jeden Fall ist der Unterschied der Lebenswege der beiden Freunde/Brüder wie auch ihrer Beziehung zu Stalin der näheren Analyse wert.

Vater-Sohn-Identifikation und Nähe-Distanz-Regelung

Vater-Sohn-Beziehungen sind konfliktträchtig – zumindest im europäischen Kontext. Es geht dabei um die gegenseitige Identifikation auf der einen Seite, um Abgrenzung voneinander auf der anderen Seite. Die Kommunikation von Vätern und Söhnen ist vom Konflikt zwischen Identifikation und Abgrenzung und den damit verbundenen Ambivalenzen mitbestimmt.

Dieser Konflikt ist kaum zu vermeiden, aber er entwickelt sich unterschiedlich stark, je nach der sozialen Stellung des Vaters. Wenn ein Vater (wie Stalin) nicht nur im Fokus der öffentlichen Aufmerksamkeit steht, sondern auch noch extrem mächtig ist, wird es für jeden Sohn schwer, sich autonom zu positionieren und ein von diesem Rollenmodell unabhängiges Selbstbild und Selbstideal zu entwickeln.

Zum einen lädt der Erfolg (wenn man Stalins Position an der Spitze der politischen Machtpyramide so bewerten will) den Sohn zur Identifikation mit dem Vater ein. Als Kind solch eines Mannes erlebt

499 Vgl. ebd., S. 126.
500 Vgl. ebd., S. 507.

man, welche Achtung ihm von den Leuten um ihn herum erwiesen wird, welche sozialen und materiellen Vorteile er alltäglich genießen kann, wie sich alle ihm unterwerfen usw.

Das ist aller Wahrscheinlichkeit nach auch für Jakow und Wassilij der Fall gewesen. Dabei war die Situation für Jakow etwas anders, da er erst mit 16 Jahren in die Familie des Vaters kam. Aber zweifellos hatte er von der Familie seiner Mutter, den Swanidses, in der er aufwuchs, genug über seinen Vater, den Berufsrevolutionär, gehört, um ihn auch aus der Ferne idealisieren und sich mit ihm identifizieren zu können.

Im alltäglichen Zusammenleben wurde er dann mit den Erwartungen des Vaters an seine Söhne, speziell den ältesten, konfrontiert. Dabei ist nicht klar, was der Vater wirklich von ihm bzw. überhaupt von seinen Söhnen erwartete. Stalin dürfte seinen Söhnen kaum vermittelt haben, sie sollten mit ihrem Leben anfangen, was ihren Wünschen und Fähigkeiten entspricht, und es wäre die Hauptsache, dass sie glücklich sind. Für einen Vater wie Stalin (und nicht nur für Stalin) war die Tatsache, Söhne zu haben, problematisch, weil er mit ihrer Existenz die Kontrolle über sein öffentliches Bild verlor. Er wie auch die Leute in seinem Umfeld beobachteten die Söhne auf Ähnlichkeiten zu ihm selbst. Und das bezieht sich nicht nur auf Äußerlichkeiten, sondern auch auf das Verhalten. Auf der einen Seite erwartete er von jedem Sohn, dass er den von ihrem Vater gesetzten Maßstäben des Erfolgs gerecht wird. Auf der anderen Seite fürchtete er, dass sie ihm »Schande machen« könnten. Denn – und das dürfte in der Sowjetunion der ersten Hälfte des vorigen Jahrhunderts nicht anders gewesen sein als heute noch vielerorts – wie das schon der Volksmund sagt: »Es fällt auf die Eltern zurück«, das heißt, das Verhalten der Kinder wird der Verantwortung der Eltern zugerechnet.

Was Kinder tun, hat man nicht unter Kontrolle. Daher ist man als Vater, besonders als Person des öffentlichen Lebens, seinen Kindern ausgeliefert, was das eigene Bild in der Öffentlichkeit betrifft. Das muss für Stalin, der das Land mit Kontrollstrukturen überzogen hatte, schwer erträglich gewesen sein.[501] Daher wäre es nicht verwunderlich, wenn er aggressive Gefühle seinen Söhnen gegenüber gehegt hätte. Für Swetlana, die Tochter Stalins, war der Umgang mit dem Vater offenbar einfacher, schon weil die Einladung zur Identifikation mit ihm geringer und die Abgrenzung ihm gegenüber einfacher gewesen sein dürfte.

---

501 Das dürfte auch einer der Gründe dafür sein, warum Hitler nie Kinder haben wollte.

Für die Söhne war es schwer, einen eigenen Weg im Leben und eine autonome, von er Rolle des Vaters unabhängige Identität zu finden. Jakow mag es dabei leichter als Wassilij gehabt haben, da er die prägenden Jahre seiner Kindheit und Jugend in einer relativ gewöhnlichen familiären und sozialen Umwelt verbracht hatte. Dennoch scheint er die Anerkennung des Vaters erstrebt zu haben. Allerdings hatte er es schwer, weil der Vater ihm widersprüchliche Botschaften gab: Zum einen signalisierte er Jakow, dass er keine besonderen Qualitäten besitze, nichts zustande bringe (es »nicht mal« schaffe, sich zu erschießen) und daher nicht viel wert sei. Psychodynamisch dürfte hinter derartigen Abwertungen die auf den Sohn (sein »Fleisch und Blut«) projizierte Selbstabwertung Stalins stehen. Seine eigenen Minderwertigkeitsgefühle sah er in der Minderwertigkeit Jakows bestätigt. Doch er konnte Jakow nicht wirklich kontrollieren. Er konnte zwar verhindern, dass Jakow eine Frau heiratet, die dem Vater nicht gefällt, aber das funktionierte auch nur einmal. Als Jakow – ein trotziger Akt der Autonomie – eine Jüdin heiratete, konnte Stalin das nicht verhindern.

Theoretische Folie, welche die Interaktionsdynamik zwischen Stalin und Jakow verstehbar macht, ist die Aushandlung der Grenze zwischen beiden, d. h. die spezifische Formung des Vater-Sohn-Konflikts als Autonomie-Abhängigkeits-Konflikt. Er fand seinen Höhepunkt, als Jakow in Kriegsgefangenschaft geriet und der Austausch mit einem prominenten deutschen General, der sich in russischer Gefangenschaft befand, angeboten wurde. Stalin hätte Jakow das Leben retten können, aber er verweigert das. Jakow warf sich – wohl wissend, dass dies sein Todesurteil sein würde – in den Zaun des Gefangenenlagers. Sein Leben lag in der Hand des Vaters, er war von ihm abhängig, nun nahm er sein Leben selbst in die Hand und sorgte für seine Beendigung. Ein Akt der finalen Autonomie: Er bewies, dass er in der Lage war, sich auch unter widrigen Umständen umzubringen. – Ein tragisches Ende einer unglücklichen Beziehung.

Die Beziehung zu Wassilij entwickelte sich ganz anders, denn Wassilij verbrachte Kindheit und Jugend »am Hofe« der Herrscher. Sein Vater war zwar noch nicht Alleinherrscher, aber er gehörte zur Führungsspitze von Partei und Staat, mit allen zur damaligen Zeit vorstellbaren Privilegien. Umgeben von anderen Familien der Führungsclique, Personal und Leuten, die sich bei seinem Vater beliebt machen wollten, wuchs der Junge als eine Art kommunistischer Prinz auf. Ein soziales Umfeld, das einem Kind und Jugendlichen kaum ein realitätsgerechtes Selbstbild vermitteln konnte.

Wassilij entwickelte so ein aufgeblähtes, aber nicht durch eigene Leistungen und Kompetenzen gestütztes Selbstwertgefühl. Stalin versuchte ihn offenbar ab und zu damit zu konfrontieren, dass dies nicht berechtigt und angemessen sei. Er bestätigte diese Größenideen dann aber immer wieder durch seine Handlungen, indem er z. B. den blitzhaften Aufstieg seines Sohns in der Armee stützte bzw. nicht verhinderte.

Wassilij war überfordert, er wurde weder den Erwartungen des Vaters noch den überspannten eigenen Ansprüchen gerecht. Er griff zum Alkohol, wahrscheinlich weil er sich darüber klar war oder zumindest ahnte, dass seine soziale Anerkennung, seine militärische Karriere und all die narzisstische Zufuhr nicht ihm selbst galten, sondern sich allein der Stellung seines Vaters verdankten.

Wassilij konnte nicht aus dem Schatten des Vaters heraustreten, er wurde nie autonom. Und was er wahrscheinlich erstrebte, die Anerkennung des Vaters, erhielt er nie. Ganz im Gegenteil: Der Vater musste sich immer wieder vom Sohn distanzieren, wenn der ein extravagantes, sozial nicht akzeptables Verhalten zeigte. Stalin war zwar der Zar, aber Wassilij war trotzdem nicht der Kronprinz, auch wenn ihm das alle Welt zu signalisieren schien.

Dass Wassilij im Alter von 40 Jahren starb, erlebte Stalin nicht mehr. In Wassilijs letzten Lebensjahren blieb ihm nichts mehr von der Illusion des Prinzen. Niemand bestätigte sie ihm mehr. Der Zar war tot, und Wassilij landete auf dem Boden einer harten, protektionslosen Realität.

Ein Indiz dafür, dass die Nähe-Distanz-, Autonomie-Abhängigkeits-, Identifikations-Abgrenzungs-Frage zentral für die Psychologie der Vater-Sohn-Beziehungen im Hause Dshugaschwili war, liefert die Beziehung Stalins zu seinem Adoptivsohn Artjom. Nach allem, was bekannt ist, war dessen soziale und psychische Entwicklung unauffällig. Er selbst berichtet von einer sehr positiven Beziehung zu Stalin, nirgends scheint die Spur eines Vater-Sohn-Konflikts auf.

Psychodynamisch erscheint dies plausibel. Nicht nur dass die psychische Abhängigkeit von Stalin nie so groß war wie die der leiblichen Söhne Stalins (höchstens die materielle), sondern es gab einen anderen, idealisierbaren Vater, mit dem, auch wenn der nicht mehr lebte, Artjom sich identifizieren konnte. Für dessen Andenken und

Wichtigkeit dürfte die noch lebende Mutter gesorgt haben. Daher blieb Stalin für ihn ein »Onkel«, ein wohlmeinender und interessanter Onkel, dem Artjom viel zu verdanken hatte. Und da Artjom vom sozialen Umfeld nicht mit Stalin identifiziert wurde, brauchte Stalin sich auch nicht aggressiv von ihm distanzieren.

10 Nachkriegszeit / Kalter Krieg (1945–1953)

Teheran, Jalta, Potsdam

Die Nachkriegszeit begann schon während des Krieges, zumindest wurden die Vorbereitung für sie begonnen. Vom 28. November bis zum 1. Dezember 1943 trafen sich der amerikanische Präsident Roosevelt, der britische Premierminister Churchill und Stalin in Teheran. Stalin fuhr mit der Bahn bis Baku und musste nur ein kurzes Stück fliegen, da er Angst vorm Fliegen hatte.[502] Das dürfte aber wahrscheinlich nicht die offizielle sowjetische Begründung für die Wahl des Tagungsortes gewesen sein.

Was Stalin dort vier Tage lang genießen konnte, war mehr als nur eine Diskussion auf Augenhöhe. Er war nicht mehr nur der Bittsteller, der Panzer und Flugzeuge aus den USA brauchte, sondern er war für alle sichtbar ein Heerführer, der als Sieger von Stalingrad auf der Straße des Erfolgs voranschritt. Er konnte selbstbewusst auftreten und Forderungen für die bevorstehende Friedensordnung stellen. Er gewann in Teheran eine dominante Position, und alle seine Forderungen wurden erfüllt. Wie dies gelingen konnte, war und ist Thema vielfältiger Analysen von Historikern.

Glaubt man Zeitzeugen, so war Roosevelt von Anfang an bemüht, die Gunst Stalins zu gewinnen. In maßloser Selbstüberschätzung und Naivität sowie unter Missachtung aller Ratschläge von Experten meinte er durch eine persönliche Beziehung zu Stalin sein politisches Ziel, eine neue Nachkriegsfriedensordnung in der Welt zu etablieren, erreichen zu können. Er bemühte sich zwar zunächst, Churchill nicht direkt zu brüskieren, aber er setzte mehr auf die persönliche Beziehung zu Stalin. Bereits anderthalb Jahre vorher wurde diese Selbstüberschätzung in einem Brief an Churchill vom 18. März 1942 (drei Monate nach Kriegseintritt der USA) deutlich:

> »Ich hoffe, Sie nehmen mir meine brutale Offenheit nicht übel, wenn ich Ihnen sage, dass ich glaube, allein mit Stalin besser fertig werden zu können als Ihr Foreign Office oder mein State Department. Stalin kann Ihre Spitzenleute auf den Tod nicht ausstehen. Mit mir hingegen glaubt er besser auszukommen, und ich hoffe, es bleibt dabei.«[503]

502 Vgl. Altrichter 2018, S. 275.
503 Roosevelt zit. n. Nisbet 1988, S. 33.

Und so verhielt sich Roosevelt denn auch in Teheran. Robert Nisbet, Professor der Columbia University, verwendet ein ganzes Buch darauf, die Beziehung zwischen Stalin und Roosevelt zu analysieren, wobei er Roosevelt in der Position des werbenden Möchtegern-Liebhabers sieht, der Stalin mit Geschenken überhäufte. In mehreren Gesprächen zwischen den beiden – ohne Anwesenheit und Wissen Churchills – machte Roosevelt Stalin mehr Zugeständnisse, als der je gefordert hatte. Sie brauchten dann in der Dreierkonstellation nur noch bestätigt zu werden. So überließ er Stalin in Teheran leichtfertig all die Territorialgewinne der Sowjetunion, die aus dem Hitler-Stalin-Pakt resultierten. Im Einzelnen wurde unter anderem die Westverschiebung Polens bis an die Oder, die Annexion des nördlichen Ostpreußens inklusive Königsberg, die Aufteilung Deutschlands und die Souveränität Österreichs vereinbart.[504]

Gegen den Widerstand Churchills überließ Roosevelt den Sowjets die Kontrolle über Ost- und Mitteleuropa in der geplanten Nachkriegsordnung. Auch die Zerschlagung Frankreichs, ein Ziel Stalins, wurde ins Auge gefasst. Stalin meinte, dass General de Gaulle sich anmaßend wie ein Regierungschef benehme und den Kontakt mit »dem echten Frankreich« verloren habe. Es sei ein Land, das bereitwillig die Deutschen unterstütze und dafür nach dem Krieg bestraft werden müsse.[505]

Nisbet kommentiert diese Konstellation:

> »Hinter seiner steinernen Fassade muss in Stalin ein wahrer Geysir geopolitischer Freuden gesprudelt haben. Denn hier hatte ihm der Präsident in weniger als einer Stunde genau das gegeben, was er sich in Polen und den baltischen Staaten wünschte. Alles, was Roosevelt im Gegenzug verlangt hatte, war, dass Stalin gegenüber den Erfordernissen von Roosevelts Kampagne zur Wiederwahl ein wenig Fingerspitzengefühl an den Tag legte.«[506]

Nisbet zitiert Chip Bohlen, den Dolmetscher Roosevelts während sämtlicher Teheran-Gespräche:

> »Ich glaube nicht, dass Roosevelt überhaupt die leiseste Ahnung von der großen Kluft hatte, die das Denken eines Bolschewisten von dem eines Nicht-Bolschewisten – und besonders dem eines Amerikaners –

504 Vgl. Altrichter 2018, S. 276.
505 Vgl. Harriman u. Abel 1975, S. 210.
506 Nisbet 1988, S. 96.

trennt. Er glaubte, dass Stalin die Welt in etwa dem gleichen Lichte sah wie er selbst.«[507]

Stalins Interesse als Kriegsherr war, die Westmächte vom Balkan fernzuhalten, da er ihn seinem künftigen Einflussbereich zurechnete. Anders als Churchill, der im Mittelmeer Landungsoperationen vorgeschlagen hatte, riet Stalin daher dringend, eine zweite Front in Frankreich zu eröffnen (»Operation Overlord«). Außerdem riet er – offenbar aus den eigenen Erfahrungen während der letzten Jahre klug geworden – die gemeinsamen Aktionen der Briten und Amerikaner einem gemeinsamen Oberkommando zu unterstellen. So wurde General Eisenhower die Person, die dann auf Seite der Westmächte für den Sieg über die deutschen Truppen stand – Gegenpart zu Marschall Schukow auf sowjetischer Seite.[508]

Nisbet geht so weit, in der Konferenz den Beginn einer neuen Epoche zu sehen:

> »Der kalte Krieg begann auf der Teheran-Konferenz Ende November 1943. Er begann mit Stalins unverkennbarer und unvermeidlicher Wahrnehmung eines fatalen Defekts im amerikanisch-britischen Bündnis, der hauptsächlich in Präsident Roosevelts unausrottbarem Hass gegen den Imperialismus im allgemeinen und den britischen Imperialismus im besonderen bestand. Stalins Wahrnehmungen erstreckten sich weiterhin auf die Tatsache – wie denn auch nicht? –, dass Roosevelt sich bei ihm, Stalin, lieb Kind machen wollte und sich nicht scheute, ihm am Konferenztisch auf Kosten Churchills und Großbritanniens die Stange zu halten.«[509]

Zum Abschluss der Konferenz überreichte Churchill Stalin einen »Ehrensäbel«, den der britische König der Stadt Stalingrad verehrte.

> »Roosevelt erzählte später, er habe Tränen in Stalins Augen gesehen, als der Generalissimus in einer merkwürdigen Regung romantischer Ritterlichkeit dieses Schwert küsste.«[510]

(Wie ein anderer Biograf skeptisch anmerkt, nahm er es »mit perfekt gespielter Rührung entgegen«.)[511]

Etwa ein Jahr später, vom 4. bis 11. Februar 1945, fand die nächste Konferenz der drei »Großen« in Jalta statt. Konferenzort war ein Pa-

---

507 Bohlen zit. n. Nisbet 1988, S. 103.
508 Vgl. Altrichter 2018, S. 275 ff.; vgl. Deutscher 1946/1966, S. 646.
509 Nisbet 1988, S. 207.
510 Roosevelt zit. n. Deutscher 1946/1966, S. 648.
511 Vgl. Kellmann 2005, S. 215.

last, den sich Zar Nikolaus II. als Sommerresidenz hatte bauen lassen. Churchill meinte, es hätte sich auch bei einer zehnjährigen Suche kein ungeeigneterer Ort finden lassen:

> »Extrem schwierig und strapaziös die Anreise, überfüllte, beengte Quartiere, die Präsenz des NKWD allenthalben spürbar, militärische Wachen mit dem Gewehr fast pausenlos im Anschlag – es war, also ob Stalin es darauf angelegt hätte, seine Alliierten am Konferenztisch durch Folter zu einer schnellen Unterwerfung zu zwingen.«[512]

Der Krieg näherte sich jetzt schon seinem Ende, die Westalliierten standen am Rhein und die Sowjets kurz vor Berlin, das heißt, sie hatten alle Territorien, die ihnen in Teheran »geschenkt« worden waren, unter ihrer militärischen Kontrolle. Was Stalin dieses Mal als Trophäe mit nach Hause nehmen konnte, war eine »Erklärung über das befreite Europa«, das seine Landnahme legitimierte und später auf der politischen Bühne eine wichtige Rolle spielen sollte.

Konflikte gab es dennoch, allerdings meist zwischen Churchill und Roosevelt: über die Statuten einer zu gründenden Weltorganisation, deren Zweck die künftige Sicherung des Weltfriedens sein sollte (die »Vereinten Nationen«). Streitpunkt war das von Stalin geforderte Vetorecht der drei an der Konferenz beteiligten Nationen.

In Jalta wurde der Weg freigemacht für die spätere Teilung der Welt in Ost und West, die Errichtung des Eisernen Vorhangs und den nunmehr Fahrt aufnehmenden Kalten Krieg.[513]

Im Juli 1945, Deutschland hatte kapituliert, fand in Potsdam eine weitere Konferenz der »Großen Drei« statt. Allerdings war nun Harry Truman US-Präsident, denn Roosevelt war gestorben. Und Churchill wurde eine Woche nach Eröffnung der Konferenz als britischer Premier abgewählt. Entschieden wurde eigentlich nichts mehr, da fast alles schon in Teheran festgelegt worden war. Vertraglich wurde nun die Westverschiebung Polens, die Annexion Königsbergs usw. festgeschrieben. Allerdings wurde Frankreich aufgrund des erbitterten Widerstands der Briten gegen den Wunsch Stalins nicht in Einzelteile zerlegt. Es hätte der Sowjetunion freie Bahn in ganz Westeuropa gegeben. Stattdessen wurde Frankreich sogar als Mitglied des alliierten Kontrollrats benannt. Das Verhältnis zwischen Ost und West war bereits merklich abgekühlt. Außerdem hatten die USA zeitgleich in New Mexiko den ersten Test einer Atombombe gezündet.[514]

512 Nisbet 1988, S. 141.
513 Vgl. Chlewnjuk 2015, S. 388; Kellmann 2005, S. 220 ff.
514 Kellmann 2005, S. 232.

Der Wettlauf um die Atom- und Wasserstoffbombe hatte begonnen, und damit die den Kalten Krieg bestimmende Frage, wer dominierende Weltmacht würde.

Die letzten Jahre Stalins

Der Sieg über Nazi-Deutschland wurde mit einer glänzenden Parade auf dem Roten Platz in Moskau gefeiert. Stalin war auf dem Höhepunkt seiner Macht. Doch der Bevölkerung ging es nicht gut, denn die Demobilisierung und die Umstellung der Kriegswirtschaft auf eine Friedenswirtschaft war schwierig. Dies lag auch daran, dass die Radikalität der eingeführten Planwirtschaft – vor allem in der Landwirtschaft – wenig funktionell war. Es kam erneut zu einer Hungersnot. Sie

> »erreichte 1946/1947 ihren Höhepunkt. 1,5 Millionen Menschen starben an Hunger und Krankheit, viele weitere Millionen litten an Dystrophien und anderen ernsten Beschwerden, die schwere Spätfolgen hatten. Auch diesmal erhob der Kannibalismus in den Hungerjahren sein grässliches Haupt«[515].

In der Ukraine sowie den annektierten Gebieten der baltischen Staaten herrschte Bürgerkrieg. Das Verhältnis zu den Westalliierten kühlte sich weiter ab, und im eigenen Land wurde das Regime infrage gestellt: Vielen Soldaten, die erlebt hatten, dass der Lebensstandard in den kapitalistischen Ländern höher war als in der Sowjetunion, kamen Zweifel, ob der Weg des Sozialismus wirklich in das ihnen versprochene Paradies führen würde.[516]

Stalin setzte in dieser Situation auf die (aus seiner Sicht) bewährten Methoden seiner Geheimpolizei aus der Vorkriegszeit: auf Repression, Gewalt als Machtmittel, die Erzeugung von Angst … »Politische Verbrechen« – ein weit gefasster und willkürlich definierbarer Begriff – waren der Grund für Tausende von Verhaftungen:

> »Etwa sieben Millionen solcher Urteile, im Durchschnitt eine Million pro Jahr, wurden zwischen 1946–1952 verhängt. In Stalins letzten Lebensjahren wurde der Gulag zu einem wuchernden Netzwerk von zentraler Bedeutung. Am 1. Februar 1953 waren mehr als 2,5 Millionen

515 Chlewnjuk 2015, S. 413.
516 Vgl. ebd., S. 414.

> Menschen in Lagern, Strafkolonien und Gefängnissen interniert, und ›Sondersiedlungen‹ in abgelegenen Regionen beherbergten weitere 2,8 Millionen Menschen. Etwa 3 Prozent der Bevölkerung waren entweder interniert oder innerhalb der Sowjetunion verbannt.«[517]

Stalins Misstrauen gegen seine Genossen, mit deren Hilfe und Kooperation er den Krieg überstanden und gewonnen hatte, stieg wieder an. Besonders beobachtete er Militärs wie Schukow, die sich großer Beliebtheit bei der Bevölkerung erfreuten.

Seine Methode, seine Angst vor dem Machtverlust zu bewältigen, bestand darin, die Zusammensetzung seiner Führungsmannschaft durcheinanderzuwirbeln. Er tauschte ihre Mitglieder aus, beförderte die einen unerwartet und degradierte und demütigte die anderen ebenso willkürlich. So verhinderte er Koalitionsbildungen, sorgte für die Unterwürfigkeit seiner Genossen und sicherte sich die zentrale Position im Netzwerk der Macht.[518]

Die Spannungen mit dem Westen verschärften sich. 1948 kam es zur Blockade West-Berlins, die sich jedoch als Fehlschlag erwies, weil die Westmächte die Stadt durch die sogenannte Luftbrücke versorgten. Zeitgleich wurde die Bundesrepublik Deutschland aus den von Frankreich, Großbritannien und den USA besetzten Westzonen Deutschlands gebildet und die NATO gegründet. Beides sollte in Zukunft den Westen weltpolitisch stärken. Auch in seinem eigenen Einflussbereich lief nicht alles nach Stalins Wünschen. In Jugoslawien verweigerte Tito die Unterwerfung unter die Vorgaben Moskaus und ging seinen eigenen sozialistischen Weg. In China hatte Mao mit seiner Revolution Erfolg, was zumindest ambivalente Wirkungen auf Stalin gehabt haben muss, weil ihm damit eine Konkurrenz auf der Bühne des Weltsozialismus erwachsen war. In Korea kam es zu einer kriegerischen Konfrontation zwischen einem sich als kommunistisch definierenden Staat und westlichen Staaten, deren militärische Intervention in diesem Fall sogar durch einen Beschluss des UNO-Sicherheitsrats legitimiert war. Die UdSSR rüstete auf, was auf Kosten der Lebensqualität ihrer Bewohner ging. Stalin startete eine weitere Kampagne zur Industrialisierung des Landes.

Im Oktober 1952 wurde nach 13 Jahren Pause wieder mal ein Parteitag (der 19.) veranstaltet. Er bot Stalin die Gelegenheit, durch eine

---

517 Ebd., S. 423 f.
518 Vgl. ebd., S. 430 ff., 440 ff.; Deutscher 1946/1966, S. 768 ff.

Umorganisation seine Macht weiter zu steigern und zu sichern. Die Zahl der Mitglieder des Zentralkomitees wurde auf 240 verdoppelt. Das Politbüro wurde abgeschafft. Stattdessen wählte das ZK ein Präsidium, das zwei- bis dreimal so viele Mitglieder hatte wie vorher das Politbüro. Das erschwerte diesen Gremien, schnell und ohne größere Konflikte Entscheidungen zu treffen, sodass – was generell in derartigen sozialen Konstellationen der Fall ist – autoritäre Strukturen Funktionalität erhalten (im doppelten Sinne: entweder neu gewinnen oder, wie in diesem Fall, bestätigt bekommen): »Komitee wie Präsidium waren zu groß und zu kopflastig, als dass sie ihre Funktionen als Führungsorgane der Partei hätten wahrnehmen können.«[519]

Stalin startete eine antisemitische Kampagne. Auch sie diente zur Säuberung unter seinen potenziellen Konkurrenten und Nachfolgern. Je schwächer er selbst, krank und vom Alter gezeichnet, wurde, desto mehr klammerte er sich an die Macht.

> »Die Methoden, die er in seinem endlosen Machtkampf benutzte, waren einfach und universal. Sie umfassten die Eliminierung jeder potenziellen Bedrohung aus seinem inneren Zirkel, die unerbittliche Kontrolle der Geheimpolizei, die Förderung von Konkurrenz und gegenseitiger Kontrolle der Regierungsmitglieder und die Mobilisierung der Gesellschaft gegen mutmaßliche innere und äußere Feinde.«[520]

Am 5. März 1953 starb Stalin im Alter von 73 Jahren an den Folgen eines Schlaganfalls, allein in seiner Datscha, nachdem er am Abend zuvor noch mit führenden Genossen einen launigen Abend verbracht hatte. Die Dienerschaft bemerkte seinen Tod erst etliche Stunden später, da sie Sanktionen befürchtete, falls sie sein Zimmer betreten würde, ohne dazu von ihm ausdrücklich aufgefordert worden zu sein.

Weltpolitik

Der gewonnene Krieg und die Vereinbarungen der Konferenzen in Teheran, Jalta und Potsdam, vor allem aber die Besetzung großer Teile Mittel- und Osteuropas hatte die UdSSR zu einem mächtigen Mitspieler auf der Bühne der Weltpolitik gemacht. Stalin gehörte zu den »Großen Drei«, und da das britische Weltreich sich langsam auflöste (Indien wurde 1948 unabhängig), blieben nur noch zwei Welt-

519 Vgl. Deutscher 1946/1966, S. 776.
520 Chlewnjuk 2015, S. 476.

mächte. Die Ost-West-Polarisierung hatte begonnen. Eine gravierende Veränderung der Bedeutung Russlands (denn so wurde es in der Welt wahrgenommen) gegenüber der Vorkriegszeit. Aus dem ehemaligen Agrarstaat war – begonnen mit der Entkulakisierung und Industrialisierung – durch die Kriegswirtschaft ein ernst zu nehmender Industriestaat geworden, der politisch auf Augenhöhe mit den USA agierte.

Die Geheimpolizei, die schon während des Krieges sehr erfolgreich geheimdienstliche Aktivitäten vollzogen und ein Netz von Agenten aufgebaut hatte, spielte dabei eine große Rolle. Ihre Aktivitäten wurden nach Kriegsende fortgesetzt, wenn auch mit einer etwas anderen Fokussierung. Denn sofort nach Kriegsende entwickelte sich die Ost-West-Spaltung, und der Kalte Krieg begann. Für den sowjetischen Geheimdienst, der sich mehrfach umorganisierte, ging es mit der Spionage um das Ziel, möglichst schnell ebenfalls eine Atombombe zu bauen, um dem Hegemonie-Anspruch der USA das eigene militärische Gewicht entgegensetzen zu können.[521]

In dieser Zeit entstanden all die Spionagegeschichten, welche die narrativen Muster der Nachkriegszeit im Westen bestimmten, von den Romanen John le Carrés, Len Deightons, Frederick Forsyths bis hin zu James-Bond-Filmen ...

Innenpolitisch änderte sich in der Sowjetunion zunächst nicht viel. Repression durch die Geheimpolizei blieb nicht nur das Machtmittel des alternden Stalins, sondern auch der Marionettenregierungen in den Ländern des sogenannten Ostblocks. Die dortigen Sicherheitsorgane waren ihrem Vorbild in der Lubjanka nachgebildet.

Als Stalin starb, blieb sein System des Machterhalts. Deshalb fühlte sich wohl auch Lawrentij Beria, unter Stalin Chef der Geheimpolizei, zur Nachfolge Stalins berufen. Ein paar Wochen und Monate nach dessen Tod sah es auch so aus, als würde Berija dies gelingen, schließlich war er der oberste Hierarch des NKWD. Doch seine Macht war trotz dieser Position an die Stalins gekoppelt, denn der hatte ja in der Vergangenheit gezeigt, dass die Chefs des NKWD austauschbar waren. Jetzt, wo Stalin nicht mehr als oberste Autorität auf dem Spielfeld stand, war Berija nur noch einer unter mehreren potenziellen Nachfolgern des Diktators. Und es erhob sich auch die Frage, ob er je die Macht Stalins erlangen könnte, da der über einen langen Zeitraum den Weg an die Spitze der Hierarchie zurückgelegt hatte und

521 Vgl. Adelman 1984, S. 118 ff.

dabei seine Gegner beseitigen und – das scheint von besonderer Bedeutung – seinen Personenkult etablieren und stabilisieren konnte. Stalin war ja keine Person mehr von dieser Welt, sondern er *war* die Sowjetunion, ein lebendes Symbol, die Personifizierung der Macht des Sowjetstaats. Kein Nachfolger hätte in diese Fußstapfen treten können. Jeder würde in seiner Macht durch die Konkurrenten um die Macht begrenzt werden.

Das sollte auch für die Macht der Geheimpolizei gelten, da sie nun nicht mehr der Willkür eines Einzelnen unterworfen sein würde. Sie wurde wieder – wie früher zumindest geplant – der Kontrolle durch die Partei unterworfen.[522]

---

522 Vgl. ebd., S. 121.

11 Koevolution: Stalins psychische Strukturen und ihre sozialen Umwelten

Bei der Beschäftigung mit der Geschichte der Sowjetunion fällt auf, dass in der öffentlichen Diskussion (durch die betreffenden Akteure selbst, wie auch bei Analysen aus der Außenperspektive) stets Personen eine zentrale und das Geschick der Gesellschaft bestimmende Rolle zugeschrieben wurde. Dies zeigte sich u. a. daran, dass sachlich unterschiedliche politische und ideologische Konzepte bzw. die mit ihnen verbundenen sozialen Bewegungen oder politischen Fraktionen nach einem positiv oder negativ idealisierten Mann benannt wurden. Das beginnt beim »Leninismus«, setzt sich über den »Trotzkismus«, »Bucharinismus« usw. bis zum »Stalinismus« fort. Es wurden Städte nach »Helden« der Revolution benannt: Leningrad, Kuibyschew, Kaliningrad, Stalingrad usw. – und sie wurden wieder umbenannt, wenn die so geehrte Person in Ungnade fiel. Aber auch Panzer (z. B. der sogenannte KW: Kliment Woroschilow) wurden nach politischen Prominenten benannt. Dem ganzen Land wurde als »Helden-Nation«[523] gehuldigt. Die Orientierung an Personen (die ihren Höhepunkt im Personenkult gefunden hatte) wurde also auf allen Ebenen des Staates praktiziert. Der Methode der Komplexitätsreduktion durch die Idealisierung und Glorifizierung von Personen entsprach auf staatlicher Ebene der Chauvinismus.

Dass die Geschichte der Sowjetunion eng an die Person Stalins und damit auch an seine Persönlichkeitsstruktur gebunden war, scheint unumstritten. Nur suggeriert der Begriff der Persönlichkeits*struktur* eine Statik, die nicht angemessen ist. Psychische Systeme sind in ihrer Entwicklung zwar pfadabhängig, d. h. durch ihre Geschichte *mit*-bestimmt, aber eben nicht deterministisch festgelegt. Sie verändern sich aufgrund der jeweils gemachten Erfahrungen, und ihre Entwicklung könnte jeweils auch andere Richtungen einschlagen (»Äquipotenzialität«). Wie sie sich tatsächlich entwickeln, ist in der Regel nicht nur von ihren eigenen, geschichtlich erworbenen Strukturen, sondern auch von den Spielregeln der sozialen Systeme abhängig, in denen und mit denen sie überleben müssen: Sie müssen sich zwar an

523 Tucker 1990, S. 568 ff.

diese Umwelten anpassen, aber das geht auf unterschiedliche Weise. Um die Komplexität der Wechselbeziehungen zwischen psychischen und sozialen Systemen zu erfassen und zumindest ansatzweise der Analyse im konkreten Fall zugänglich zu machen, sind einige systemtheoretische Konzeptualisierungen hilfreich, die im Folgenden (sehr) kurz skizziert werden sollen.

Ganz allgemein ist festzustellen, dass das psychische System Stalins und die Kommunikationsmuster und -strukturen der sozialen Systeme, deren Mitglied/Teilnehmer er war (z. B. Familie, Schule, Seminar, Partei, ZK, Politbüro, der Staat, die russische Kultur usw.), füreinander relevante Umwelten bildeten. Das bedeutet, dass es zwischen den internen Prozessen des jeweiligen (psychischen oder sozialen) Systems und der Dynamik seiner (sozialen oder psychischen) Umwelten keine geradlinigen Ursache-Wirkungs-Beziehungen gab. Was immer Stalin getan haben mag, es hatte keine zwangsläufigen und vorhersehbaren, d. h. deterministischen Folgen in den sozialen Systemen, mit denen er jeweils aktuell gekoppelt war (wie etwa dem Politbüro in einer spezifischen Entscheidungssituation). Und, umgekehrt, auch das, was in der Kommunikation geschehen sein mochte, hatte keine zwangsläufige Wirkung auf die Psyche Stalins: Es war daher nicht berechenbar, wie er auf welches Verhalten von wem reagieren würde. Beide Typen von Systemen waren *autonom* und in ihren aktuellen Reaktionen auf das, was im jeweils anderen System geschah, durch ihre jeweils *interne Struktur* determiniert (»Strukturdeterminiertheit«). Die gemeinsame Entwicklung kann als gegenseitiger Anpassungsprozess verstanden werden, wobei sich soziale Systeme und das psychische System Stalins gegenseitig irritierten und zur Bewältigung dieser und anderer Irritationen ihre Strukturen umbauten, ohne sich gegenseitig in ihrem Verhalten einseitig zu bestimmen. – Ein Prozess, den man als Koevolution bezeichnen kann.[524]

Dabei geht es u. a. um das Verhältnis von »Assimilation« und »Akkommodation«. Die Konzepte der Assimilation und Akkommodation sind vom Schweizer Entwicklungspsychologen Jean Piaget aufgrund seiner empirischen Studien in die Diskussion über die psychische Entwicklung des Menschen gebracht worden.

Mit Assimilation bezeichnet er die Integration der neuen Erfahrungen

524 Vgl. Bateson 1964, S. 366 ff.; Maturana 1978, S. 263.

> »in vorhandene Strukturen, die unverändert bleiben können oder durch diese Integration selbst mehr oder weniger modifiziert werden, wobei jedoch keine Diskontinuität gegenüber dem vorhergehenden Zustand entsteht, da sich die vorhandenen Strukturen ohne zerstört zu werden, einfach der neuen Situation anpassen«[525].

Das bedeutet, dass neue Situationen in alte affektiv-kognitive Muster eingeordnet werden und mehr oder weniger als »bekannt« behandelt werden. Alles nichts Neues, also muss im Prinzip nichts Neues gelernt oder Altes verändert werden.

Unter Akkommodation versteht Piaget den Prozess, dass aufgrund von Änderungen in einer Umwelt ein psychisches System seine eigenen Strukturen und/oder Prozessmuster so verändert, dass sie zu den gekoppelten Umwelten passen.[526] Das wird üblicherweise unter Lernen verstanden.

Eine Option, die Piaget nicht in seine Konzeptualisierung einbezogen hat, ist, dass das psychische System unverändert bleibt, weil es schafft, seine soziale Umwelt so zu verändern, dass sie zu den eigenen psychischen Strukturen passt. Das war für ihn als Entwicklungspsychologe wohl keine relevante Frage, da sich normalerweise die Psyche des kleinen Kindes an seine physische und soziale Umwelt anpassen muss, um zu überleben. Bei Menschen, die diktatorische Macht über soziale Systeme gewonnen haben, ist das aber etwas anders. Da können sich die sozialen Umwelten an die Psyche es Herrschers anpassen ...

Bezogen auf die Beziehung zwischen Stalins psychischer Struktur und den Strukturen seiner sozialen Umwelten stellt sich Frage: Wann und unter welchen sozialen Bedingungen musste sich die Psyche Stalins in ihrer Struktur und ihren Prozessmustern ändern (akkommodieren) und unter welchen konnte sie unverändert mit den bislang erworbenen Funktionsmustern erfolgreich, zur Umwelt passend agieren?

Diese wenigen theoretischen Modelle im Blick stellt sich die Frage, welches denn im Laufe der gemeinsamen, gekoppelten Geschichten des Josseb Dshugaschwili und Russlands bzw. der Sowjetunion und einzelner sozialer Subsysteme ganz konkret die gegenseitigen Irritationen und die Reaktionen aufeinander waren. Bei der Analyse der

525 Piaget 1967, S. 4.
526 Ebd., S. 9.

sozialen Systeme wird im Folgenden der Fokus der Aufmerksamkeit auf die in den jeweiligen Systemen prioritär relevanten *Entscheidungsprämissen* gelegt, die sich im Allgemeinen in privaten Systemen gravierend von denen in sachorientierten Organisationen unterscheiden.

Familie / Soso

In seiner Familie war der junge Josseb mit einer Paarbeziehung seiner Eltern konfrontiert, die asymmetrisch war. Der Vater hatte die dominante Rolle, die Mutter unterwarf sich ihm, wie es das georgische Rollenmuster vorgab. Der Mann im Haus war in seiner Autorität aber dadurch infrage gestellt, dass er nicht in der Lage war, seine Familie zu ernähren. Seine Frau musste arbeiten gehen.

Da bereits zwei Kinder kurz nach der Geburt gestorben waren, wurde Josseb, der überlebende Sohn, zum Mittelpunkt der Sorge der Mutter und wahrscheinlich auch des Vaters. Es könnte aber auch sein, dass er aufgrund der Tatsache, dass er nun die Aufmerksamkeit der Mutter absorbierte, zum Konkurrenten für den Vater wurde. Da der Vater offenbar schon nach dem Tod des ersten Sohnes zu trinken begonnen hatte, war seine Stellung als Familienoberhaupt sowieso prekär.

In der Familie erhielt der kleine Soso von der Mutter die zuverlässige und sein Selbstwertgefühl stabilisierende Bestätigung seines Größenselbst, auf der anderen Seite wurde er aber vom Vater entwertet.

Die Mutter delegierte ihre eigenen religiösen und kirchlichen Ambitionen, die sie als Frau nicht realisieren konnte, an ihren Sohn. Er sollte Priester werden, und sie war bereit, dafür alle denkbaren Mühen auf sich zu nehmen und große Opfer zu bringen. So gelang es ihr, ihn auf eine höhere Schule und das Priesterseminar zu schicken. Sie signalisierte ihrem Sohn ein Bild seiner Großartigkeit, zumindest dürften ihre Erwartungen und Hoffnung an ihn und seinen künftigen Lebensweg Größenvorstellungen impliziert haben (ganz abgesehen davon, dass Größenideen als Kompensation von Kleinheitserfahrungen ein Aspekt der normalen psychischen Entwicklung darstellen).

Da der Vater der Mutter gegenüber – und auch dem Sohn gegenüber – gewalttätig war, bildete sich in der familiären Dreiecksbeziehung eine Koalition zwischen Mutter und Sohn. Mit zunehmendem Alter übernahm Soso Verantwortung für die Mutter und gelangte in eine parentifizierte Rolle.

Autorität und Macht in der Familie beruhten auf der Anwendung von Gewalt durch den Vater und sie disqualifizierten sich dadurch auch.

Als Kind, das der Gewaltanwendung eines Erwachsenen ausgeliefert war, dürfte Soso im Dilemma gesteckt haben, sich entweder aus Angst vor zu erwartenden körperlichen Sanktionen bzw. den damit verbundenen Schmerzen zu unterwerfen oder sich offen zu wehren. Da er als Kind nicht in der Lage war, körperlich zu kämpfen, musste er lernen, seine aggressiven Gefühle *nicht zu zeigen*, seine Racheimpulse zu *beherrschen* und für später zu *konservieren*. Später würde er einmal stark genug sein, dem Vater heimzuzahlen, was der ihm angetan hat. Psychodynamische Mechanismen, die dies ermöglichen, sind die Abspaltung und Verdrängung der Gefühle, die nicht unmittelbar in Handlungen umgesetzt werden können.

Dies dürfte das familiäre Training gewesen sein, das dem großen Stalin später ermöglichte, kaltblütig, scheinbar emotionsfrei und kühl kalkulierend in diversen durchlebten Konflikten und Machtkämpfen zu agieren. Seine Rachewünsche gab er nie auf, aber er war in der Lage, sie aufzuschieben, was ihren »kalten Genuss« später umso »süßer« machte.

Das triangulierte Beziehungsmuster, das Sosos primäre Sozialisation leitete, war in zwei konträre, miteinander im Konflikt liegende Fraktionen gespalten: die Guten (Mutter, Sohn) auf der einen Seite, die Bösen, der Feind (der Vater) auf der anderen Seite. In diesem Dreieck bestand eine emotional nahe Beziehung zur Mutter und eine emotional distanzierte, feindselige Beziehung zum Vater. Das Bilden von Koalitionen dürfte Soso hier gelernt haben, wobei es um die Bildung von 2:1-Konstellationen ging. Dass er dieses Handwerk als politischer Intrigant perfekt beherrschte, konnten später die Mitglieder des Politbüros erleben. Das Muster blieb das gleiche, auch wenn die Besetzung der Rollen – von Stalin abgesehen – wechselte.

Die wichtigsten Entscheidungsprämissen in Familien sind *Personen* – auch in der Familie Dshugaschwili war dies der Fall. Jeder Einzelne, auch Soso, orientierte sich in der Interaktion in seiner Familie an den aktuellen Bildern, die er von sich und den anderen zeichnete.[527]

Spielregeln familiärer Kommunikation und Interaktion sind generell relativ flexibel und passen sich den aktuellen körperlichen und psy-

527 Vgl. Luhmann 2000a, S. 225 f.

chischen Zuständen und Bedürfnissen ihrer Mitglieder an, d. h. ihren psychischen Systemen und ihren Körpern als autonomen Systemen und relevanten Umwelten des sozialen Systems Familie. Wenn also der junge Josseb an Pocken erkrankte, so änderte dies die Interaktion in der Familie radikal – zumindest für die Zeit der Krankheit. Und wenn sein Vater betrunken war, dann galten andere Spielregeln des Umgangs mit ihm, als wenn er nüchtern war. Für den jungen Stalin war die Familie ein Trainingsfeld, die aktuelle Befindlichkeit seiner Interaktionspartner sorgfältig zu beobachten und zu differenzieren, um angemessen reagieren zu können. Hier hat Soso/Koba/Stalin seine psychologische Kompetenz erworben.

Vor allem aber dürfte Josseb gelernt haben, dass der Körper das ultimative Kommunikationsmedium ist, durch das die Psyche eines Menschen – um es in den verharmlosenden Begriffen und Abstraktionen der Theorie zu formulieren – mit dem sozialen System, an dem er sich gerade beteiligt, gekoppelt wird.[528] Ja, mehr noch, die Gewaltanwendung gegenüber einer anderen Person ist eine »Mitteilung« an sie, die in der Kommunikation nicht ignoriert werden kann.[529] Sie kann nur auf die eine oder andere Art psychisch bewältigt werden, z. B. durch die Abspaltung und im Extremfall die totale Ausblendung des Schmerzes aus der eigenen bewussten Wahrnehmung (was nicht verhindert, dass er unbewusste Spuren hinterlassen kann).

Wie alle Kinder lebte Josseb aber nicht nur in der Familie. Mit zunehmendem Alter wurde der Kontakt zu Gleichaltrigen ein weiterer sozialer Kontext, in dem er die in der Familie erworbenen, bewussten oder unbewussten Fähigkeiten erprobte und kultivierte.

Schule/Soso

Die Schule, in die Soso kam, war, wie alle Schulen damals, autoritär strukturiert. Die Schüler hatten sich den vorgegebenen Regeln anzupassen, da gab es nichts zu verhandeln, sie zu verändern war keine Option. Man fügte sich oder flog raus. Aber, wenn man sich – wie Soso – den Regeln unterwarf, dann eröffnete sich eine attraktive Zukunft, der Weg aus der Armut, der gesellschaftliche Aufstieg.

528 Vgl. Simon 2018, S. 72 ff; 2022, S. 250 ff.
529 Luhmann 2000b, S. 55 ff., Foucault 1982, S. 243–256.

Diese Anpassung an die schulischen Regeln war für Soso besonders schwierig, da die Schule und ihre Regeln einem anderen kulturellen Kontext entstammten als seine Familie. Es wurde Russisch gesprochen, und eine der staatlich vorgegebenen Aufgaben der Schule war die Russifizierung der Schüler.

Soso befand sich in mehrfacher Hinsicht in einer widersprüchlichen Position: Zum einen wurde er zum Musterschüler und konnte sich so aus der Menge der Mitschüler hervortun, zum anderen blieb er als georgisches Kind aus der Unterschicht unter russischen Oberschicht-Kindern ein Außenseiter. Er befand sich also kontextabhängig in widersprüchlichen Positionen und erlebte die damit verbundene Relativität der Bewertungen »oben« und »unten«, »gut« und »schlecht«.

Unter seinen Peers (Kontext 1) scharte er Gruppen um sich, in denen er eine Führungsrolle beanspruchte. Wenn er die nicht bekam, wurde er aggressiv und reagierte mit Gewalt. So gehörte er zu prügelnden georgischen Jugendbanden in seiner Heimatstadt Gori. Angesichts seiner geringen Körpergröße musste er in besonderem Maße Mut, Schlauheit und Raffinesse zeigen.

Die Konstellation der schulischen Beziehungen (Kontext 2) bestätigte die familiäre Vorerfahrung: Auch hier erlebte er widersprüchliche Zuschreibungen. Da er den Ehrgeiz der Mutter befriedigen und ihrer Idealisierung gerecht werden wollte (der emotionale Druck dürfte beträchtlich gewesen sein), entwickelte er ebenfalls beträchtlichen Ehrgeiz. Er wurde zum Musterschüler, überangepasst an die Erwartungen und Normen der russischen Lehrer. Dies ging am besten – ohne mit dieser Formulierung ein bewusstes Kalkulieren unterstellen zu wollen – durch die Identifikation mit den russischen Autoritäten. Ein erster, wenn auch sicher hochambivalenter Schritt zur Selbst-Russifizierung.

Die für Soso in der Schule leitenden Entscheidungsprämissen waren deren *formale Strukturen (Kommunikationswege)* und *Programme.*[530] Die Organisation war hierarchisch geordnet, mit eindeutigen Über- und Unterordnungsbeziehungen zwischen Schülern und Lehrern sowie innerhalb des Lehrerkollegiums.

Unter den Schülern entwickelten sich informelle Strukturen, die ebenfalls als Entscheidungsprämisse für jeden einzelnen Schüler

530 Zu Kommunikationswegen und Programmen als Entscheidungsprämissen s. Luhmann 2000a, S. 225, S. 256 ff.

wirksam waren. Hier entwickelten sich die Machtkämpfe zwischen den Schülern. Der Lehrplan und -stoff sowie Regeln der Hausordnung fungierten als Programme, denen sowohl das Lehrpersonal als auch die Schüler zu folgen hatten.

Der kulturelle Kontext, in dem die Schule agierte, war gespalten: Einerseits fand der Unterricht in Georgien statt, sodass Erwartungen der lokalen Kultur nicht einfach zu ignorieren waren, andererseits war es eine russische Schule, deren Zweck unter anderem die Russifizierung der Schüler war, d. h. die Erziehung künftiger klerikaler und staatlicher Vollzugsbeamte der zaristischen Herrschaft.

Insgesamt, so lässt sich hypothetisieren, folgten Stalins aus der schulischen Erfahrung abgeleiteten und bestätigten Vorstellungen von menschlichen Beziehungen einem binären Schema. Es war asymmetrisch strukturiert und bestand aus der Alternative: Entweder man hat die Macht oder man ist ihr ausgeliefert. Gewalt ist das Mittel des Machtgewinns und -erhalts.

Da persönliche Identitätsbildung zu einem großen Teil über die Zugehörigkeiten zu sozialen Systemen bestimmt wird,[531] war Jossebs Identitätsentwicklung im Schulalter wahrscheinlich vom Widerspruch bzw. der Ambivalenz der Wünsche nach Zugehörigkeit zum heimatlichen Georgien vs. Zugehörigkeit zu den herrschenden Russen zerrissen.

Priesterseminar / Koba

Das Seminar in Tiflis wies alle Charakteristika einer »totalen Institution« auf. Die Zöglinge wurden 24 Stunden am Tag, sieben Tage die Woche streng überwacht. Der individuelle Freiraum der Seminaristen wurde extrem eingeengt. Sie wurden systematisch indoktriniert, und neben der einen, christlich-orthodoxen Verkündigungswahrheit wurde der Zugang zu alternativen Weltsichten behindert. Das Lesen von Büchern war nicht erlaubt, der Außenkontakt beschränkt. Die Notwendigkeit der Einordnung in ein hierarchisches System wurde religiös begründet, d. h., die Unterwerfungsforderungen wurden durch eine höhere Autorität – Gott – legitimiert.

Auch hier fügte sich der aus einer unterprivilegierten Schicht stammende Josseb Dshugaschwili nicht nur in sein Schicksal, son-

531 Devereux 1970, S. 135 ff.

dern er konnte sich glücklich schätzen, dass ihm der Weg in die Kirchenhierarchie eröffnet worden war. Denn dies war der Lebensweg, den seine Förderer, vor allem aber seine Mutter, für ihn vorgesehen hatten.

Auch in diese Struktur fügte sich der zartfühlende, Gedichte schreibende Josseb zunächst und bewies, dass die in ihn gesetzten Hoffnungen zu Recht bestanden: Er zeigte hervorragende Leistungen.

Der Kontext, in dem er jetzt leben musste, war nun aber zu fast 100 % durch russische Normen und Erwartungen definiert. Die georgische Kultur – und damit die Herkunft Jossebs – wurde systematisch disqualifiziert. Mit den Jahren regte sich in ihm Widerstand. Er begann heimlich zu lesen: westliche Literatur, georgische Literatur, Romane, wissenschaftliche Abhandlungen, revolutionäre Schriften. Dies änderte seine Einstellung zum Priesterseminar und zum Status quo der Gesellschaft.

Josseb legte sich, Zeichen seiner georgischen Gegenidentität, den Namen eines georgischen Freiheitskämpfers (Koba) zu. Und er begab sich heimlich in revolutionäre Kreise, diskutierte sozialistische Theorien.

Schließlich führte sein Widerspruchsgeist dazu, dass sich seine Leistungen verschlechterten, er Prüfungen schwänzte und vorzeitig das Seminar verlassen musste.

Der Widerspruch zwischen seiner georgischen Koba-Identität und der des russischen Revolutionärs ließ sich durch die Idee des sozialistischen Internationalismus aufheben. Wer die Weltrevolution plant, braucht sich nicht mehr mit dem Konflikt Russland vs. Georgien herumzuplagen. Was von der Indoktrination im Priesterseminar als Lehrstoff geblieben sein dürfte (das sind, zugegeben, nur ganz gut begründete Hypothesen), waren in der Sozialdimension der Kommunikation die Erkenntnis der Wirksamkeit hierarchischer Strukturen und in der Sachdimension die Übernahme der abstrakten Schemata von Orthodoxien – unabhängig von ihren konkreten Inhalten. Denn es machte in der Hinsicht ja keinen Unterschied, ob die heiligen Schriften 2.000 Jahre alt oder jüngst von Marx oder Lenin verfasst waren. Theorie erhielt so einen quasireligiösen Charakter, und theoretische Traktate wurden zu heiligen Schriften, aus denen sich zitieren ließ.

Im Seminar galten, mehr noch als in der Schule in Gori, die *hierarchischen Strukturen* als oberste Entscheidungsprämisse. Daneben war die Institution aber auch durch *Zweckprogramme*, den Lehrstoff und seine Art der Vermittlung, bestimmt, da ja der klerikale und staatliche Nachwuchs herangebildet werden sollte.

Unter den Zöglingen entwickelten sich *informelle Strukturen* und antiautoritärer Widerstand. Aus dem Kreis der Seminaristen stammten später viele Revolutionäre, orthodoxe Missionare der Revolution, die als Produkt des Seminars den Kontrast zu den ebenfalls dort herangezogenen Priestern der orthodoxen Kirche bildeten.

Untergrund, Gefängnis, Verbannung / Koba

Als Berufsrevolutionär war Koba nicht fest an irgendein spezielles soziales System gekoppelt. Er wechselte die Standorte, agitierte eine Zeit lang in Baku, dann wieder in Batumi, Tiflis usw. Der Parteiapparat existierte lediglich in rudimentärer Form, sodass eigentlich auch nicht von einer dauerhaften Bindung an ihn gesprochen werden konnte. Dies ließ Koba einen großen Spielraum autonomen Entscheidens. Konflikten mit Genossen konnte er aus dem Wege gehen, indem er den Ort wechselte. Die Partei funktionierte über die langen Jahre bis zur Oktoberrevolution lediglich als Netzwerk von Personen, nicht als Organisation. Daher blieben *Personen* die relevanten Entscheidungsprämissen für das Handeln der Parteimitglieder. Es entstanden persönliche Freundschaften und Loyalitäten bzw. Loyalitätserwartungen zwischen Koba und anderen Sozialisten. Die gegenseitige Solidarität und Unterstützung half ihm, die Unsicherheit der Rolle des Berufsrevolutionärs, der ständig auf der Flucht war und Unterschlupf suchte, zu bewältigen.

Die gelegentlich nicht zu vermeidende Haft überstand er mit demonstrativer Stoik, die nicht überraschend ist, wenn man von seiner Lehrzeit in einer totalen Institution weiß. Er lenkte sich ab, lernte Esperanto, versuchte die Zeit zu nutzen und fügte sich in die durch ihn nicht zu ändernde Situation, d. h. die geltenden Entscheidungsprämissen einer hierarchisch strukturierten totalen Institution. Koba zettelte keine Aufstände an, zeigte keinerlei die Strukturen der Institution infrage stellende Aktivitäten.

Auch in der Verbannung befand er sich in einer Umgebung, in der sein Handlungsspielraum begrenzt war. Es gab aber gleichgesinnte Verbannte, mit denen er einen lockeren, eher freundschaftlichen Kontakt pflegte. Darüber hinaus nutzte er die Möglichkeiten, die sich vor Ort ergaben: Er ging zur Jagd, fischte, zeugte ein paar Kinder. Er führte, um es auf eine Formel zu bringen, alles in allem kein revolutionäres, sondern eher ein kleinbürgerliches Leben – wenn man von der Lektüre mal absieht, die er anfänglich betrieben hat. Er fügte sich in eine Lebensweise, in der die Orientierung an *Personen* zentral war (Personen als Entscheidungsprämisse). Organisationale Zwänge hatte er kaum zu erdulden.

All dies erscheint nicht außergewöhnlich, und wahrscheinlich unterschied sich das Leben Koba Dshugaschwilis in dieser Phase seines Lebens nicht sonderlich vom Leben anderer Revolutionäre in einer ähnlichen Situation.

Paarbeziehungen, Familie / Josseb

Über die Beziehung Stalins zu »seinen« Frauen ist zwar wenig bekannt, aber das, was erzählt wird, lässt auch die Bildung einiger Hypothesen über die Wechselbeziehung zwischen Psycho- und Beziehungsdynamik zu.

Die depressive Reaktion Kobas auf den Tod Katos, seiner ersten Frau, legt die Vermutung nahe, dass sie – ganz analog zur Mutter – eine Selbstobjekt-Funktion für ihn erfüllte. Sie lieferte sich seiner Kontrolle aus, gab ihm die nötige Bestätigung, war Teil seines Selbst, und mit ihrem Verlust war auch er – sein Selbst – nicht mehr vollständig. Er war also (immer unter der Voraussetzung, dass diese Deutung einigermaßen stimmig ist) psychisch abhängig von der Zweierbeziehung zu Kato. Als sie starb, starb auch, wie er selbst es formulierte, alles Menschliche in ihm.

Über die Frauen, mit denen er Beziehungen (und Kinder) in der Verbannung hatte, ist nicht viel bekannt, außer dass sie allesamt viel jünger als er waren. Diese Asymmetrie in der Beziehung mag für ihn sichergestellt haben, dass sie ihn bewunderten und in seiner (relativen) Größe bestätigten oder zumindest nicht infrage stellten. Die Wahl von Partnerinnen, die – im Kontrast zu Kato – von ihrer Lebenserfahrung her nicht mit ihm auf Augenhöhe kommunizieren konnten, kann aber auch eine Strategie gewesen sein, seine Autonomie zu sichern und sich nicht mehr in gleicher Weise wie in der Beziehung zu Kato von einem anderen Menschen emotional abhängig zu machen.

Auch die Heirat mit der 22 Jahre jüngeren Nadja Allilujewa passt in dieses Schema. Sie bewunderte Stalin, den Neuen Menschen, den Helden der Revolution, und zu Beginn ihrer Ehe bestand sicher keine

Beziehung auf Augenhöhe, sondern auch diese Beziehung war asymmetrisch. Doch Nadja wollte eine symmetrische Beziehung und arbeitete hart dafür und an sich. Doch die billigte Stalin ihr trotz all ihrer Anstrengungen nicht zu (schließlich bedarf eine symmetrische Beziehung auf Augenhöhe immer des Einverständnisses beider Partner).

Sollte Stalin mit Nadja auch ein junges Mädchen geheiratet haben, dem gegenüber er seine emotionale Autonomie bewahren konnte, so änderte sich dies im Laufe der Jahre offensichtlich. Denn als sie sich umbrachte, reagierte er wie beim Tode Katos depressiv. Auch sie dürfte im Laufe der Ehe für Stalin eine sein Größenselbst bestätigende Selbstobjekt-Funktion erfüllt haben, um die er durch ihren Suizid beraubt wurde. Soweit bekannt, hat er nach Nadjas Tod nie mehr eine emotional enge Beziehung zu einer Frau zugelassen ...

Die Familie als soziales System, mit dem sich Stalin koppelte, änderte ihre Gestalt im Laufe der Geschichte. Solange Nadja lebte, gab es in Subalowo eine Großfamilie, in der sich politische Freunde, deren Familien sowie nähere und fernere Verwandte unter der Regie Nadjas zusammenfanden. Die Entscheidungsprämissen dort waren die *Personen;* deren aktuelle Befindlichkeit und ihre Eigentümlichkeiten bestimmten die Regeln der Kommunikation. Daneben gab es von allen lieb gewonnene Traditionen und Rituale des Feierns und Spielens, die alle miteinander verbanden (selbstorganisierte *Programme*).

Diese Idylle endete mit Nadjas Tod. An die Stelle der Großfamilie trat die im Kreml hausende mutterlose Kleinfamilie, in der vor allem Bedienstete für Wohlergehen, Erziehung und Sicherheit der Kinder sorgten. Die Kinder, das war der Eindruck von Zeitzeugen, spielten keine relevante Rolle für Stalin.

Nach Nadjas Suizid distanzierte er sich von den Mitgliedern der ehemaligen Großfamilie und ließ viele von ihnen sogar ermorden. Damit war nicht nur dieses von Nadja geschaffene soziale System ausgelöscht, sondern auch ihre Mitglieder wurden liquidiert. Stalin vollzog seine totale emotionale Entkopplung von der Großfamilie, indem er sie vernichtete. Nie mehr würde er sich von einem anderen Menschen wie von seinen beiden Frauen emotional abhängig machen, sodass er bei einem erneuten Verlust in existenzielle Krisen geraten könnte.

Das hieß konkret, dass er zu anderen Erwachsenen nur noch dann Kontakte hatte, wenn sie ihm untergeben oder von ihm abhängig waren. Er hatte über nahezu all diese Menschen Macht. Später, Mitte der 30er-Jahre, demütigte er sie in geradezu grotesker Weise, auch wenn sie zur Oberschicht der sowjetischen Nomenklatura gehörten, indem er ihre nächsten Angehörigen verhaften oder umbringen ließ und dennoch ihre Loyalität einforderte. Er musste wissen, dass diese Loyalität nicht ihm galt, sondern der Macht, die er besaß. Niemand wagte es, ihm offen zu sagen, was er dachte und fühlte. Eine selbst gewählte emotionale Isolation Stalins, in der er weder Widerspruch erhielt noch ehrliche Zuneigung erlebte.

Durchschnittsmenschen erleben die Beziehung zu emotional wichtigen anderen oft ambivalent: Auf der einen Seite genießen sie in der Beziehung Nähe und Geborgenheit, auf der anderen Seite kann dies dazu führen, dass sie sich vom anderen abhängig und in ihrer Autonomie bedroht fühlen. Das ist einer der Hintergründe vieler Paarkonflikte. Wer sich wie Stalin emotional isoliert, hat die Ambivalenz beendet, denn er hat sich für die Autonomie entschieden. Stalin hat niemanden mehr »an sich herangelassen«, wie es umgangssprachlich gern genannt wird. Niemand wusste mehr, was Stalin wirklich dachte und fühlte. Er zeigte es nicht oder nur sehr selten, und dann nur, wenn dies aggressive Gefühle waren. Er »explodierte« gelegentlich, wenn die Dinge nicht nach seinen Vorstellungen liefen. Aber auch wenn er emotional isoliert war und seine Autonomie nicht riskierte, musste er nicht als Einsiedler leben, denn er hatte ja genug von ihm abhängige Personen um sich herum, die ihn unterhielten und emotionale Nähe simulierten.

Staat, Partei / Stalin

Mit der Februarrevolution 1917 lösten sich die staatlichen Strukturen auf, und es herrschten Chaos und Anarchie. Es galten keine der alten Spielregeln des sozialen Umgangs mehr, die alten Entscheidungsprämissen, seien sie kultureller oder auch institutioneller Art, hatten ihre Sicherheit spendende Funktion (»Unsicherheitsabsorption«) verloren.

Stalin verhielt sich in dieser Phase der historischen Entwicklung vorsichtig abwartend. Er unternahm keine signifikanten Versuche, sich an der Gestaltung der Zukunft des Landes aktiv zu beteiligen, sondern wartete opportunistisch ab, wie sich die Dinge entwickeln würden.

Erst als Lenin die Richtung vorgab, kam es zur Reanimation der Partei. Und als die Richtung ihrer Strategie feststand, wurde auch Stalin wieder aktiv. Wieder ein Beispiel, dass eine *Person* Orientierung gab (die Person Lenin bzw. ihre Botschaft fungierte als Entscheidungsprämisse der Partei).

Die Personenorientierung, die in der vorrevolutionären Partei zu einem Netzwerk sehr unterschiedlich aktiver, kleiner Zellen geführt hatte, wurde nun fortgeführt. Aber nunmehr versuchten diese Personen eine schlagkräftige Organisation auf die Beine zu stellen. Auf staatlicher Seite war dabei der Petrograder Sowjet unter Leitung von Trotzki von zentraler Bedeutung. Das von der Partei, die sich nun »kommunistisch« nannte, bevorzugte und geförderte Organisationsmodell war die Verbreitung des Modells der Sowjets über das ganze Land.

Da die zunehmende Menge an Mitgliedern der Partei neue Unübersichtlichkeiten schuf, gewann das Vertrauen in die alten Kämpfer noch mehr an Wichtigkeit, als es vorher schon der Fall war. Die Führungsposten wurden daher unter altgedienten Genossen verteilt. Da weder Lenin noch die anderen Theoretiker über das Ausfantasieren paradiesischer Zustände des Staates nach einer Revolution hinausgekommen waren, verfügte niemand über einen Masterplan zur Neustrukturierung und Verwaltung des Staats. Wie das in solchen Fällen meist der Fall ist, wurde auch hier auf die bekannten, alten Modelle zurückgegriffen. Da die Partei ziemlich desorganisiert war, waren zunächst die alten staatlichen Institutionen funktionsfähiger als die Partei. Lenin wurde Vorsitzender des »Rates der Volkskommissare« (d. h. des Ministerrats), während die alten Ministerien samt ihrer Beamtenschaft widerwillig die nötigen Verwaltungsaufgaben übernahmen. Zu den neuen Volkskommissaren gehörte auch Stalin, das heißt, er übernahm einen Ministerposten.

Erst nach dem Tod Lenins wurde die personale Trennung von Partei und Staat zunehmend aufgehoben. Die Sowjets wurden überwiegend von Parteimitgliedern besetzt, und die Regierung und ihre Bürokratie wurde der Kontrolle der Partei unterstellt. Die Zahl der Parteimitglieder hatte mit der Machtergreifung durch die Bolschewiki rasant zugenommen, da hinreichend Mitläufer sich dadurch Chancen für eigene Karrieren erhofften.

Der Rückgriff auf tradierte Strukturen betraf nicht nur Ministerien (auch wenn sie jetzt »Volkskommissariate« hießen), sondern – beispielhaft – auch das Militär. Nachdem zunächst in bester revolutionärer Manier die Offiziere entlassen worden waren, wurde im Bürgerkrieg schnell deutlich, dass ohne Experten und ihre Fachkompetenz nicht zu gewinnen war. Insofern hatte sich – was staatliche Strukturen betrifft – nicht so viel verändert. Revolutionär war lediglich, dass die Besetzung der Posten, die Selektion des Personals nach alternativen Kriterien erfolgte: Es wurden nun Parteifunktionäre auf Machtposten gesetzt, wobei deren Loyalität wichtiger war als ihre fachliche Kompetenz (was zwangsläufig zu einer Schwächung der Effizienz der Verwaltung führte).

Für Stalin bedeutete der Aufstieg zum Volkskommissar, dass er persönliche Macht gewann. Da er – und das dürfte im Rückblick betrachtet das Geheimnis seines Aufstiegs gewesen sein – als einziger unter den Genossen *die Macht der Verwaltung und Bürokratie in einem Staat erkannte*, übernahm er 1922 den (allen anderen unattraktiv erscheinenden) Posten des Generalsekretärs.

In dieser Rolle konnte er landesweit Personalentscheidungen treffen. Da Personen schon in vorrevolutionärer Zeit die wichtigste Entscheidungsprämisse in der Parteiorganisation bildeten, erhielt er so die wichtigste Steuerungsfunktion in der Sowjetunion.

Wie bei anderen Führungskräften, die eine Machtposition in einer Organisation besetzen, zu beobachten ist, dürfte auch von Stalin der Apparat als Erweiterung des eigenen Selbst (Selbstobjekt) und Quelle narzisstischer Bestätigung erlebt worden sein. Wie in Zarizyn gut zu sehen war, erweiterten sich seine Handlungsmöglichkeiten über die Beschränktheit hinaus, die der eigene Körper bestimmt. Stalin konnte befehlen, und es wurde getan ... Sein Größenselbst wurde bestätigt. Das heißt aber, um hier Missverständnissen vorzubeugen, Stalin war nicht größenwahnsinnig. Das würde ja unterstellen, dass sein Selbstbild nicht zur äußeren Realität gepasst hätte. Doch es wurde von allen als realistisch bestätigt, die seine Befehle ausführten.

Das geschieht bei Führungskräften in anderen Organisationen auch, wenn Mitarbeiter ihren Anweisungen folgen. Auch sie können durch die Organisation ihr Selbst bzw. ihre Wirkmacht erweitern.

Diese Funktion und diesen Zweck haben und hatten Apparate ja generell in der Geschichte der Menschheit (auch die mechanischen). Daher lag es zu Beginn des 20. Jahrhunderts auch nahe, Organisationen ebenfalls als Apparate oder Werkzeuge zu betrachten, die demjenigen, der über sie herrscht, ungeahnte Handlungsmöglichkeiten eröffnen. Dies dürfte Stalin nicht nur theoretisch erkannt, sondern auch praktisch erlebt haben. Und dies mag auch einer der Gründe sein, warum er gleich nach der Revolution eine enge Verbindung zum sogenannten Sicherheitsapparat gesucht hatte, der Tscheka.

Politbüro, ZK / Stalin

Die Konflikte innerhalb der Führungsgremien der Kommunistischen Partei (Zentralkomitee und Politbüro) betrafen in den ersten Jahren nach dem Bürgerkrieg ideologische und strategische Fragen (wie etwa, ob die *Weltrevolution* angestrebt werden sollte oder ob es reicht, sich mit dem *Sozialismus in nur einem Land* zufrieden zu geben) oder auch innenpolitische Fragen (wie den Nutzen der Neuen Ökonomische Politik, NEP). Hier hielt sich Stalin inhaltlich sehr zurück. Ihn interessierten, so schien es, Sachfragen nicht sonderlich. Er ging strategisch so vor, dass er sich aus den Parteikämpfen zwischen den Exponenten gegensätzlicher Strategien heraushielt und sich scheinbar zum selbstlosen Dienstleister der Führungsmannschaft machte.

Bei genauerer Analyse zeigt sich jedoch, dass die Entscheidungsfindung in ZK und Politbüro nicht von formal festgelegten Prozeduren bestimmt war, sondern – wie in der Untergrundtradition der Partei vorgezeichnet – personenorientiert erfolgte. Zunächst war Lenin die Leitfigur, später traten an seine Stelle eine informelle Dreiergruppe (»Triumvirat«). Deren Mitglieder hatten zwar kein offizielles Mandat, aber da sie in der Lage waren, sich abzusprechen, gelang es ihnen ohne Mühe, die Entscheidungen des Politbüros zu lenken. Stalin gehörte in der Regel zu allen derartigen, informellen Gruppierungen, und er herrschte durch das Prinzip wechselnder Koalitionen. Aber er gehörte auch zu den offiziellen Leitungsgremien der Partei: Politbüro, ZK, Organisationsbüro. Er sorgte dafür, dass die Partei im gesamten Bereich der Sowjetunion systematisch nach demselben Muster aufgebaut wurde. Auch in den Republiken gab es ab 1924 Sekretariate, die alle regional relevanten Entscheidungen trafen. Und da Stalin in seiner Funktion als Generalsekretär »seine Leute«, Loyalisten, landesweit in die formalen Machtpositionen bringen konnte, konstruierte er die Partei um sich selbst und seine Person herum. Er steuerte auf diese Weise auch die Delegiertenauswahl und die Mehrheitsverhältnisse auf den Parteitagen und damit die Wahl der Mitglieder des ZK.

Trotz all dieser Maßnahmen dauerte es noch nahezu 20 Jahre, ehe er sich nach etlichen offenen oder verdeckten Machtkämpfen endgültig und unumstritten an die Spitze der Parteihierarchie setzen konnte. Er nutzte dazu überwiegend die Kanäle *informeller*, mehr oder weniger intriganter Kommunikation. Es war ein schleichender Prozess der *Aufweichung der formalen Regeln* durch eine alltägliche Praxis, die ihnen widersprach. So wurden unter Verletzung der Satzung auf Stalins Initiative hin die Sitzungen des ZK und des ZKK gemeinsam abgehalten. Auch die Tatsache, dass Stalin Mitglied fast aller Gremien war, ließ die Grenzen zwischen ihnen verschwimmen und die faktische Macht Stalins wachsen.

All dies sind Beispiele für Unterschiede zwischen den offiziellen, formalen Entscheidungsregeln und den informell, aber tatsächlich beschrittenen Entscheidungswegen. Der Generalsekretär sollte ursprünglich ja – wie der Titel suggeriert – lediglich sekretariale Aufgaben erfüllen und nicht die Macht, schon gar nicht die absolute, übernehmen. Je mehr Zeit ins Land ging, desto stärker passte sich die Partei den Wünschen und Zielen Stalins an, das heißt, *seine Person* wurde zur allen andern übergeordneten Entscheidungsprämisse der Partei.

Die Mitglieder des Politbüros, mit denen Stalin zusammenarbeitete, passten sich ihm bzw. seinen Wünschen und seiner vermuteten Stimmungslage vollkommen an, was sich exemplarisch in ihrem Arbeitsrhythmus zeigte: Da er lange schlief und dann bis früh um vier oder fünf auf war und arbeitete, sich auch gerne Filme in Gesellschaft seiner Kollegen ansah oder bei gemeinsamen Abendessen mit ihnen diskutierte, mussten sie sich in ihrem Tagesplan ebenfalls nachtaktiv zeigen. Selbst wenn unter den Männern dann gemeinsam getanzt und getrunken wurde – Stalin legte Platten auf –, waren dies keine freundschaftlichen, sondern politisch erzwungene Beziehungen. Stalin konnte sich nicht geliebt fühlen, aber es war ihm offenbar nicht wichtig. Es reichte ihm, gefürchtet zu werden.

Geheimpolizei / Stalin

Der Sicherheitsapparat (wie immer er im Laufe der Jahre genannt wurde: Tscheka, GPU, OGPU, NKWD, ...) bildete die wichtigste und am besten organisierten Struktur innerhalb der nachrevolutionären Sowjetunion, und Stalin begab sich von früh an in eine enge Partnerschaft mit ihm. Staatliche Macht beruht stets auf der Möglichkeit, Androhung und Anwendung von Gewalt, und die Geheimpolizei war in der Sowjetunion das unhinterfragte Mittel dazu.

Die Tscheka war streng hierarchisch organisiert, d. h. organisationstheoretisch betrachtet, dass *formale Strukturen* als zentrale Entscheidungsprämisse unhinterfragt die Handlungen ihrer Mitglieder leiteten. Es gab sicher auch *Programme* der Überwachung und des systematischen Terrors, aber sie alle waren der hierarchischen Macht untergeordnet. Wer immer Chef der Tscheka oder des NKWD war, hatte eine ungeheure Macht, da es keine Kontrollinstitutionen oder -routinen gab, die diese Macht hätten begrenzen können. Lediglich die Partei bzw. das Politbüro konnten die Chefs der Geheimpolizei in ihre Schranken weisen, wozu deren Mitglieder sich aber hätten einig sein müssen.

Erst als Stalin 1937 erreicht hatte, dass ihm die Geheimpolizei direkt unterstellt wurde, hatte er die totale und absolute Macht. Um sie zu sichern und zu verhindern, dass jemand anderes sich die Macht des Sicherheitsapparats zu eigen macht, sorgte Stalin dafür, dass deren Chefs regelmäßig ausgetauscht und liquidiert wurden. Sie hätten an erster Stelle seine persönliche Macht herausfordern können, denn ohne den Repressionsapparat der Geheimpolizei wäre Stalin als Machtbasis lediglich die Verehrung durch die Bevölkerung geblieben.

Aus der willkürlichen Verfügungsgewalt über die Geheimpolizei resultierte die Möglichkeit, jederzeit und jedermann gegenüber Gewalt ausüben zu können (besser: ausüben zu lassen). Stalin konnte über Tod und Leben eines jeden Sowjetbürgers entscheiden, ohne sich irgendwem gegenüber dafür rechtfertigen zu müssen. Psychologisch gesehen hieß dies: Die für jeden durchschnittlichen Menschen gegebene Notwendigkeit, sich nicht nur physischen, sondern auch sozialen Realitäten anzupassen und sich mit ihnen zu arrangieren (»Realitätsprinzip«), galt für ihn nicht mehr. Die soziale Realität hatte sich ihm und seinen Wünschen angepasst. Daher kann auch nicht davon gesprochen werden, er sei »größenwahnsinnig« gewesen, denn alle seine Größenfantasien wurden ihm von der »Realität« als *passend* bestätigt. Er konnte sanktionsfrei tun, was ihm in den Sinn kam. Die Welt um ihn herum gehorchte und versuchte, seine Wünsche zu erraten. Und für Stalin galten keine Gesetze, keine Normen, keine Moral, keine sittlichen Forderungen mehr. Das NKWD war funktionell eine Erweiterung seines Selbst und damit seiner persönlichen Macht. Eine größere Bestätigung seiner Größenideen und Allmachtsfantasien war wohl für keinen Menschen denkbar ...

Das sowjetische Volk / Stalin

Die Etablierung eines Personenkults ist generell als Gipfel der Personenorientierung zu verstehen. Wenn die Masse der Bevölkerung ihren Herrscher idealisiert, ihn (oder sie) als Vater (oder Mutter) der Nation liebt und verehrt, dann erscheint dies womöglich sogar als Form der Demokratie, denn wenn solche idealisierten Herrscher zur Wahl stünden, dann würden sie wahrscheinlich mit überwältigender Mehrheit gewählt. So ist es auch Stalin gelungen, seine diktatorische Herrschaft auf eine scheindemokratische, vom »Volk« gestützte Machtbasis zu stellen.

Das Auffallende und Paradoxe im Falle Stalins ist, dass er zum einen dafür gesorgt hat, dass das Volk unter Angst und hoher Unsicherheit leben musste, und zum anderen als einzige Kraft gesehen wurde, die diese Unsicherheit beseitigen kann. Das Vertrauen in seine »starke Hand« half, zuversichtlich in die Zukunft zu schauen.

Diese gegensätzlichen, seine Herrschaft stabilisierenden Funktionen konnte Stalin nur dadurch nutzen, dass er über unterschiedliche Apparate verfügte: Die Geheimpolizei war in der Lage, dauerhaft Unsicherheit, Angst und Terror unter der Bevölkerung durch die Anwendung oder Androhung von Gewalt aufrechtzuerhalten. Und der Propagandaapparat malte ein Bild des »guten Stalin«, dem man vertrauensvoll seine Kinder anvertrauen kann und der jeden vor den überall lauernden, inneren wie äußeren Feinden beschützt.

Stalin musste sich für diese personalen Widersprüche nicht verbiegen. Es entsprach wahrscheinlich den ambivalenten Tendenzen seiner eigenen Wünsche und seines Erlebens bzw. – falls diese erste Hypothese verfehlt sein sollte – seinem Zynismus.

Die Großen Drei / Stalin

Schon vor dem Treffen in Teheran hatte Roosevelt um die Gunst Stalins gebuhlt. Mehrfach hatte er Zweiertreffen vorgeschlagen, aber Stalin hatte ihm mit der Begründung, er müsse sich um den Krieg kümmern, die kalte Schulter gezeigt. Ganz offensichtlich war Roosevelt mehr am Kontakt zu Stalin interessiert als umgekehrt. In einem Brief vom 11. April 1942 schrieb er an Stalin:

> »Leider macht es uns die geographische Entfernung praktisch unmöglich, dass wir diesmal zusammenkommen. Solch eine Begegnung

> zweier Seelen im persönlichen Gespräch wäre wohl überaus förderlich für die Kriegsführung gegen den Hitlerismus. [...].«[532]

Solche Formulierungen signalisieren, dass Roosevelt Stalin in einem ziemlich schön gefärbten, um nicht zu sagen romantisierenden Licht sah. Später, während der dann doch noch stattfindenden Verhandlungen, war er offenbar froh, dass Stalin ihm erlaubte, ihn »Onkel Joe« zu nennen. Aus der Perspektive der Sowjet-Experten in der US-Regierung, die gegen Wände redeten und nicht vom Präsidenten gehört wurden, erschienen die »Liebesdienste« Roosevelts für Stalin ziemlich naiv, ja geradezu »infantil«[533].

Auch aus einer heutigen Außenperspektive erscheint die Konstellation seltsam: eine Machtumkehr, die den objektiven Bedingungen Hohn sprach. Macht hat in einer Beziehung immer der, der den anderen mehr sanktionieren kann als umgekehrt oder, im positiven Fall, weniger braucht als der ihn.[534] Stalin brauchte die materielle Unterstützung der USA, die er durch das Lend-lease-Programm erhielt. Dennoch gestaltete sich die Beziehung so, als sei es Roosevelt, der Stalin brauchte, nicht umgekehrt.

Diese Umkehrung der Machtverhältnisse zeigte sich auch in der Organisation der Treffen. Teheran wurde gewählt, damit Stalin nicht weit mit dem Flugzeug reisen musste; auf seine persönlichen Wünsche wurde eingegangen, um das Treffen überhaupt stattfinden zu lassen. In Jalta war dieses Ungleichgewicht noch größer: Die Konferenz fand auf dem Territorium Stalins statt. Er ließ Churchill und Roosevelt zu sich kommen. Und er inszenierte die Situation – NKWD, Soldaten mit Waffen im Anschlag usw. – so, dass sie sich mit einer gewissen Wahrscheinlichkeit wie Bittsteller fühlten.

Für seine »one-upmanship« war aber die Bereitung des räumlichen Kontextes nur ein Nebenaspekt. Basal dafür war, dass es Stalin gelungen war, in der Konstellation der »Großen Drei« eine relativ stabile Koalition Stalin – Roosevelt vs. den allein stehenden Churchill zu etablieren. Entscheidend für diese 2:1-Spaltung war wahrscheinlich gar nicht die strategische Intention Stalins, sondern die Liebedienerei Roosevelts ihm gegenüber.

532 Roosevelt zit. n. Nisbet 1988, S. 81.
533 Nisbet 1988, S. 185 ff.
534 Vgl. Luhmann 1975, S. 11 f.; Simon 2018, S. 138; 2022, S. 644 ff.

Über die Intentionen Roosevelts gibt es verschiedene Hypothesen (z. B. seine Ablehnung des britischen Imperialismus), doch über die Intentionen Stalins gibt es keine Zweifel. Diese Art von Koalition musste der Durchsetzung seiner kompromisslosen Ziele dienlich sein. Die Tatsache, dass sich Roosevelt so um ihn bemühte, dürfte als Bestätigung seines großartigen Bildes von sich selbst und der Sowjetunion als Großmacht gewirkt haben. Das hat dann auch für den Fortgang der Weltpolitik nach dem Krieg eine Rolle gespielt.

Bei allem, was an Hypothesen über die Psychodynamik hier und von anderen Autoren formuliert worden ist, sollte man sich – wenn man die Beschreibungen seines oft sadistischen, oft unverstehbaren, manchmal offensichtlich strategisch kalkulierenden Verhaltens bewertet – davor hüten, Stalin zu pathologisieren bzw. allein zu pathologisieren (denn, wenn schon Pathologie, dann immer auch die seiner Mitspieler). Seinem Verhalten scheint stets ein Verständnis für die Funktionsweisen von Massen und Organisationen, aber auch eine hohe psychologische Kompetenz zugrunde zu liegen. Stalin beweist jedenfalls distanzierte Abgeklärtheit gegenüber seiner eigenen Rolle, wenn er seinem Sohn sagt: »Du bist ebensowenig Stalin wie ich. Stalin ist die Sowjetmacht. Stalin ist sein Abbild in den Zeitungen und Porträts – nicht du, nicht einmal ich!«[535]

535 Montefiore 2003, S. 15.

12 Putin – Das Erbe Stalins

Nach dem Spiel ist vor dem Spiel

Kein Mitglied der Nomenklatura wäre in der Lage gewesen, in die dank Personenkult und Sieg im »Großen Vaterländischen Krieg« übergroßen Fußstapfen Stalins zu treten, seine Stelle zu übernehmen und eine vergleichbare Macht zu erringen. Die größte Chance hatte aufgrund seiner Position als Chef des NKWD Lawrentij Berija. Doch da er in weiten Teilen der Bevölkerung und auch innerhalb der Partei für den Terror der Stalinzeit verantwortlich gemacht wurde, hatte er nur geringe Chancen dazu; der Widerstand ihm gegenüber war zu stark. Er wurde noch 1953 verhaftet und erschossen.

> »Stalins Erben demontierten die Regierungsstruktur radikal, die dieser in den letzten Jahren seines Lebens geschaffen hatte. Das erweiterte ZK-Präsidium, das im Oktober 1952 auf seinen Befehl entstanden war, wurde mit einem Federstrich wieder abgeschafft. Das Büro des ZK-Präsidiums bekam neue Mitglieder: Molotow und Mikojan wurden wieder aufgenommen und Stalins junge Schützlinge ausgeschlossen. Im Wesentlichen bedeutete das die Rückkehr zu der kollektiven Führung, die einst das Politbüro ausgezeichnet hatte, aber unter einem neuen Namen. [...] Das neue System war so angelegt, dass es zahlreiche Gegengewichte gab, die den Aufstieg eines neuen Tyrannen verhindern sollten.«[536]

Mit dem Tod Stalins hatte die Entstalinisierung begonnen, auch wenn sie erst 1956 mit Chruschtschows Rede auf dem XX. Parteitag der KPdSU zur offiziellen Parteilinie erklärt werden sollte.

In den Folgejahren wurde der Kalte Krieg fortgesetzt, die Welt war nach Blöcken in Ost und West geteilt – *Warschauer Pakt* vs. *NATO* – und zwischen den Fronten eine Reihe blockfreier Staaten. Jeder Versuch innerhalb des Ostblocks, von der Linie abzuweichen, die in Moskau festgelegt wurde, wurde mit Gewalt beendet (17. Juni 1953 in der DDR, 1956 in Ungarn, 1968 in der Tschechoslowakei).

Das Wettrüsten überforderte die sowjetische Wirtschaftskraft. Als 1985 Michail Gorbatschow Generalsekretär der KPdSU wurde, tauchte

536 Chlewnjuk 2015, S. 490.

die Drohung des Endes der Sowjetunion am Horizont auf. Es musste etwas geschehen. Gorbatschow initiierte Reformen (»Perestroika«, »Glasnost«), die mit einer zögerlichen (und ziemlich dilettantischen) Einführung von Marktprinzipien verbunden war. Die Folge waren Privatisierungen der sowjetischen Industrie in einer nicht geplanten Weise, die zur Plünderung der Ressourcen des Staates durch Jung-Kapitalisten (die Kreation der »Oligarchen«) führte.[537]

1989 wurde die Berliner Mauer gestürmt, die Länder des Warschauer Pakts wie auch einige ehemalige Sowjetrepubliken erlangten ihre Unabhängigkeit, und 1990 kam es zur deutschen Wiedervereinigung.

In Russland war die Lage chaotisch, die Wirtschaft schaffte den Übergang zu einer Marktwirtschaft nicht in der Weise, wie es die Planungen westlicher wirtschaftswissenschaftlicher Theoretiker und Berater an ihren Schreibtischen »vorhergesehen« hatten. Folgen waren eine Inflation von mehr als 400 %, leere Regale in den Läden, Versorgungsprobleme überall.

Im August 1991 kam es zu einem Putschversuch gegen den sowjetischen Präsidenten Gorbatschow. Der Putsch wurde durch demonstrierende Massen in Moskau und durch entschlossenes Handeln des erst im Juni gewählten Präsidenten der Teilrepublik Russland, Boris Jelzin, verhindert. Für das nächste Jahrzehnt befand sich Russland in unruhigen Gewässern, denn Jelzin erwies sich nicht als der Kapitän, als der er in den Tagen des Putsches aufgetreten war. Die russische Gesellschaft befand sich über Jahre in einer chaotischen Situation, die Sehnsucht nach Ruhe, Berechenbarkeit und Sicherheit war nicht zu übersehen. Es begann die Zeit Wladimir Putins, des starken Mannes, der Ordnung schafft.

Der Apparat und Putin

Zu den Reformschritten, die Gorbatschow Ende der 80er-Jahre des vorigen Jahrhunderts zu gehen versuchte, gehörte auch die Auflösung des KGB. Eine Aufgabe, die er Wadim Bakatin nach dem gescheiterten Putsch im August 1991 übertrug. Er berief ihn, einen früheren Innenminister, zum Chef des KGB. Bakatin schildert die gesellschaftliche Situation damals:

537 Vgl. Belton 2020, S. 93 ff.

> »Es herrschte völlige Ungewissheit in jeder Beziehung. Die Menschen wollten keine Versprechungen, dass es ›bis zum Herbst‹ oder in zwei Jahren besser wird, sondern ein straffes, wohlbegründetes fassliches Programm.«[538]

Bakatin wollte aufräumen, zu einer neuen, verlässlichen Ordnung ohne Korruption beitragen. Aber er war ein Außenseiter, als er zum Chef des Geheimdienstes wurde. Und er hatte von Gorbatschow die paradoxe Aufgabe erhalten, seine organisationale Rolle und Macht zu nutzen, um diese mächtige Organisation aufzulösen. Bakatin bemühte sich ernsthaft und ehrlich, wie aus seiner Schilderung seiner Zeit im KGB hervorgeht.[539] Aber es war naiv, sowohl von Gorbatschow wie auch von Bakatin, anzunehmen, dass eine Organisation mit der Tradition des KGB sich einfach so zu Grabe tragen lässt, wenn sie und ihre Mitarbeiter immer noch voller Saft und Kraft sind. Zu viele Akteure konnten dabei nur verlieren. Wenig verwunderlich, dass die Arbeitszeit Bakatins im KGB nur sehr kurz war: Es dauerte ziemlich genau vier Wochen, bis er wieder abgesetzt wurde, und niemand sprach anschließend mehr von der Abschaffung des KGB. Man begnügte sich mit milden Umstrukturierungen, der Aufspaltung in Inlands- und Auslandsdienste (FSB und SWR), aber die Netzwerke der Mitarbeiter blieben unversehrt. Einer von Bakatins Schlüssen aus seinen Erfahrungen als KGB-Chef:

> »Nicht von strukturellen Umgestaltungen der Geheimdienste hängt heute die Sicherheit der Bürger, der Gesellschaft, der Demokratie ab. Eher umgekehrt. Diese permanenten Umgestaltungen bergen Gefahren in sich. Sie untergraben die Disziplin, befördern Untätigkeit und Verantwortungslosigkeit und führen dazu, dass Profis auf der Strecke bleiben.«[540]

Doch die Profis blieben nicht auf der Strecke, sondern die Sicherheit der Bürger, der Gesellschaft und der Demokratie; denn trotz aller Umgestaltungen blieb der Geheimdienst das, was er immer war: eine Organisation, deren Zweck der Erhalt der Macht war und ist. Und wenn es keine Machthaber gibt, die sich dieses Apparats bedienen, dann ist der Apparat auch selbstgenügsam, sorgt für den Erhalt der eigenen Macht und sucht sich jemanden, der für ihn als formaler Machthaber

---

538 Bakatin 1992, S. 277.
539 Ebd.
540 Ebd., S. 269.

fungieren kann. Dazu braucht er eine Person – irgendeine Person –, die er der Öffentlichkeit zum Zweck der »Unsicherheitsabsorption«, der Funktion von *Personen* als Entscheidungsprämissen, präsentieren kann.

Als diese Person wurde, etwa um die Jahrtausendwende herum, Wladimir Putin ausgewählt. Die Sowjetunion hatte aufgehört zu existieren, aber die Tscheka (auch wenn sie jetzt anders hieß) lebte weiter. In einer bemerkenswerten Studie hat Catherine Belton die Rolle des KGB beim Aufstieg Wladimir Putins minutiös analysiert.[541]

Der KGB hatte sich auf das Ende der Sowjetunion schon jahrelang vorbereitet, da deutlich war, dass deren Wirtschaftssystem nicht konkurrenzfähig mit den westlichen Marktwirtschaften war. Man hatte junge Leute (wie Michail Chodorkowksi) auf die Rolle des Unternehmers vorbereitet, Auslandsfirmen gegründet, sich an der Verschiebung von Waren und Geldwäsche beteiligt und Vermögenswerte ins Ausland transferiert. Die unter Gorbatschow ermöglichten Privatisierungen wurden von diesen jungen Männern genutzt, um den Staat auszuplündern; sie wurden die berüchtigten Oligarchen, die unvorstellbare Reichtümer anhäuften, ohne sich um ihre alten Mentoren im KGB weiter zu kümmern. Das führte zu Aktivitäten der KGB-Mitarbeiter im Ausland – wie von Wladimir Putin in Dresden –, die darauf sannen, nicht nur ein Stück vom Privatisierungskuchen abzubekommen, sondern auch die Uhren zurückzudrehen und wieder an die Macht zu kommen.

Ehe Putin an die Macht kam, dauerte es ein paar Jahre. Über Zwischenstufen in Petrograd, wo Putin Vize-Bürgermeister wurde und ökonomisch sehr erfolgreich mit der örtlichen Mafia kooperierte, gelangte er auf den Posten des FSB-Chefs, d. h. des Inlandsgeheimdienstes. Schließlich gelang es seinem Netzwerk, ihn als Ministerpräsident unter Jelzin zu etablieren. Niemand kannte ihn, er galt als blasser Bürokrat.

Als in Moskau mehrere Wohnblocks in die Luft gesprengt wurden, geriet die Bevölkerung in Panik, und der bis dahin so konturlose Putin konnte sich als starker Mann der Tat profilieren. Die »Schuldigen« waren schnell identifiziert. Putin ließ Grosny, die Hauptstadt Tschetscheniens, bombardieren, um die Hunderte unschuldiger Toter zu rächen. (Alle, die den Gerüchten, dass diese Sprengungen das Werk

541 Belton 2020.

des FSB waren, auf den Grund gehen wollten, sind entweder »überraschend gestorben« oder verhaften worden.)[542]

Jelzin trat zurück und übergab Putin, dem starken Mann, die Präsidentschaft und glaubte offenbar, er würde die Demokratisierung Russland weitertreiben:

> »Aber im Grunde reichte er die Macht an den *komitetschik* weiter, den die Elite des Auslandsgeheimdienstes zum Vorkämpfer erkoren hatte – eben jene Elite, die ursprünglich die Öffnung der Sowjetunion für die Märkte eingeleitet hatte, weil sie erkannt hatte, dass das Land nur durch einen Wandel überlebensfähig war.«[543]

Allerdings – um keine Missverständnisse aufkommen zu lassen – war Putin zwar Präsident geworden, aber der KGB hatte wieder die Macht übernommen. Denn die Netzwerke der Geheimdienste und Geheimpolizei waren überlebensfähig und -willig, d. h. entschlossen, die Macht zurückzugewinnen. Mit den Worten Thomas Grahams, des ehemaligen Russlandverantwortlichen im Nationalen Sicherheitsrat der USA:

> »Die privaten Netzwerke verschwanden nicht. Was sie brauchten, war schlicht und einfach jemand, der diese Netzwerke wieder zusammenführen konnte. Das war die Zukunft. Wäre es nicht Putin gewesen, hätte es einen anderen gegeben.«[544]

Aus organisationstheoretischer Sicht ist anzumerken, dass es sich wohl kaum um private Netzwerke handelte, denn es waren Funktionäre des KGB, die diese Netze bildeten. Auch wenn der KGB formal seine Struktur und seinen Namen geändert hatte, so existierten er als Organisation bzw. seine Organisationseinheiten weiter. Und in Organisationen sind die Personen als Funktionsträger nun einmal austauschbar. Das galt auch für Putin und die formale Rolle und Funktion des Chefs. Dass Geheimdienste in besonderer Weise auf die Personenorientierung der Kommunikation setzen, ergibt sich schon aus der Notwendigkeit der Geheimhaltung eines großen Teils der eigenen Operationen (z. B. durch Netzwerke von Informanten und Agenten im Ausland). Die linke Hand darf oft aus Sicherheitsgründen nicht wissen, was die rechte tut. Die Kommunikationswege sind hoch selektiv, und niemand erfährt mehr, als er oder sie unbedingt wissen muss …

542 Vgl. ebd., S. 196.
543 Ebd., S. 208 f.
544 Graham zit. n. Belton 2020, S. 192.

Die Personenorientierung der Kommunikation – nun aber mit der Bevölkerung, die Sicherheit und Ordnung suchte, als Adressat – war auch die Grundlage der folgenden Wahlsiege Putins. Doch für diese Wahlerfolge dürfte weniger die psychische Struktur Putins verantwortlich gewesen sein, als das Bild, das die Propaganda von ihm gezeichnet hatte (und bei dem Versuch, wieder einen Personenkult zu etablieren, immer noch zeichnet).

Wenn wir die Leitfrage der vorliegenden Studie nach dem Verhältnis psychischer und sozialer Strukturen im Blick auf Putin und Russland zu beantworten suchen, dann ist klar, dass bis zur Machtübernahme Putins seine Psychodynamik für Russland keine Rolle gespielt hat. Aber wie generell, so gilt auch für seine Mitgliedschaft im KGB: Organisationen suchen sich Mitarbeiter, die zu ihnen (ihrer Aufgabe, ihrer Struktur, ihrer Kultur) passen, und Individuen suchen sich Organisationen als Arbeitgeber, die zu ihnen (ihrer psychischen Struktur, ihrer Persönlichkeit, ihrer persönlichen Identität) passen.[545] Das dürfte auch bei Putin der Fall gewesen sein. Sein bereits als Schüler geäußerter Wunsch, in den Geheimdienst einzutreten, weist darauf hin, dass er das Potenzial zum Aufstieg in eine mächtige Position durch Mitgliedschaft in einer mächtigen Organisation bereits in frühen Jahren erfasst hatte. Seine Hoffnungen dürften mit dem Ende der Sowjetunion erst einmal zerplatzt sein. Doch der KGB existierte weiter, und damit auch die Voraussetzung für seinen Aufstieg. Was die chaotischen Verhältnisse in der untergehenden Sowjetunion und dem neu entstehenden Russland betrifft, so waren sie nicht dem KGB zuzuschreiben. Aber dass Putin und das Netzwerk des KGB etwa zehn Jahre nach Ende der Sowjetunion wieder an die Macht gekommen sind und seither – schleichend – die Strukturen der russischen Gesellschaft in ihrem Sinne beeinflusst haben und weiter beeinflussen, ist unbestreitbar. Und seit Putin an der Macht ist, stellt sich die Frage, inwieweit seine Psychodynamik, sein Denken und Fühlen, sein Charakter, seine Weltsicht die Politik Russlands und damit der Welt bestimmt, erneut. Es stellt sich aber auch die Frage, inwieweit durch die gewonnene Macht sich die psychische Struktur Putins verändert hat. Spätestens hier zeigen sich Parallelen in der Entwicklung von Putin und Stalin.

545 Simon 2007, S. 99.

Ausblick

Wer Putin verstehen will, muss Stalin verstehen. Und weder Stalin noch Putin bzw. ihren Aufstieg und ihre politische Wirkung kann man erklären, wenn man von der Funktion und Wirkung des Apparats der Geheimpolizei und Geheimdienste und aller sogenannter Sicherheitskräfte in Russland abstrahiert. Es besteht in beiden Fällen eine Ko-Operation zwischen dem Herrscher und dem Apparat, der ihn an die Macht bringt und ihn an der Macht hält. Denn diese Machthaber sichern – das ist eine Form der Gegenseitigkeit – dem Apparat seine Funktion und Macht. Das Beispiel Putins und des KGB zeigt, dass – anders als Max Weber es definierte – auch der Apparat sich den passenden Herrscher suchen kann.

Ob das Beispiel Stalins im Blick auf die Kopplung von psychischen und sozialen Systemen zu verallgemeinern und auf alle Diktatoren und Diktaturen zu übertragen ist, muss hier offenbleiben. Eine – sicher gewagte – Hypothese drängt sich aber auf, dass die russische Kultur Besonderheiten zeigt, die mit einer Empfänglichkeit für autoritäre Strukturen verbunden ist. Mit den Worten Wladimir Putins:

> »Für die Russen ist ein starker Staat keine Anomalie, die es loszuwerden gilt. Ganz im Gegenteil – sie betrachten ihn als Quelle und Garanten der Ordnung und als Initiator und Treibkraft jedes Wandels.«[546]

Dass Personen wie Stalin und Putin dabei in Russland stets eine wichtige Rolle spielten, zeigt der Blick in die Geschichte. Schon Zar Ivan IV., genannt »der Schreckliche«, personifizierte den starken Staat. Seine Macht sicherte er durch die »Opritschniki«, das der damaligen Zeit gemäße Analogon zur Tscheka bzw. den Tschekisten. Auch damals meinte man ihn und seinen Charakter, seine Psyche, als Ursache für die Schrecklichkeiten, die damals vom starken Staat, von der Opritschina, begangen wurden, erkannt zu haben. Interessanterweise, aber auch merkwürdigerweise, wird Ivan ganz ähnlich beschrieben wie Stalin:

> »Je mehr ihn das Bewusstsein von der Erhabenheit seines herrscherlichen Amtes und von der unbeschränkten Macht, die ihm nach der Lehre der Josifljanen als Selbstherrscher zustand, erfüllte, desto tiefer

546 Putin 1999.

> mussten ihn die Demütigungen verwunden, denen er ausgesetzt war. Der Keim eines unüberwindlichen Misstrauens war früh in ihn gelegt; es sollte sich zum alles beherrschenden Wesenszug des Tyrannen entwickeln und schließlich alle Beziehungen zu Menschen zerstören. Jeder Untertan einschließlich der nächsten Verwandten wurde zum potentiellen Gegner. Sein Leben lang hat Ivan IV. vergeblich die Werkzeuge seiner Macht gesucht, denen er wirklich vertrauen konnte. Dem Selbstbewusstsein entsprach nicht Selbstsicherheit, sondern innere Unsicherheit und Angst; daraus ergab sich ein ständiges Schwanken zwischen den Extremen sinnlos grausamer Machtexzesse und tiefer Depressionen reuevoller Zerknirschung.«[547]

Die Parallelen zu Stalin sind deutlich. Auch bei ihm soll der Tod einer geliebten Frau dazu geführt haben, dass er so grausam wurde.[548] Nun kann man bei *Ivan dem Schrecklichen* nicht annehmen, dass es seine psychischen Qualitäten waren, die ihn an die Macht brachten, da er seine Machtposition ererbt hatte. Das mag ein Indiz dafür sein, dass es die Macht war, die dazu beigetragen hat, dass sich sowohl Stalins als auch Ivans psychische Strukturen in der beschriebenen – schrecklichen – Weise entwickelt haben.

Die tyrannische Macht der Herrscher, ob nun Ivan oder Stalin, wie auch ihre »Schrecklichkeit« sind in einem spezifischen kulturellen Umfeld entstanden, das möglicherweise beides befördert hat. An dieser Stelle ist der Reisebericht des Marquis de Custine interessant, der im Jahre 1839, zur Zeit des Zaren Nikolaus I., Russland besuchte. George F. Kennan, Geschichtsprofessor in Princeton, in den 30er-Jahren als Diplomat in Moskau und bis 1952 Botschafter der USA in der Sowjetunion, hat Custines Bericht ausgegraben und – fasziniert durch die Ähnlichkeiten der russischen Gesellschaft zu Zeiten Nikolaus I. und Stalins – in einem eigenen Buch analysiert. Ein paar Zitate Custines legen nahe, dass sich hier gesellschaftliche Verhältnisse über 100 Jahre erhalten haben und möglicherweise auch die Zukunft Russlands weiter prägen könnten:

> »Dinge, die ich andernorts bewundere, hasse ich hier. [...] Ich finde sie zu teuer bezahlt: Ordnung, Geduld, Ruhe, Eleganz, respektvolles Verhalten, die natürlichen und moralischen Beziehungen, die zwischen denen bestehen sollten, die denken, und denen, die handeln; kurz

547 Stökl 1962, S. 248.
548 Figes 2022, S. 105.

> gesagt, alles, was gut organisierten Gesellschaften Wert und Charme verleiht, alles, was politischen Institutionen Sinn und Zweck verleiht, ist hier abhandengekommen und aufgegangen in einem einzigen Gefühl – der Angst.«[549]

Und Custine schreibt weiter, nun über die »Psychologie der Russen«:

> »Im Umgang mit einem Volk, das durch Terror abgehärtet ist, wird Gnade als Schwäche gesehen; nichts entwaffnet solch ein Volk außer Angst; unnachgiebige Strenge zwingt es auf die Knie; Erbarmen verleitet es im Gegensatz dazu, das Haupt zu erheben; man wüsste nicht, wie es zu überzeugen ist; man kann nichts Anderes tun, um es unter Kontrolle zu bringen; unfähig zu Stolz, ist es doch fähig zur Kühnheit; es revoltiert gegen Milde, aber gehorcht der Grausamkeit, die es für wahre Stärke hält.«[550]

Wenn man über die Jahrhunderte die Geschichte des russischen Imperiums verfolgt, so fällt ein zeitliches Muster auf. Phasen der autoritären Herrschaft und Friedhofsruhe, die sich auf Terror und Angst stützen und die Freiheit des Volkes extrem einengen, wechseln sich mit Phasen der Anarchie, des Chaos und der Unsicherheit ab. Die chaotischen Phasen, so könnte man sagen, wecken den Ruf nach dem starken Herrscher, der Ordnung schafft; und die von ihm geschaffene rigide Ordnung hat zur Folge, dass der Ruf nach Freiheit laut wird. Es scheint ein Alles-oder-Nichts-Muster *Ordnung vs. Chaos* zu bestehen, eine *Oszillation* zwischen *Tyrannei und Anarchie*. Die Ambiguitätsintoleranz, die ein Merkmal Stalin'schen Denkens und Fühlens gewesen zu sein scheint, findet sich auch in den kulturellen Mustern und der Geschichte Russlands. In den Phasen der Tyrannei gewinnt die Geheimpolizei an Gewicht und Macht, um in den Phasen der Anarchie wieder vorübergehend an Bedeutung und Wirkung zu verlieren. Aber das ist nur eine Zeit des Atemholens, der Reorganisation, eine Pause, ohne dass dabei die Geheimpolizei um die eigene Existenz fürchten müsste.

Spätestens wenn der Ruf nach dem starken Herrscher ertönt und er »gebraucht« wird, dann findet der Geheimdienst einen, der das Talent dazu hat (Größenselbst etc.). Wenn er das Talent nicht hat, dann überzeugen ihn über die Zeit seine Erfahrungen als autoritärer Machthaber von seiner eigenen Großartigkeit. Die erlebte Realität

549 Custine zit. n. Kennan 1971, S. 85 (Übers. v. F. B. S.).
550 Custine zit. n. Kennan 1971, S. 86 (Übers. v. F. B. S.).

seiner nahezu unbegrenzten und nur von seiner Willkür bestimmten Handlungsmöglichkeiten sorgen dafür, dass sich auch sein psychisches System an seine autoritäre Macht anpasst. Der Apparat spielt dabei die entscheidende Rolle. Er ist der entscheidende Stabilitätsfaktor im Land, denn er steht für die gesellschaftliche Kontinuität in unterschiedlichen Phasen der russischen Geschichte und für das Oszillationsmuster zwischen Chaos und rigider Ordnung. Es ist das Muster, welches das Zarenreich mit dem Sowjetimperium und dem Russland von heute verbindet.

Was Stalins und Putins oder auch der Zaren psychische Strukturen betrifft, so hatte Karl Marx offenbar recht, als er feststellte: »Es ist nicht das Bewusstsein der Menschen, das ihr Sein, sondern umgekehrt ihr gesellschaftliches Sein, das ihr Bewusstsein bestimmt.«[551] Dies scheint zumindest für autoritäre Führer an der Spitze der Hierarchie zu gelten. Doch das ist nur die eine Hälfte des Zirkels einer verwickelten Hierarchie: Das Beispiel Stalins und anderer Diktatoren belegt, dass das Bewusstsein das gesellschaftliche Sein (nicht nur eines Individuums, sondern ganzer Völker) bestimmen kann, falls der Besitzer dieses Bewusstseins hinreichend mächtig ist. Und es sind immer Apparate, d. h. Organisationen des Machtgewinns und Machterhalts, die dabei eine zentrale Funktion besitzen, denn Diktaturen wie Diktatoren sind auf sie angewiesen.

So lässt sich, was Trotzki über Stalin gesagt hat, auch über Wladimir Putin sagen: Putin riss die Macht an sich, nicht aufgrund persönlicher Leistungen, sondern mithilfe eines unpersönlichen Apparats. Und es war nicht er, der diesen Apparat geschaffen hat, sondern der Apparat hatte ihn geschaffen.

551 Marx 1859, S. 9.

Literatur

Adelman, J. R. (Hrsg.) (1984): Introduction. In: J. R. Adelman (Hrsg.) (1984): Terror and communist politics: The role of the secret police in communist states. New York (Routledge) 2019, S. 1–9.

Adelman, J. R. (Hrsg.) (1984): Terror and communist politics: The role of the secret police in communist states. New York (Routledge) 2019.

Allilujewa, S. (1967): 20 Briefe an einen Freund. Wien (Fritz Molden).

Altrichter, H. (2018): Stalin. Der Herr des Terrors. München (C. H. Beck).

Antonow-Owssejenko, A. (1980): Stalin. Porträt einer Tyrannei. München (Piper) 1983.

Arendt, H. (1951): Elemente und Ursprünge totaler Herrschaft. Antisemitismus, Imperialismus, totale Herrschaft. München (Piper), 24. Aufl. 2022.

Baberowski, J. (2003): Der Feind ist überall. Stalinismus im Kaukasus. München (DVA).

Baberowski, J. (2012): Verbrannte Erde. Stalins Herrschaft der Gewalt. München (C. H. Beck).

Baecker, D. (2000): Wozu Kultur? Berlin (Kadmos).

Bakatin, W. (1993): Im Innern des KGB. Frankfurt a. M. (Fischer).

Barbusse, H. (1935): Stalin. Eine neue Welt. Paris (Éditions du Carrefour).

Barnard, C. I. (1938): The functions of the executive. Cambridge, MA (Harvard Univ. Press).

Baschanow, B. (1977): Ich war Stalins Sekretär. Süderbrarup (Lühe) 1989.

Bateson, G. (1964): Die logischen Kategorien von Lernen und Kommunikation. In: ders. (1972): Ökologie des Geistes. Anthropologische, psychologische, biologische und epistemologische Perspektiven. Frankfurt a. M. (Suhrkamp) 1981, S. 362–399.

Bateson, G. (1979): Geist und Natur. Eine notwendige Einheit. Frankfurt a. M. (Suhrkamp) 1982.

Belton, C. (2020): Putins Netz. Wie sich der KGB Russland zurückholte und dann den Westen ins Auge fasste. Hamburg (Harper Collins), 8. Aufl. 2022.

Bleuler, E. (1916): Lehrbuch der Psychiatrie. Neubearbeitet von Manfred Bleuler. Berlin (Springer), 12., neubearb. Aufl. 1972.

Boszormeny-Nagy, I. (1965): Eine Theorie der Beziehungen. Erfahrung und Transaktion. In: ders. u. J. L. Framo (Hrsg.) (1975): Familientherapie, Theorie und Praxis. Reinbek (Rowohlt) 1975, S. 51–109.

Bullok, A. (1991): Hitler and Stalin. Parallel lives. Toronto (McClellan & Stewart).

Campbell, J. (1949): Der Heros in tausend Gestalten. Frankfurt a. M. (Suhrkamp) 1978.

Canetti, E. (1960): Masse und Macht. Frankfurt a. M. (Fischer TB), 25. Aufl. 1999.
Chlewnjuk, O. (2015): Stalin. Eine Biographie. München (Pantheon) 2017.
Conquest, R. (1991): Stalin. Der totale Wille zur Macht. Berlin (Ullstein) 1993.
Creveld, M. v. (1991): Die Zukunft des Krieges. München (Gerling Akademie) 1998.
Deutscher, I. (1946/1966): Stalin. Eine politische Biografie. Berlin (Argon) 1989.
Devereux, G. (1970): Die ethnische Identität. Ihre logischen Grundlagen und ihre Dysfunktionen. In: ders. (1972): Ethnopsychoanalyse. Frankfurt a. M. (Suhrkamp) 1978, S. 131–169.
Djilas, M. (1962): Coversations with Stalin. London (Penguin) 2014.
Elias, N. (1969): Der Prozess der Zivilisation. Bd. 2. Frankfurt a. M. (Suhrkamp).
Erikson, E. H. (1950): Wachstum und Krisen der gesunden Persönlichkeit. In: ders. (1959): Identität und Lebenszyklus. Frankfurt a. M. (Suhrkamp) 1966, S. 55–122.
Fenichel, O. (1945): The psychoanalytical theory of neurosis. New York (Norton).
Foucault, M. (1982): Das Subjekt und die Macht. In: H. L. Dreyfus u. P. Rabinow (1982): Michel Foucault: Jenseits von Strukturalismus und Hermeneutik. Frankfurt a. M. (Athenäum), S. 241–261.
Figes, O. (2022): Eine Geschichte Russlands. Stuttgart (Klett-Cotta).
Fromm, E. (1964): Die Seele des Menschen. Ihre Fähigkeit zum Guten und zum Bösen. In: ders. (1980): Gesamtausgabe, Bd. 2. Analytische Charakterkunde. Stuttgart (DVA), S. 159–268.
Gardner, H. (1995): Leading minds. An anatomy of leadership. New York (Basic Books).
Goffman, E. (1969): Asyle. Frankfurt a. M. (Suhrkamp).
Goody, J. (1986): Die Logik der Schrift und die Organisation von Gesellschaft. Frankfurt a. M. (Suhrkamp) 1990.
Grossmann, W. (1952/2019): Stalingrad. Berlin (Claassen), 4. Aufl. 2021.
Hall, E. T. (1956): Silent language. New York (Doubleday).
Harriman, A. H. u. E. Abel (1975): In geheimer Mission. Als Sonderbeauftragter Roosevelts bei Churchill und Stalin 1941–1946. München (Goldmann) 1979.
Harris, J. R. (1995): Where is the child's environment? A group socialization theory of development. *Psychological Review* 102 (3): 458–489.
Hearst, D. (2008): Major General Artyom Sergeyev. *The Guardian* 25.1.2008. Verfügbar unter https://www.theguardian.com/world/2008/jan/24/russia.obituaries [27.9.2022].

Horney, K. (1937): Der neurotische Mensch in unserer Zeit. Gießen (Psychosozial Verlag) 2014.
Iremaschweli, I. (1932): Stalin und die Tragödie Georgiens. Berlin (Eigenverlag). Verfügbar unter https://iberiana.wordpress.com/about/stalin/ [8.11.2022].
Jacobson, E. (1964): Das Selbst und die Welt der Objekte. Frankfurt a. M. (Suhrkamp) 1973.
Kellmann, K. (2005): Stalin. Eine Biographie. Darmstadt (Primus).
Kennan, G. F. (1971): The Marquis de Custine and his Russia in 1938. Princeton (Princeton Univ. Press).
Klein, M. (1962): Das Seelenleben des Kleinkindes und andere Beiträge zur Psychoanalyse. Reinbek (Rowohlt TB) 1976.
Koestler, A. (1940): Sonnenfinsternis. Coesfeld (Elsinor), 2. Aufl. 2018.
Kohut, H. (1971): Narzissmus: Eine Theorie der psychoanalytischen Behandlung narzißtischer Persönlichkeitsstörungen. Frankfurt a. M. (Suhrkamp) 1976.
Kohut, H. (1977): Die Heilung des Selbst. Frankfurt a. M. (Suhrkamp) 1981.
Köthke, R. (1999): Das Stockholm-Syndrom: eine besondere Betrachtung des Verhältnisses von Geiselnehmer und Geisel. *Praxis der Rechtspsychologie* 9 (1): 78–85.
Kraus, A. (1977): Sozialverhalten und Psychose Manisch-Depressiver. Stuttgart (Enke), S. 76.
Kühl, S. (2004): Ganz normale Organisationen. Zur Soziologie des Holocaust. Frankfurt a. M. (Suhrkamp).
Kunze, T. u. T. Vogel (2013): Oh Du, geliebter Führer. Personenkult im 20. und 21. Jahrhundert. Berlin (Ch. Links).
Lacan, J. (1964): Die vier Grundbegriffe der Psychoanalyse. Olten (Walter) 1978.
Laqueur, W. (1990): Stalin. Abrechnung im Zeichen von Glasnost. München (Kindler) 1990.
Lenin, W. I. (1917a): Die Aufgabe des Proletariats in unserer Revolution. In: ders. (1970): Ausgewählte Werke, Bd. 2. Berlin (Dietz), S. 49–84.
Lenin, W. I. (1917b): Staat und Revolution. In: ders. (1970): Ausgewählte Werke, Bd. 2. Berlin (Dietz), S. 315–420.
Longuet, J. u. G. Silber (1924): Die Bombe tötete den Großfürsten auf der Stelle. Terroristen und Geheimpolizei im alten Russland. Berlin (Aufbau) 1995.
Ludwig, E. (1931): Stalin. Unterredung mit dem deutschen Schriftsteller Emil Ludwig. Verfügbar unter https://www.marxists.org/reference/archive/stalin/works/1931/dec/13a.htm [15.11.2022].
Luhmann, N. (1975): Macht. Stuttgart (Enke).
Luhmann, N. (1984): Soziale Systeme. Frankfurt a. M. (Suhrkamp).
Luhmann, N. (1988): Was ist Kommunikation? In: F. B. Simon (Hrsg.): Lebende Systeme. Frankfurt a. M. (Suhrkamp), 4. Aufl. 2011, S. 19–31.

Luhmann, N. (1995): Das Recht der Gesellschaft. Frankfurt a. M. (Suhrkamp).
Luhmann, N. (1997): Die Gesellschaft der Gesellschaft. Frankfurt a. M. (Suhrkamp).
Luhmann, N. (2000a): Organisation und Entscheidung. Opladen/Wiesbaden (Westdeutscher Verlag).
Luhmann, N. (2000b): Die Politik der Gesellschaft. Frankfurt a. M. (Suhrkamp).
Luhmann, N. (2021): Die Grenzen der Verwaltung. Berlin (Suhrkamp).
Mahler, M. S. u. M. Furer (1968): Symbiose und Individuation. Bd. 1: Psychosen im frühen Kindesalter. Stuttgart (Klett-Cotta) 1989.
Marx, K. (1859): Zur Kritik der politischen Ökonomie. Marx-Engels-Werke, Bd. 13. Berlin (Dietz) 2015.
Maturana, H. (1975): Die Organisation des Lebendigen: Eine Theorie der lebendigen Organisation. In: ders. (1982): Erkennen: Die Organisation und Verkörperung von Wirklichkeit. Braunschweig (Vieweg), S. 138–156.
Maturana, H. (1978): Biologie der Sprache. In: ders. (1982): Erkennen: Die Organisation und Verkörperung von Wirklichkeit. Braunschweig (Vieweg), S. 236–271.
Maturana, H. u. F. Varela (1979): Autopoietische Systeme: eine Bestimmung der lebendigen Organisation. In: H. Maturana (1982): Erkennen: Die Organisation und Verkörperung von Wirklichkeit. Braunschweig (Vieweg), S. 170–235.
Medvedev, R. A. (2003): Stalin's mother. In: Z. A. Medvedev u. R. A. Medvedev (eds.): The unknown Stalin. London (Tauris) 2006, 297–305.
Medvedev, Z. A. u. R. A. Medvedev (2003): The unknown Stalin. London (Tauris) 2006.
Milgram, S. (1974): Das Milgram-Experiment. Zur Gehorsamsbereitschaft gegenüber Autorität. Reinbek (Rowohlt), 14. Aufl. 1997.
Minuchin, S. (1974): Familie und Familientherapie. Freiburg (Lambertus) 1977.
Montefiore, S. S. (2003): Stalin. Am Hof des roten Zaren. Frankfurt a. M. (Fischer), 5. Aufl. 2013.
Naimark, N. K. (2010): Stalin und der Genozid. Berlin (Suhrkamp) 2010.
Nisbet, R. (1988): Roosevelt und Stalin. Esslingen (Bechtle) 1991.
Osgood, C. E., W. S. May u. M. S. Mison (1975): Cross-cultural universals of affective meaning. Urbana (Univ. of Illinois Press).
Payne, R. (1965): Stalin. Macht und Tyrannei. München (Heyne) 1978.
Peirce, C. S. (Hrsg.) (1898): Das Denken und die Logik des Universums. Die Vorlesungen der Cambridge Conferences von 1898. Frankfurt a. M. (Suhrkamp) 2002.
Piaget, J. (1970): Abriß der genetischen Epistemologie. Olten (Walter).

Piaget, J. (1967): Biologie und Erkenntnis. Über die Beziehungen zwischen organischen Regulationen und kognitiven Prozessen. Frankfurt a. M. (S. Fischer) 1983.
Picker, H. (1993): Hitlers Tischgespräche im Führerhauptquartier. Berlin (Ullstein), 3. Aufl. 1999.
Putin, W. (1999): Rossiya na Rubezhe Tysyacheletti. Zit. n. Belton, C. (2020): Putins Netz. Wie sich der KGB Russland zurückholte und dann den Westen ins Auge fasste. Hamburg (Harper Collins), 8. Aufl. 2022, S. 207.
Rancour-Lafferiere, D. (1988): The mind of Stalin. Ann Arbor (Ardis).
Rubel, M. (1975): Stalin. Reinbek (Rowohlt).
Schapp, W. (1953): In Geschichten verstrickt. Zum Sein von Mensch und Ding. Frankfurt a. M. (Klostermann), 4. Aufl. 2004.
Schmidt, J. W. (2019a): Sozialrevolutionärer Terror und dessen Einfluss auf die Anfänge der Ochrana-Tätigkeit in Russisch-Turkestan ab 1906. In: ders. (Hrsg.): Spionage, Terror und Spezialeinsatzkräfte. Berlin (Dr. Köster), S. 65–80.
Simon, F. B. (2007): Einführung in die systemische Organisationstheorie. Heidelberg (Carl-Auer), 8. Aufl. 2021.
Simon, F. B. (2019): Anleitung zum Populismus. Oder: Ergreifen Sie die Macht. Heidelberg (Carl-Auer).
Simon, F. B. (2022): Formen (reloaded). Zur Kopplung von Organismus, Psyche und sozialen Systemen. Heidelberg (Carl-Auer).
Simon, F. B. (in Vorb.): Insubordination. Gewalt gegen sich selbst als paradoxe Intervention. *Soziale Systeme.*
Smith, H. (1976): Die Russen. Bern (Scherz) 1976.
Solschenitzyn, A. (1973/1974/1976): Der Archipel Gulag, Bd. 1–3. Frankfurt a. M. (Fischer TB), 6. Aufl. 2008.
Souvarine, B. (1935): Stalin. Anmerkungen zur Geschichte des Bolschewismus. München (Bernard & Graefe) 1980.
Spitz, R. A. (1965): Vom Säugling zum Kleinkind. Stuttgart (Klett-Cotta) 1996.
Stern, D. N. (1985): Die Lebenserfahrung des Säuglings. Stuttgart (Klett-Cotta) 1992.
Stierlin, H. (1976): »Rolle« und »Auftrag« in der Familientherapie. In: ders. (1978): Delegation und Familie. Frankfurt a. M. (Suhrkamp), S. 11–36.
Stökl, G. (1962): Russische Geschichte. Stuttgart (Alfred Kröner).
Suny, R. G. (2020): Stalin. Passage to revolution. Princeton (Princeton Univ. Press) 2022.
Tolstoi, L. (1852–1912): Krieg im Kaukasus. Berlin (Suhrkamp) 2018.
Trotzki, L. (1940): Stalin. Eine Biographie. Essen (Mehring).
Tucker, R. C. (1973): Stalin as revolutionary. A study in history and personality, 1879–1929. New York (Norton).
Tucker, R. C. (1990): Stalin in power. The revolution form above, 1928–1941. New York (Norton).

Ulam, A. B. (1973): Staline. L'homme et son temps. I. La montée. Paris (Callmann-Lévy/Gallimard).

Watzlawick, Paul, J. H. Weakland u. R. Fisch (1974): Lösungen. Zur Theorie und Praxis menschlichen Wandels. Bern (Huber).

Weber, M. (1921/22): Wirtschaft und Gesellschaft. Tübingen (J. C. B. Mohr), Nachdruck der 5. Aufl. 1990.

Wimmer, R. (2007): Die Gruppe – ein eigenständiger Grundtypus sozialer Systembildung? Ein Plädoyer für die Wiederaufnahme einer alten Kontroverse. In: J. Aderhold u. Olaf Kranz (Hrsg.): Intention und Funktion: Zur Vermittlung von sozialer Situation und Systemkontext. Wiesbaden (Springer VS), S. 270–289.

Wolkogonow, D. (1989): Stalin. Triumph und Tragödie. Düsseldorf (Econ) 1993.

Über den Autor

Fritz B. Simon, Dr. med., Professor für Führung und Organisation am Institut für Familienunternehmen der Universität Witten/Herdecke; Systemischer Organisationsberater, Psychiater, Psychoanalytiker und systemischer Familientherapeut; Mitbegründer der Simon Weber Friends Systemische Organisationsberatung GmbH. Autor bzw. Herausgeber von ca. 300 wissenschaftlichen Fachartikeln und 34 Büchern, die in 15 Sprachen übersetzt sind, u. a.: *Der Prozeß der Individuation* (1984), *Die Sprache der Familientherapie* (1984, mit Helm Stierlin und Ulrich Clement), *Lebende Systeme* (1988), *Unterschiede, die Unterschiede machen* (1988), *Meine Psychose, mein Fahrrad und ich* (1990), *Radikale Marktwirtschaft* (1992, mit CONECTA), *Die andere Seite der Gesundheit* (1995), *Die Kunst, nicht zu lernen* (1997), *Zirkuläres Fragen* (1999, mit Christel Rech-Simon), *Tödliche Konflikte* (2001), *Die Familie des Familienunternehmens* (2002), *Gemeinsam sind wir blöd!?* (2004), *Mehr-Generationen-Familienunternehmen* (2005, mit Rudi Wimmer und Torsten Groth), *Einführung in Systemtheorie und Konstruktivismus* (2006), *Einführung in die systemische Organisationstheorie* (2007), *Einführung in die systemische Wirtschaftstheorie* (2009), *Vor dem Spiel ist nach dem Spiel. Systemische Aspekte des Fußballs* (2009), *Einführung in die Systemtheorie des Konflikts* (2010), *»Zhong De Ban« oder: Wie die Psychotherapie nach China kam* (2011, mit Margarete Haas-Wiesegart und Zhao Xudong), *Einführung in die Theorie des Familienunternehmens* (2012), *Wenn rechts links ist und links rechts* (2013), *Einführung in die (System-)Theorie der Beratung* (2014), *Formen. Zur Kopplung von Organismus, Psyche und sozialen Systemen* (2018), *Anleitung zum Populismus oder: Ergreifen Sie die Macht!* (2019), *Der Streit ums Nadelöhr. Körper, Psyche, Soziales, Kultur. Wohin schauen systemische Berater?* (2019, mit Jürgen Kriz), *Lockdown: Das Anhalten der Welt* (2020, mit Heiko Kleve und Steffen Roth), *Formen* (reloaded). *Zur Kopplung von Organismus, Psyche und sozialen Systemen* (2022).